Lou Andreas-Salomé
Friedrich Nietzsche in seinen Werken

SEVERUS Verlag

ISBN: 978-3-95801-180-9
Druck: SEVERUS Verlag, 2015

Der SEVERUS Verlag ist ein Imprint der Diplomica Verlag GmbH.
Bibliografische Information der Deutschen Nationalbibliothek:
Die Deutsche Nationalbibliothek verzeichnet diese Publikation in der Deutschen Nationalbibliografie; detaillierte bibliografische Daten sind im Internet über http://dnb.d-nb.de abrufbar.

http://www.severus-verlag.de
Printed in Germany

Lou Andreas-Salomé

Friedrich Nietzsche in seinen Werken

SEVERUS

FRIEDRICH NIETZSCHE.

In treuem Gedenken gewidmet

EINEM UNGENANNTEN

Inhalt

Friedrich Nietzsche, ehemals Professor
jetzt fugitivus errans.

Ein Brief Friedrich Nietzsches zum Vorwort.

Meine liebe Lou, Ihr Gedanke einer Reduktion der philosophischen Systeme auf Personal-Acten ihrer Urheber ist recht ein Gedanke aus dem „Geschwistergehirn“: ich selber habe in Basel in *diesem* Sinne Geschichte der alten Philosophie erzählt und sagte gern meinen Zuhörern: „dies System ist widerlegt und todt – aber die *Person* dahinter ist unwiderleglich, die Person ist gar nicht todt zu machen“ – zum Beispiel Plato.

Inzwischen hat der Prof. Riedel hier, der Präsident des deutschen Musik-Vereins, für meine „heroische Musik“ (ich meine Ihr „Lebens-Gebet“) Feuer gefangen – er will es durchaus haben, und es ist nicht unmöglich, daß er es für seinen herrlichen Chor (einen der ersten Deutschlands „der Riedelsche Verein“ genannt) zurecht macht. Das wäre so ein kleines Weglein, auf dem wir beide *zusammen* zur Nachwelt gelangten – andere Wege vorbehalten. –

Was Ihre „Charakteristik meiner selbst" betrifft, welche *wahr* ist, wie Sie schreiben: so fielen mir meine Verschen aus der „fröhlichen Wissenschaft" ein p. 10, mit der Überschrift „Bitte". Errathen Sie, meine liebe Lou, um was ich bitte?

Gestern Nachmittag war ich glücklich; der Himmel war blau, die Luft mild und rein, ich war im Rosenthal, wohin mich Carmen-Musik lockte. Da saß ich 3 Stunden, trank den zweiten Cognac dieses Jahres, zur Erinnerung an den ersten (ha! wie häßlich er schmeckte!) und dachte in aller Unschuld und Bosheit darüber nach, ob ich nicht irgend welche Anlage zur Verrücktheit hätte. Ich sagte mir schließlich *Nein*. Dann begann die Carmen-Musik, und ich ging für eine halbe Stunde unter in Thränen und Klopfen des Herzens. — Wenn Sie aber dies lesen, werden Sie schließlich sagen: *Ja*! und eine Note zur „Charakteristik meiner selbst" machen. —

Kommen Sie doch recht, recht *bald* nach Leipzig! *Warum* denn erst am 2 Oktober? Adieu, meine liebe Lou! *Ihr* F. N.

»Meine liebe Lou,

Ihr Gedanke einer Reduktion der philosophischen Systeme auf Personal-Akten ihrer Urheber ist recht ein Gedanke aus dem »Geschwistergehirn«: ich selber habe in Basel in diesem Sinne Geschichte der alten Philosophie erzählt und sagte gern meinen Zuhörern: »Dies System ist widerlegt und tot – aber die Person dahinter ist unwiderlegbar, die Person ist gar nicht tot zu machen.« – Zum Beispiel Plato.

Inzwischen hat der Prof. Riedel hier, der Präsident des deutschen Musik-Vereins, für meine »heroische Musik« (ich meine Ihr »Lebens-Gebet«) Feuer gefangen – er will es durchaus haben, und es ist nicht unmöglich, dass er es für seinen herrlichen Chor (einen der ersten Deutschlands, »der Riedelsche Verein« genannt) zurecht macht. Das wäre so ein kleines Weglein, auf dem wir beide zusammen zur Nachwelt gelangten – andre Wege vorbehalten. –

Was Ihre »Charakteristik meiner selber« betrifft, welche wahr ist, wie Sie schreiben: so fielen mir meine Verschen aus der »Fröhlichen Wissenschaft« ein – [II, 22] mit der Überschrift »Bitte«. Erraten Sie, meine liebe Lou, um was ich bitte?

Gestern nachmittag war ich glücklich; der Himmel war blau, die Luft mild und rein, ich war in Rosenthal, wohin mich Carmen-Musik lockte. Da saß ich drei Stunden, trank den zweiten Cognac dieses Jahres, zur Erinnerung an den ersten (ha! wie häßlich er schmeckte!) und dachte in aller Unschuld und Bosheit darüber nach, ob ich nicht irgendwelche Anlage zur Verrücktheit hätte. Ich sagte schließlich nein. Dann begann die Carmen-Musik, und ich ging für eine halbe Stunde unter in Tränen und Klopfen des Herzens. – Wenn Sie aber dies lesen, werden Sie schließlich sagen: ja! und eine Note zur »Charakteristik meiner selber« machen. –

Kommen Sie doch recht, recht bald nach Leipzig! Warum denn erst am 2. Oktober? Adieu, meine liebe Lou!«

Ihr F.N.

I. ABSCHNITT.

SEIN WESEN.

MOTTO:

»Der Mensch mag sich noch so weit mit seiner Erkenntnis ausrecken, sich selber noch so objektiv vorkommen: zuletzt trägt er doch nichts davon, als seine eigene Biographie.«

(Menschliches, Allzumenschliches I. 513.)

»Mihi ipsi scripsi!« ruft Friedrich Nietzsche in seinen Briefen wiederholt nach Vollendung eines Werkes aus. Und gewiss hat es etwas zu bedeuten, wenn der erste lebende Stilist dies von sich selber sagt, er, dem es, wie keinem Zweiten, gelungen ist, für jeden seiner Gedanken, und noch für die feinste Schattierung darin, den erschöpfenden Ausdruck zu finden. Dem, der Nietzsches Schriften zu lesen weiß, ist es denn auch ein verräterisches Wort: es deutet die Verborgenheit an, in welcher alle seine Gedanken stehen, die lebendige Hülle, die sie vielgestaltig umkleidet, es deutet an, dass er im Grunde nur für sich dachte, für sich schrieb, weil er nur sich selbst beschrieb, sein eigenes Selbst in Gedanken umsetzte.[1]

Wenn es überhaupt die Aufgabe des Biographen ist, den Denker durch den Menschen zu erläutern, so gilt dies in ungewöhnlich hohem Maße für Nietzsche, denn bei keinem Anderen fallen äußeres Geisteswerk und inneres Lebensbild so völlig in Eins zusammen. Auf ihn trifft es ganz besonders zu, was er in dem vorangestellten Briefe von den Philosophen überhaupt ausspricht: dass man ihre Systeme auf die Personalakten ihrer Urheber hin prüfen solle. Später hat er der gleichen Auffassung in den Worten Ausdruck gegeben: »Allmählich hat sich mir herausgestellt, was jede große Philosophie bisher war: nämlich das Selbstbekenntnis ihres Urhebers und eine Art ungewollter und unvermerkter mémoires.« (Jenseits von Gut und Böse 6.)

Dies war denn auch der leitende Gedanke in meinem in dem vorstehenden Briefe erwähnten Entwurf zu einer Charakteristik

---

1 Die »Bitte« in der »Fröhlichen Wissenschaft«, auf welche in dem vorstehend faksimilierten Briefe Bezug genommen ist, lautet:

»Ich kenne mancher Menschen Sinn
Und weiß nicht, wer ich selber bin!
Mein Auge ist mir viel zu nah –
Ich bin nicht, was ich seh und sah.
Ich wollte mir schon besser nützen,
Könnt' ich mir selber ferner sitzen.
Zwar nicht so ferne wie mein Feind!
Zu fern sitzt schon der nächste Freund –
Doch zwischen dem und mir die Mitte!
Erratet ihr, um was ich bitte?«
(Scherz, List und Rache 25.)

Nietzsches, den ich ihm im Oktober 1882 vorlas und mit ihm durchsprach. Die Arbeit enthielt im Umriss den ersten Teil des vorliegenden Buches und einzelne Abschnitte des zweiten Teiles, – der Inhalt des dritten, das eigentliche »System Nietzsche« war damals noch nicht geboren. Im Laufe der Jahre erweiterte sich, im Anschlüsse an die rasch aufeinanderfolgenden Werke, jene Charakteristik immer mehr, und Einzelnes daraus ist bereits in besonderen Aufsätzen veröffentlicht worden.[2]

Es handelte sich für mich ausschließlich darum, die Hauptzüge von Nietzsches geistiger Eigenart zu schildern, aus denen allein seine Philosophie und ihre Entwicklung begriffen werden können. Zu diesem Zwecke beschränkte ich mich freiwillig sowohl nach der Seite der rein theoretischen Betrachtungsweise, als auch hinsichtlich der rein persönlichen Lebensbeschreibung. Beides durfte nicht zu weit geführt werden, wenn die Grundlinien seines Wesens deutlich hervortreten sollten. Wer Nietzsche auf seine Bedeutung als Theoretiker hin prüfen wollte, auf das, was etwa die zünftige Philosophie aus ihm zu lernen vermöchte, der würde sich enttäuscht abwenden, ohne zum Kern seiner Bedeutung vorzudringen. Denn der Wert seiner Gedanken liegt nicht in ihrer theoretischen Originalität, nicht in dem, was dialektisch begründet oder widerlegt werden kann, sondern durchaus in der intimen Gewalt, mit welcher hier eine Persönlichkeit zur Persönlichkeit redet, – in dem, was nach seinem eigenen Ausdruck wohl zu widerlegen, aber doch nicht »todzumachen« ist. Wer andererseits von Nietzsches äußerem Erleben ausgehen wollte, um sein Inneres zu erfassen, der würde ebenfalls nur eine leere Schale in der Hand behalten, aus welcher der Geist entwichen ist. Denn man kann von Nietzsche sagen, dass er nach außen hin eigentlich nichts erlebte[3]: all sein Erleben war ein so tief innerliches, dass es sich

2 Eine zusammenfassende Charakteristik Nietzsches, in der zum ertsen Male die drei Perioden seiner geistigen Entwicklung unterschieden und bestimmt charakterisiert sind, erschien in der Sonntagsbeilage der Vossischen Zeitung 1891, Nr. 2, 3 und 4. Außerdem brachte die »Freie Bühne« eingehendere Ausführungen einzelner Punkte unter dem Titel »Zum Bilde Friedrich Nietsches«, Jahrg. II (1891), Heft 3, 4 und 5, Jahrg. III (1892), Heft 3 und 5; das Magazin für Literatur 1892, Oktober, »Ein Apokalyptiker«; Der Zeitgeist 1893, Nr. 20, »Ideal und Askese«.

3 »Was das Leben –, die sogenannten »Erlebnisse« angeht – wer von uns

nur im Gespräch, von Mund zu Mund, und in den Gedanken seiner Werke kundtat. Die Summe von Monologen, aus denen im Wesentlichen seine vielbändigen Aphorismensammlungen bestehen, bilden ein einziges großes Memoirenwerk, dem sein Geistesbild zu Grunde liegt. Dieses Bild ist es, das ich hier zu zeichnen versuche: das Gedankenerlebnis in seiner Bedeutung für Nietzsches Geisteswesen – das Selbstbekenntnis in seiner Philosophie.

Obgleich Nietzsche seit einigen Jahren häufiger genannt wird als irgend ein anderer Denker, obgleich viele Federn damit beschäftigt sind, teils Jünger für ihn zu werben, teils gegen ihn zu polemisieren, so ist er doch in den Grundzügen seiner geistigen Individualität nahezu unbekannt geblieben. Denn seitdem die kleine, zerstreute Schaar seiner Leser, die er stets besaß, und die ihn wahrhaft zu lesen verstand, zu einer großen Schaar von Anhängern angewachsen ist, seitdem weite Kreise sich seiner bemächtigt haben, ist ihm das Schicksal widerfahren, welches jedem Aphoristiker droht; einzelne seiner Ideen, aus dem Zusammenhang gelöst und dadurch beliebig deutbar, sind zu Stich- und Schlagworten ganzer Richtungen gemacht worden, erklingen im Kampf von Meinungen, im Streit von Parteien, denen er selbst völlig fern stand. Wohl verdankt er diesem Umstand seinen raschen Ruhm, den plötzlichen Lärm um seinen stillen Namen, – aber im Besten, durchaus Einzigartigen und Unvergleichlichen, das er zu geben hat, ist er dadurch vielleicht übersehen worden und unbeachtet geblieben, – ja in eine vielleicht noch tiefere Verborgenheit zurückgetreten als vorher. Viele feiern ihn zwar noch laut, mit der ganzen Naivität gläubiger Kritiklosigkeit, doch gerade sie gemahnen unwillkürlich an sein bitteres Wort: Der Enttäuschte spricht: »Ich horchte auf Widerhall, und ich hörte nur Lob –« (Jenseits von Gut und Böse 99). Kaum Einer von ihnen ist ihm wahrhaft nachgegangen, – fernab von den Anderen und ihrem Tagesstreit und allein in der Ergriffenheit seines eigenen Innern; kaum einer hat diesen einsamen, schwer ergründlichen, heimlichen und auch unheimlichen Geist begleitet, der Ungeheures zu tragen wähnte und an einem ungeheuren Wahn zusammenbrach.

---

hat dafür auch nur Ernst genug? Oder Zeit genug? Bei solchen Sachen waren wir, fürchte ich, nie recht »bei der Sache«. Wir haben eben unser Herz nicht dort – und nicht einmal unser Ohr« (Zur Genealogie der Moral, Vorrede III.)

Daher ist es, als stände er da inmitten derer, die ihn am meisten preisen, wie ein Fremdling und Einsiedler, dessen Fuß sich in ihren Kreis nur verirrte, und von dessen verhüllter Gestalt keiner den Mantel gehoben, – ja, als stände er da mit der Klage seines »Zarathustra« auf den Lippen:

> *»Sie reden alle von mir, wenn sie abends ums Feuer sitzen, aber niemand – denkt an mich! Dies ist die neue Stille, die ich lernte: ihr Lärm um mich breitet einen Mantel um meine Gedanken.«*

Friedrich Wilhelm Nietzsche ist am 15. Oktober 1844 als der einzige Sohn eines Predigers in Röcken bei Lützen geboren, von wo sein Vater später nach Naumburg versetzt wurde. Seine Schulbildung empfing er in der nahegelegenen Schulpforta und ging dann als Student der klassischen Philologie an die Universität Bonn, wo damals der berühmte Philologe Ritschl lehrte. Er studierte fast ausschließlich unter Ritschl, verkehrte auch persönlich viel mit ihm und folgte ihm im Herbst 1865 nach Leipzig. In seine Leipziger Studienzeit fällt Nietzsches erste persönliche Beziehung zu Richard Wagner, den er 1868 im Hause von dessen Schwester, der Frau Prof. Brockhaus, kennenlernte, nachdem er sich schon früher mit seinen Werken vertraut gemacht. Noch vor seiner Promotion berief 1869 die Universität Basel den 24jährigen Nietzsche auf den Lehrstuhl des Philologen Kiessling, der von dort an das Johanneum in Hamburg ging. Nietzsche erhielt erst eine außerordentliche, kurz darauf eine ordentliche Professur für klassische Philologie, und die Universität Leipzig verlieh ihm den Doktorgrad ohne vorhergehende Promotion. Neben seinen Universitätskollegien übernahm er den Unterricht des Griechischen in der dritten (höchsten) Klasse des Baseler Pädagogiums, – einer Mittelanstalt zwischen Gymnasium und Universität, – an welcher noch andere Universitätsprofessoren, wie der Kulturhistoriker Jacob Burckhardt und der Philologe Mähly, lehrten. Hier gewann er großen Einfluss auf seine Schüler; sein seltenes Talent, junge Geister an sich zu fesseln und entwickelnd, anregend auf sie zu wirken, kam zu voller Geltung. Burckhardt sagte damals von ihm: einen solchen Lehrer habe Basel noch niemals besessen.

Burckhardt gehörte zum engsten Freundeskreise Nietzsches, zu dem noch der Kirchenhistoriker Franz Overbeck und der Kantphilosoph Heinrich Romundt zählten. Mit den beiden letzteren wohnte Nietzsche zusammen in einem Hause, welches nach Veröffentlichung der »Unzeitgemäßen Betrachtungen« in der Baseler Gesellschaft den Beinamen: »Die Gifthütte« erhielt. Gegen Schluss seines Baseler Aufenthalts lebte Nietzsche eine Zeit lang mit seiner einzigen, fast gleichaltrigen Schwester Elisabeth zusammen, die später seinen Jugendfreund Bernhard Förster heiratete und mit diesem nach Paraguay ging. 1870 machte Nietzsche den deutsch-französischen Krieg als freiwilliger Krankenpfleger mit; nicht lange darauf traten die ersten drohenden Anzeichen eines Kopfleidens hervor, das sich in periodisch wiederkehrenden heftigen Schmerzen und Übelkeiten äußerte. Will man Nietzsches eigenen, mündlichen Äußerungen Glauben schenken, so war dieses Leiden erblicher Natur, und ist sein Vater demselben erlegen. Neujahr 1876 fühlte er sich bereits so kopf- und augenkrank, dass er sich im Pädagogium vertreten lassen musste, und von da ab verschlimmerte sich sein Zustand derartig, dass er mehrere Male dem Tode nahe war.

»Ein paar Mal den Pforten des Todes entwischt, aber fürchterlich gequält, – so lebe ich von Tag zu Tage; jeder Tag hat seine Krankengeschichte.« Mit diesen Worten schildert Nietzsche in einem Briefe an einen Freund die Leiden, unter welchen er ungefähr 15 Jahre zugebracht hat.

Umsonst verlebte er den Winter 1876–1877 in dem milden Klima Von Sorrent, wo er sich in Gesellschaft einiger Freunde befand: von Rom war seine langjährige Freundin Malwida von Meysenbug (Verfasserin der bekannten »Memoiren einer Idealistin« und Anhängerin R. Wagners) zu ihm gekommen; von Westpreußen Dr. Paul Rée, mit dem ihn schon damals Freundschaft und Gleichheit der Bestrebungen verband. Dem kleinen gemeinschaftlichen Hauswesen hatte sich auch noch ein junger brustkranker Baseler, Namens Brenner, zugesellt, der jedoch bald darauf starb. Als auch der Aufenthalt im Süden ohne günstige Wirkung auf seine Schmerzen blieb, gab Nietzsche 1878 seine Lehrtätigkeit am Pädagogium und 1879 seine Professur an der Universität endgültig auf. Seitdem führte er nur noch ein Einsiedlerleben, teils in Italien – meistens in Genua – teils im Schweizer Gebirge, namentlich in dem kleinen Engadiner Dorfe Sils-Maria, unweit des Maloja-Passes.

Sein äußerer Lebenslauf erscheint damit abgeschlossen und gleichsam beendet, während sein Denkerleben erst jetzt recht eigentlich beginnt: sodass uns der Denker Nietzsche, mit dem wir uns zu beschäftigen haben, erst am Ausgang dieser Lebensereignisse vollkommen deutlich entgegentritt. Trotzdem werden wir auf alle Schicksalswendungen und Erlebnisse, die hier nur kurz skizziert worden sind, bei Gelegenheit der verschiedenen Perioden seiner Geistesentwicklung noch ausführlicher zurückkommen müssen. Sein Leben und Schaffen zerfällt in der Hauptsache in drei ineinander übergreifende Perioden, die je ein Jahrzehnt umfassen:

Zehn Jahre, 1860–1879, dauerte Nietzsches Lehrtätigkeit in Basel; diese philologische Wirksamkeit fällt der Zeit nach fast völlig zusammen mit dem Jahrzehnt seiner Jüngerschaft Wagner gegenüber und mit der Veröffentlichung derjenigen Werke, welche von der Metaphysik Schopenhauers beeinflusst sind: sie währte von 1868 bis 1878, in welchem Jahre er zum Zeichen seiner philosophischen Sinnesänderung Wagner sein positivistisches Erstlingswerk: »Menschliches, Allzumenschliches« übersandte.

Seit dem Anfang der Siebzigerjahre bestand seine Verbindung mit Paul Rée, die im Herbst 1882 ihren Abschluss fand, – gleichzeitig mit der Vollendung der »Fröhlichen Wissenschaft«, des letzten derjenigen Werke Nietzsches, die noch auf positivistischer Grundlage ruhen.

Im Herbst 1882 fasste Nietzsche den Entschluss, sich zehn Jahre lang aller schriftstellerischen Tätigkeit zu enthalten. In dieser Zeit tiefsten Schweigens wollte er seine neue, dem Mystischen sich zuwendende Philosophie auf ihre Richtigkeit prüfen und dann 1892 als ihr Verkündiger auftreten. Diesen Vorsatz hat er nicht ausgeführt, sondern gerade in den Achtzigerjahren eine fast ununterbrochene Produktivität entfaltet und ist dann noch vor Ablauf des von ihm angesetzten Jahrzehntes verstummt: 1889 setzte ein gewaltsamer Ausbruch seines Kopfleidens plötzlich aller weiteren Geistesarbeit ein Ziel.

Der Zeitraum aber zwischen der Niederlegung seiner Baseler Professur und dem Aufhören aller geistigen Tätigkeit überhaupt umfasst wiederum ein Jahrzehnt, die Zeit von 1879–1889. Seitdem lebt

Nietzsche als Kranker, nach einem vorübergehenden Aufenthalt in der Anstalt von Professor Binswanger in Jena, bei seiner Mutter in Naumburg.

Die beiden diesem Buche beigegebenen Bilder zeigen Nietzsche inmitten dieser letzten zehn Leidensjahre. Und gewiss ist dies die Zeit gewesen, in welcher seine Physiognomie, sein ganzes Äußeres, am charakteristischsten ausgeprägt erschien: die Zeit, in welcher der Gesamtausdruck seines Wesens bereits völlig vom tiefbewegten Innenleben durchdrungen war, und selbst noch in dem bezeichnend blieb, was er zurückhielt und verbarg. Ich möchte sagen: dieses Verborgene, die Ahnung einer verschwiegenen Einsamkeit, – das war der erste, starke Eindruck, durch den Nietzsches Erscheinung fesselte. Dem flüchtigen Beschauer bot sie nichts Auffallendes; der mittelgroße Mann in seiner überaus einfachen, aber auch überaus sorgfältigen Kleidung, mit den ruhigen Zügen und dem schlicht zurückgestrichenen braunen Haar konnte leicht übersehen werden. Die feinen, höchst ausdrucksvollen Mundlinien wurden durch einen vornübergekämmten großen Schnurrbart fast völlig verdeckt; er hatte ein leises Lachen, eine geräuschlose Art zu sprechen und einen vorsichtigen, nachdenklichen Gang, wobei er sich ein wenig in den Schultern beugte; man konnte sich schwer diese Gestalt inmitten einer Menschenmenge vorstellen, – sie trug das Gepräge des Abseitsstehens, des Alleinstehens. Unvergleichlich schön und edel geformt, sodass sie den Blick unwillkürlich auf sich zogen, waren an Nietzsche die Hände, von denen er selbst glaubte, dass sie seinen Geist verrieten, – eine darauf zielende Bemerkung findet sich in »Jenseits von Gut und Böse« (288): »Es gibt Menschen, welche auf eine unvermeidliche Weise Geist haben, sie mögen sich drehen und wenden, wie sie wollen, und die Hände vor die verräterischen Augen halten (– als ob die Hand kein Verräter wäre! –).«[4]

Wahrhaft verräterisch sprachen auch die Augen. Halbblind, besaßen sie dennoch nichts vom Spähenden, Blinzelnden, ungewollt Zudringlichen vieler Kurzsichtigen; vielmehr sahen sie aus wie Hüter und Bewahrer eigener Schätze, stummer Geheimnisse, die

4 Eine ähnliche Bedeutung legt er seinen selten kleinen und feinmodellierten Ohren bei, von denen er sagte, sie seien die wahren »Ohren für Unerhörtes«. (Zarathustra I 25.)

kein unberufener Blick streifen sollte. Das mangelhafte Sehen gab seinen Zügen eine ganz besondere Art von Zauber dadurch, dass sie, anstatt wechselnde, äußere Eindrücke widerzuspiegeln, nur das wiedergaben, was durch sein Inneres zog. In das Innere blickten diese Augen und zugleich, – weit über die nächsten Gegenstände hinweg, – in die Ferne, oder besser: in das Innere wie in eine Ferne. Denn im Grunde war seine ganze Denkerforschung nichts als ein Durchforschen der Menschenseele nach unentdeckten Welten, nach »ihren noch unausgetrunkenen Möglichkeiten« (Jenseits von Gut und Böse 45), die er sich rastlos schuf und umschuf. Wenn er sich einmal gab, wie er war, im Bann eines ihn erregenden Gesprächs zu zweien, dann konnte in seine Augen ein ergreifendes Leuchten kommen und schwinden; – wenn er aber in finsterer Stimmung war, dann sprach die Einsamkeit düster, beinahe drohend aus ihnen, wie aus unheimlichen Tiefen, – aus jenen Tiefen, in denen er immer allein blieb, die er mit niemandem teilen konnte, vor denen ihn selbst bisweilen Grauen erfasste, – und in die sein Geist zuletzt versank.

Einen ähnlichen Eindruck des Verborgenen und Verschwiegenen machte auch Nietzsches Benehmen. Im gewöhnlichen Leben war er von großer Höflichkeit und einer fast weiblichen Milde, von einem stetigen, wohlwollenden Gleichmut, – er hatte Freude an den vornehmen Formen im Umgang und hielt viel auf sie. Immer aber lag darin eine Freude an der Verkleidung, – Mantel und Maske für ein fast nie entblößtes Innenleben. Ich erinnere mich, dass, als ich Nietzsche zum ersten Male sprach, – es war an einem Frühlingstage in der Peterskirche zu Rom, – während der ersten Minuten das gesucht Formvolle an ihm mich frappierte und täuschte. Aber nicht lange täuschte es an diesem Einsamen, der seine Maske doch nur so ungewandt trug, wie jemand, der aus Wüste und Gebirge kommt, den Rock der Allerweltsleute trägt; sehr bald tauchte die Frage auf, die er selbst in die Worte zusammengefasst hat: »Bei allem, was ein Mensch sichtbar werden lässt, kann man fragen: was soll es verbergen? Wovon soll es den Blick ablenken? Welches Vorurteil soll es erregen? Und dann noch: bis wie weit geht die Feinheit dieser Verstellung? Und worin vergreift er sich dabei?«

Dieser Zug stellt nur die Kehrseite der Einsamkeit dar, aus welcher Nietzsches Innenleben ganz herausbegriffen werden muss, – einer sich stetig steigernden Selbstvereinsamung und Selbstbeziehung auf sich.

In dem Maße, als sie zunimmt, wird alles nach außen gewandte Sein zum Schein, – zum bloßen täuschenden Schleier, den die Einsamkeitstiefe nur um sich webt, um zeitweilig für Menschenaugen erkennbare Oberfläche zu werden. »Tiefdenkende Menschen kommen sich im Verkehr mit anderen als Komödianten vor, weil sie sich da, um verstanden zu werden, immer erst eine Oberfläche anheucheln müssen.« (Menschliches, Allzumenschliches II 232). Ja, man kann selbst Nietzsches Gedanken, sofern sie sich theoretisch aussprechen, noch mit zu dieser Oberfläche rechnen, hinter der, abgründig tief und stumm, das innere Erleben ruht, dem sie entstiegen sind. Sie gleichen einer »Haut, welche etwas verrät, aber noch mehr verbirgt« (Jenseits von Gut und Böse 32); »denn«, sagt er »entweder verstecke man seine Meinungen, oder man verstecke sich hinter seine Meinungen« (Menschliches, Allzumenschliches II 338). Er findet eine schöne Bezeichnung für sich selbst, wenn er in diesem Sinne von den »Verborgenen unter den Mänteln des Lichts« redet (Jenseits von Gut und Böse 44), – von denen, die sich in ihre Gedankenklarheit verhüllen.

In jeder Periode seiner Geistesentwicklung finden wir daher Nietzsche in irgendeiner Art und Form der Maskierung, und immer ist sie es, welche die jeweilige Entwicklungsstufe recht eigentlich charakterisiert. »Alles, was tief ist, liebt die Maske Jeder tiefe Geist braucht eine Maske: mehr noch, um jeden tiefen Geist wächst fortwährend eine Maske« (Jenseits von Gut und Böse 40).

»Wanderer, wer bist du? – – – Ruhe dich hier aus. – – – erhole dich! Was dient dir zur Erholung? – – –«

»Zur Erholung? Zur Erholung? Oh du Neugieriger, was sprichst du da! Aber gib mir, ich bitte – –« »Was? Was? sprich es aus! – »Eine Maske mehr! Eine zweite Maske! . . . .« (Jenseits von Gut und Böse 278).

Und zwar wird es sich uns aufdrängen, dass in dem Grade, als seine Selbstvereinsamung und grüblerische Selbstbeziehung auf sich ausschließlicher wird, auch die Bedeutung der jedesmaligen Verkleidung eine tiefere ward, und das wirkliche Wesen hinter seiner Äußerungsform, das wirkliche Sein hinter dem vorgehaltenen Schein immer weniger sichtbar zurückweicht. Schon in »Der Wanderer und sein Schatten« (175) weist er auf die »Mediokrität als Maske« hin. »Die Mediokrität ist die glücklichste Maske, die der überlegene Geist tragen kann, weil sie die große Menge, das heißt die Mediokren, nicht an Maskierung denken lässt –: und doch nimmt er sie gerade ihretwegen vor, – um sie nicht zu reizen, ja nicht selten aus Mitleid und Güte.« Von dieser Maske des Harmlosen an wechselt er sie bis zu der des Grauenhaften, die noch Grauenhafteres hinter sich verbirgt: »– bisweilen ist die Narrheit selbst die Maske für ein unseliges allzu gewisses Wissen.« (Jenseits von Gut und Böse 270), – und endlich bis zu einem täuschenden Lichtbild des göttlich Lachenden, das den Schmerz in Schönheit zu verklären strebt. So ist Nietzsche innerhalb seiner letzten philosophischen Mystik allmählich in jene letzte Einsamkeit versunken, in deren Stille wir ihm nicht mehr folgen können, die uns nur noch, wie Symbole und Wahrzeichen, seine lachenden Gedankenmasken und deren Deutung übrig lässt, während er für uns bereits zu dem geworden ist, als den er sich einmal in einem Briefe unterschreibt: »Der auf ewig Abhandengekommene.« (Brief vom 8. Juli 1881 aus Sils-Maria.)

Dieses innere Alleinsein, diese Einsamkeit ist in allen Wandlungen Nietzsches der unveränderliche Rahmen, aus welchem sein Bild uns anschaut. Mag er sich verkleidet haben, wie er will, – immer trägt er »die Einöde und den heiligen unbetretbaren Grenzbezirk mit sich, wohin er auch gehe«. (Der Wanderer und sein Schatten 337.) Und es drückt daher auch nur das Bedürfnis aus, dass das äußere Dasein seiner einsamen Innerlichkeit entsprechen möge, wenn er einem Freunde schreibt: (Am 31 Oktober 1880 aus Italien.)

»Als Rezept, sowie als natürliche Passion erscheint mir immer deutlicher die Einsamkeit und zwar die vollkommene, – und den Zustand, in dem wir unser Bestes schaffen können, muss man herstellen und viele Opfer dafür bringen können.«

Den zwingenden Anlass aber, sein inneres Alleinsein so vollkommen wie möglich zu einem äußeren zu machen, bot ihm erst sein körperliches Leiden, welches ihn von den Menschen forttrieb und selbst den Verkehr mit einzelnen seiner Freunde, – immer einen seltenen Verkehr zu zweien, – nur mit großen Unterbrechungen möglich machte.

Leiden und Einsamkeit, – das sind also die beiden großen Schicksalszüge in Nietzsches Entwicklungsgeschichte, immer stärker ausgeprägt, je näher man dem Ende kommt. Und sie tragen bis an das Ende jenes wundersame Doppelgesicht, welches sie als ein äußerlich gegebenes Lebenslos, und zugleich als eine rein psychisch bedingte, eine gewollte innere Notwendigkeit erscheinen lassen. Auch sein physisches Leiden, nicht minder als seine Verborgenheit und Einsamkeit, reflektierte und symbolisierte etwas Tiefinnerliches – und dies so unmittelbar, dass er es auch in seine äußere Schickung aufnahm wie einen ihm zugedachten ernsten Freund und Wegegenossen. So schreibt er einmal bei Gelegenheit einer Beileidsäußerung (Ende August 1881 aus Sils-Maria): »Es jammert mich immer zu hören, dass Sie leiden, dass Ihnen irgend etwas fehlt, dass Sie jemanden verloren haben: während bei mir Leiden und Entbehrung zur Sache gehören und nicht, wie bei Ihnen, zum Unnötigen und zur Unvernunft des Daseins.«

Hierauf beziehen sich die einzelnen, in seinen Werken zerstreuten Aphorismen über den Wert des Leidens für die Erkenntnis.

Er schildert den Einfluss der Stimmungen des Kranken und des Genesenden auf das Denken, er begleitet die feinsten Übergänge solcher Stimmungen bis ins Geistigste hinauf. Eine periodisch wiederkehrende Erkrankung, wie die seinige es war, scheidet beständig eine Lebensperiode, und damit auch eine Gedankenperiode von der vorhergehenden. Sie gibt durch dieses Doppeldasein die Erfahrungen und das Bewusstsein zweier Wesenheiten. Sie lässt alle Dinge immer wieder auch dem Geiste neu werden, – »neu schmecken« nennt er es einmal höchst treffend, – und setzt ganz neue Augen auch noch für das Gewohnteste, Alltäglichste ein. Ein jegliches erhält etwas von der Frische und dem lichten Tau der Morgenschönheit, weil eine Nacht es vom vorhergehenden Tage getrennt hat. So wird jede Genesung ihm zu einer Palingenesis seiner selbst und darin zugleich des Lebens um ihn, – und immer wieder ist der Schmerz »verschlungen in den Sieg«.

Deutet Nietzsche es schon selbst an, dass die Natur seines physischen Leidens sich gewissermaßen in seinen Gedanken und Werken widerspiegle, so springt der enge Zusammenhang von Denken und Leiden noch auffälliger hervor, wenn man sein Schaffen und dessen

Entwicklung als Ganzes betrachtet. Man steht nicht jenen allmählichen Veränderungen des Geisteslebens gegenüber, wie sie ein jeder durchmacht, der seiner natürlichen Größe entgegenwächst, – nicht den Wandlungen des Wachstums: sondern einem jähen Wandel und Wechsel, einem fast rhythmischen Auf und Nieder von Geisteszuständen, die letzten Grundes nichts anderem zu entspringen scheinen, als einem Erkranken an Gedanken und einem Genesen an Gedanken.

Nur aus der innersten Bedürftigkeit seiner ganzen Natur, nur aus dem quälendsten Heilungsverlangen heraus erschließen sich ihm neue Erkenntnisse. Kaum aber ist er völlig in ihnen aufgegangen, kaum hat er an ihnen ausgeruht und sie seiner eigenen Kraft assimiliert, – da ergreift es ihn auch schon wieder wie ein neues Fieber, etwas wie ein unruhig drängender Überschuss an innerer Energie, der zuletzt seinen Stachel gegen ihn selbst kehrt und ihn an sich selber erkranken lässt. »Das Zuviel von Kraft erst ist der Beweis der Kraft», sagt Nietzsche im Vorwort zur Götzen-Dämmerung (S. 1); – in diesem Zuviel tut seine Kraft sich Schmerzen an, tobt sie sich aus in leidvollen Kämpfen, reizt sich auf zu den Qualen und Erschütterungen, an denen sein Geist fruchtbar werden will.[5] Mit der stolzen Behauptung: »Was mich nicht umbringt, macht mich stärker!« (Götzen-Dämmerung, Sprüche und Pfeile 8) geißelt er sich, – nicht bis zum Umbringen, nicht bis zum Tode, aber eben bis zu jenen Fiebern und Verwundungen, deren er bedarf. Dieses Schmerzheischende zieht sich durch die ganze Entwicklungsgeschichte Nietzsches als die eigentliche Geistesquelle in ihr; er spricht es am treffendsten in den Worten aus: »Geist ist das Leben, das selber ins Leben schneidet: an der eigenen Qual mehrt es sich das eigene Wissen, – wusstet ihr das schon? Und des Geistes Glück ist dies: gesalbt zu sein und durch Tränen geweiht zum Opfertier, – wusstet ihr das schon? – – – Ihr kennt nur des Geistes Funken: aber ihr seht den Amboss nicht, der er ist, und nicht die Grausamkeit seines Hammers!« (Also sprach

5 »Gibt es – eine Vorneigung für das Harte, Schauerliche, Böse, Problematische des Daseins aus Wohlsein, aus überströmender Gesundheit, aus der Überfülle selbst? – – – Gibt es vielleicht – eine Frage für Irrenärzte – Neurosen der Gesundheit?« (Versuch einer Selbstkritik zur neuen Ausgabe der »Geburt der Tragödie« aus dem Geiste der Musik« IV u. IX.)

Zarathustra II 33.) »Jene Spannung der Seele im Unglück, – – – ihre Schauer im Anblick des großen Zugrundegehens, ihre Erfindsamkeit und Tapferkeit im Tragen, Ausharren, Ausdeuten, Ausnützen des Unglücks, und was ihr nur je von Tiefe, Geheimnis, Maske, Geist, List, Größe geschenkt worden ist: – ist es nicht ihr unter Leiden, unter der Zucht des großen Leidens geschenkt worden?« (Jenseits von Gut und Böse 225.)

Und immer wieder tritt zweierlei an diesem Vorgang besonders auffällig hervor: Einmal der enge Zusammenhang von Gedankenleben und Seelenleben in seinem Wesen, die Abhängigkeit seines Geistes von den Bedürfnissen und Erregungen seines Innern. Dann aber die Eigentümlichkeit, dass aus dieser so engen Zusammengehörigkeit sich immer von Neuem Leiden ergeben müssen; jedesmal bedarf es einer hohen Glut der Seele, wo es zu höchster Klarheit, zu hellem Licht der Erkenntnis kommen soll, – aber nie darf diese Glut in wohltuender Wärme ausströmen, sondern muss verwunden mit sengenden Feuern und brennenden Flammen: auch hier gehört, – wie er es in dem oben angeführten Briefe ausdrückt, – »das Leiden zur Sache«.

Wie Nietzsches körperliches Leiden der Anlass zu seiner äußeren Vereinsamung wurde, so muss auch in seinem psychischen Leidenszustand einer der tiefsten Gründe gesucht werden für seinen scharf zugespitzten Individualismus, für die strenge Betonung des »Einzelnen« als des »Einsamen« in Nietzsches besonderem Sinn. Die Geschichte des »Einzelnen« ist durchaus eine Leidensgeschichte und nicht irgendwelchem allgemeinen Individualismus zu vergleichen, – ihr Inhalt lautet viel weniger: »Selbstgenügsamkeit« als: »Selbsterduldung«. Betrachtet man das leidensvolle Auf und Nieder seiner Geisteswandlungen, dann liest man die Geschichte ebenso vieler Selbstverwundungen, und es verbirgt einen langen, schmerzlichen Heldenkampf mit sich selbst, wenn Nietzsche über seine Philosophie die kühnen Worte setzt: »Dieser Denker braucht niemanden, der ihn widerlegt: er genügt sich dazu selber!« (Der Wanderer und sein Schatten 249.)

Seine außerordentliche Fähigkeit, sich immer wieder in die härteste Selbstüberwindung einzuleben, in jeder neuen Erkenntnis immer wieder heimisch zu werden, scheint nur da zu sein, um die Trennung vom Neuerrungenen jedesmal um so erschütternder zu gestalten. »Ich komme! brich deine Hütte ab und wandre mir entgegen!« gebietet ihm der Geist, und mit trotziger Hand macht er sich selbst obdachlos und sucht von neuem das Dunkel, das Abenteuer und die Wüste auf mit der Klage auf den Lippen: »Ich muss den Fuß weiter heben, diesen müden, verwundeten Fuß: und weil ich muss, so habe ich oft für das Schönste, das mich nicht halten konnte, einen grimmigen Rückblick, – weil es mich nicht halten konnte!«. (Fröhliche Wissenschaft 309.) Sobald ihm in einer Anschauungsweise wahrhaft wohl geworden ist, erfüllt sich an ihm selbst sein Wort: »Wer sein Ideal erreicht, kommt eben damit über dasselbe hinaus.« (Jenseits von Gut und Böse 73.)[6]

Der Meinungswechsel, der Wandlungsdrang stecken daher der Philosophie Nietzsches tief im Herzen, sie sind durchaus bestimmend für die Art seines Erkennens. Nicht umsonst nennt er sich im Schlusslied von »Jenseits von Gut und Böse« einen: »Ringer, der zu oft sich selbst bezwungen, – Zu oft sich gegen eigene Kraft gestemmt, – Durch eigenen Sieg verwundet und gehemmt.«

Im Heroismus der Bereitwilligkeit, die eigene Überzeugung preiszugeben, nimmt dieser Drang in seinem Innern geradezu die Stelle der Überzeugungstreue[7] ein. »Wir würden uns für unsere Meinungen nicht verbrennen lassen:« heißt es in »Der Wanderer und sein Schatten« (333), »wir sind ihrer nicht so sicher. Aber vielleicht dafür, dass wir unsere Meinungen haben dürfen und ändern dürfen.« Und in der »Morgenröte« (370) spricht sich diese Gesinnung in den schönen Worten aus: »Nie etwas zurückhalten oder dir verschweigen, was gegen deinen Gedanken gedacht werden kann. Gelobe es dir! Es gehört zur ersten Redlichkeit des Denkens. Du musst jeden Tag auch deinen Feldzug gegen dich selber führen. Ein Sieg und eine eroberte Schanze sind nicht mehr deine Angelegenheit, sondern die der Wahrheit, – aber auch deine Niederlage ist nicht

6 Vgl. auch »Die fröhliche Wissenschaft« 253, »Eines Tages erreichen wir unser Ziel – und weisen nunmehr mit Stolz darauf hin, was für lange Reisen wir dazu gemacht haben. Wir kamen aber dadurch so weit, dass wir an jeder Stelle wähnten, zu Hause zu sein.«

7 Daher nennt er die Überzeugungen Feinde der Wahrheit: »Überzeugungen sind gefährlichere Feinde der Wahrheit als Lügen.« (Menschliches, Allzumenschliches, I 483).

mehr deine Angelegenheit!« Darüber steht als Titel: »Inwiefern der Denker seinen Feind liebt.« Aber diese Feindesliebe entspringt der dunklen Ahnung, dass im Feind ein künftiger Genosse verborgen sein könne, und dass nur des Unterliegenden neue Siege harren: sie entspringt der Ahnung, dass für ihn der stets gleiche, schmerzliche Seelenprozess der Selbstverwandlung unumgängliche Bedingung aller Schaffenskraft sei. »Der Geist ist es, der uns rettet, dass wir nicht ganz verglühen und verkohlen. – – Vom Feuer erlöst, schreiten wir dann, durch den Geist getrieben, von Meinung zu Meinung, – – als edle Verräter aller Dinge.« (Menschliches, Allzumenschliches, I 637.) »– wir müssen Verräter werden, Untreue üben, unsere Ideale immer wieder preisgeben.« (Menschliches, Allzumenschliches, I 629.) Dieser Einsame musste gleichsam sich selber vervielfältigen, in eine Mehrheit von Denkern zerfallen, in dem Maße, als er sich in sich selber abschloss; – nur so vermochte er geistig zu leben. Der Selbstverwundungstrieb war nur eine Art seines Selbsterhaltungstriebes: nur indem er sich immer wieder in Leiden stürzte, entlief er seinen Leiden. »Unverwundbar bin ich allein an meiner Ferse! – – – – – Und nur wo Gräber sind, gibt es Auferstehungen! – – – Also sang Zarathustra;« (II 46) Er, zu dem das Leben einst »dies Geheimnis redete«: »Siehe, sprach es, ich bin das, was sich immer selber überwinden muss« (II 49).[8]

Über nichts hat wohl Nietzsche so oft und so tief nachgedacht, wie über dieses sein eigenes Wesensrätsel, und über nichts können wir uns daher aus seinen Werken so gut unterrichten wie gerade hierüber: im Grunde waren ihm alle seine Erkenntnisrätsel nichts anderes. Je tiefer er sich selbst erkannte, desto rückhaltloser wur-

8 Durch diesen Trieb entwickelte er sich mehr, als er es selbst wahr haben wollte, zu jenem »Don Juan der Erkenntnis« – den er (Morgenröte 327) folgendermaßen schildert: »Er hat Geist, Kitzel und Genuss an Jagd und Intrigen der Erkenntnis – bis an die höchsten und fernsten Sterne der Erkenntnis hinauf! – bis ihm zuletzt nichts mehr zu erjagen übrig bleibt, als das absolut Wehetuende der Erkenntnis, gleich dem Trinker, der am Ende Absinth und Scheidewasser trinkt. So gelüstet es ihn am Ende nach der Hölle, – es ist die letzte Erkenntnis, die ihn verführt. Vielleicht, dass auch sie ihn enttäuscht, wie alles Erkannte! Und dann müsste er in alle Ewigkeit stehen bleiben, an die Enttäuschung festgenagelt und selber zum steinernen geworden, mit einem Verlangen nach einer Abendmahlzeit der Erkenntnis, die ihm nie mehr zu Teil wird! – denn die ganze Welt der Dinge hat diesem Hungrigen keinen Bissen mehr zu reichen.«

de seine ganze Philosophie zu einer ungeheuren Widerspiegelung seines Selbstbildes, – und desto naiver legte er es dem Allbilde als solchem unter. Wie unter den Philosophen abstrakte Systematiker ihre eignen Begriffe zu einer Weltgesetzlichkeit verallgemeinert haben, so verallgemeinert Nietzsche seine Seele zur Weltseele. Aber um sein Bild zu zeichnen, bedarf es nicht erst der Zurückführung seiner sämtlichen Theorien auf ihn selbst, wie es in den folgenden Teilen geschieht. Ein gewisses Verständnis dafür ist auch schon hier möglich, wo Nietzsche lediglich in Bezug auf seine geistige Veranlagung betrachtet wird. Der Reichtum derselben ist zu mannigfaltig, als dass er in einer bestimmten Ordnung erhalten werden könnte; die Lebendigkeit und der Machtwillen jedes einzelnen Talentes und Geistestriebes führen notwendig zu einer nie beschwichtigten Nebenbuhlerschaft aller Talente. In Nietzsche lebten in stetem Unfrieden, nebeneinander und sich gegenseitig tyrannisierend, ein Musiker von hoher Begabung, ein Denker von freigeisterischer Richtung, ein religiöses Genie und ein geborener Dichter. Nietzsche selbst versuchte, daraus die Besonderheit seiner geistigen Individualität zu erklären, und erging sich häufig in eingehenden Gesprächen darüber.

Er unterschied zwei große Hauptgruppen von Charakteren: solche, deren verschiedene Regungen und Triebe in Harmonie zueinander stehen, eine gesunde Einheit bilden, und solche, deren Triebe und Regungen sich gegenseitig hemmen und befehden. Die erste Gruppe verglich er, – innerhalb des einzelnen Individuums, – mit dem Zustande der Menschheit zur Zeit des Herdenwesens, vor aller staatlichen Gliederung: wie dort der Einzelne seine Individualität und sein Machtgefühl nur besitzt im geschlossenen Ganzen der Herde, so hier die einzelnen Triebe im Ganzen der geschlossenen Persönlichkeit, deren Inbegriff sie bilden. Die Naturen der zweiten Gruppe dagegen leben in ihrem Innern, wie die Menschen bei einem Kriege aller gegen alle leben würden; – die Persönlichkeit selbst löst sich gewissermaßen in eine Unsumme von eigenmächtigen Triebpersönlichkeiten auf, in eine Subjekt-Vielheit. Dieser Zustand wird nur überwunden, wenn von außen her eine höhere Macht, eine stärkere Autorität geschaffen werden kann, die über alle zu herrschen weiß: gleich einem Gesetz staatlicher Gliederung, für das es nur unterworfene Gewalten gibt. Denn was in den zuerst geschilderten Naturen ganz instinktmäßig vor sich geht – die Einordnung des Einzelnen ins Ganze, – das muss hier erst erobert und den tyrannischen Einzelgelüsten abgezwungen werden als eine unerbittlich feste Rangordnung der Triebe untereinander.[9]

Man sieht, hier ist der Punkt, an welchem Nietzsche die Möglichkeit einer Selbstbehauptung als Ganzes durch das Leiden alles Einzelnen aufgegangen ist. Hier liegt wie in einer Knospe eingeschlossen die ursprüngliche Bedeutung seiner späteren Dekadenz-Lehre mit dem Grundgedanken: es gibt die Möglichkeit eines höchsten Vermögens und Schaffens durch ein beständiges Erdulden und Verwunden. Mit einem Wort: hier ging ihm die Bedeutung des Heroismus als Ideal auf. Die eigene qualvolle Unvollkommenheit riss ihn dem Ideal und dessen Tyrannei entgegen: »Unsere Mängel sind die Augen, mit denen wir das Ideal sehen.« (Menschliches, Allzumenschliches, II 86).

»Was macht heroisch? zugleich seinem höchsten Leide und seiner höchsten Hoffnung entgegengehen« sagt er (Fröhliche Wissenschaft 268). Und ich füge dem noch drei Aphorismen bei, die er mir einmal niederschrieb, und die mir seine Auffassung mit besonderer Schärfe zu verdeutlichen scheinen:

»Der Gegensatz des heroischen Ideals ist das Ideal der harmonischen Allentwicklung, – ein schöner Gegensatz und ein sehr wünschenswerter! Aber nur ein Ideal für grundgute Menschen. (Zum Beispiel: Goethe).«[10]

Weiter: »Heroismus – das ist die Gesinnung eines Menschen, der ein Ziel erstrebt, gegen welches gerechnet er gar nicht mehr in Betracht kommt. Heroismus ist der gute Wille zum absoluten Selbst-Untergang.«

---

9 »Die Instinkte bekämpfen müssen – das ist die Formel für décadence: so lange das Leben aufsteigt, ist Glück gleich Instinkt«, sagt er (Götzen-Dämmerung, Das Problem des Sokrates 11), und unterscheidet so den Dekadenten von der geborenen Herrennatur.

10 Nietzsche fasst hier, nebenbei bemerkt, Goethe durchaus anders auf als einige Jahre später (in der Götzen-Dämmerung). Hier sieht er noch in ihm den Antipoden seiner eigenen, unharmonische Natur – später hingegen einen ihm tief verwandten Geist, der nicht harmonisch war, sondern sich durch Ausgestaltung ud Hingabe seiner selbst zum Harmonischen umschuf.

Und als drittes: »Menschen, die nach Größe streben, sind gewöhnlich böse Menschen; es ist ihre einzige Art, sich zu ertragen.« Das Wort »böse« will hier ebenso wie oben das Wort »gut« weder im Sinn des landläufigen Urteils noch überhaupt im Sinne eines Urteils genommen werden, sondern bloß als Bezeichnung eines Tatbestandes: und als eine solche bezeichnet es für Nietzsche stets den »inneren Krieg« in einer Menschenseele, – dasselbe, was er später »Anarchie in den Instinkten« nennt. In seiner letzten Schaffensperiode hat sich ihm, auf dem Wege einer bestimmten Gedankenentwicklung, das Bild dieses Seelenzustandes bis zum Kulturbilde der Menschheit ausgedehnt; die Losungsworte heißen da: Innenkrieg = Decadence, und Sieg = Selbstuntergang der Menschheit zur Erschaffung einer Übermenschheit. Ursprünglich aber handelt es sich für ihn um sein eigenes Seelenbild.

Er unterscheidet nämlich die harmonische oder einheitliche und die heroische oder vielspältige Naturanlage als die beiden Typen des handelnden und des erkennenden Menschen, mit anderen Worten: den Typus seines Wesens-Gegensatzes und seinen eigenen.

Zum handelnden Menschen wird ihm der Ungeteilte und Unzersetzte, der Instinkt-Mensch, die Herrennatur. Wenn dieser seiner natürlichen Entwicklung folgt, muss sein Wesen sich immer selbstsicherer und fester zuspitzen und seine gedrängte Kraft in gesunden Taten sich entladen. Die Hemmnisse, welche die Außenwelt ihm möglicherweise entgegenstellt, enthalten zugleich eine Anregung und Förderung dafür: denn nichts ist ihm naturgemäßer, als der tapfere Kampf nach außen hin, in nichts erweist sich seine ungebrochene Gesundheit so sehr als in seiner Kriegstüchtigkeit. Mag sein Intellekt klein oder groß sein: in jedem Fall steht er im Dienst dieser frischen Wesenskraft und dessen, was ihr Wohl tut und not tut, – er hat sich ihr in seinen Zielen nicht entgegengesetzt, er hat sie nicht zersetzt, er folgt nicht eigenen Wegen.

Ganz anders der erkennende Mensch. Anstatt nach einem festen Zusammenschluss seiner Triebe zu suchen, der sie schützt und erhält, lässt er sie so weit als irgend möglich auseinanderlaufen; je breiter das Gebiet, das sie zu umfassen lernen, desto besser, je mehr der Dinge, bis zu denen sie ihre Fühlhörner ausstrecken, und die sie betasten, sehen, hören, riechen, desto tüchtiger sind sie ihm für seine Zwecke,

– für die Zwecke des Erkennens. Denn ihm ist nunmehr »das Leben ein Mittel der Erkenntnis« (Fröhliche Wissenschaft324) und er ruft seinen Genossen zu (Fröhliche Wissenschaft 319): »Wir selber wollen unsere Experimente und Versuchstiere sein!« So gibt er sich selbst freiwillig als Einheit auf, – je polyphoner sein Subjekt, desto lieber ist es ihm:

»Scharf und milde, grob und fein,
Vertraut und seltsam, schmutzig und rein,
Der Narren und Weisen Stelldichein:
Dies Alles bin ich, will ich sein,
Taube zugleich, Schlange und Schwein!«

(Fröhliche Wissenschaft, Scherz, List und Rache 11.)

Denn wir Erkennenden, sagt er, müssen dankbar sein »gegen Gott, Teufel, Schaf und Wurm in uns, mit Vorder- und Hinterseelen, denen keiner leicht in die letzten Absichten sieht, mit Vorder- und Hintergründen, welche kein Fuß zu Ende laufen dürfte, wir die geborenen, geschworenen, eifersüchtigen Freunde der Einsamkeit«. (Jenseits von Gut und Böse 44.) Der Erkennende hat die Seele, welche »die längste Leiter hat und am tiefsten hinunter kann, – – – die umfänglichste Seele, welche am weitesten in sich laufen und irren und schweifen kann; – – – die sich selber fliehende, die sich selber im weitesten Kreise einholt; die weiseste Seele, welcher die Narrheit am süßesten zuredet: – – – die sich selber liebendste, in der alle Dinge ihr Strömen und Wiederströmen und Ebbe und Flut haben –.« (Also sprach Zarathustra III 82.)

Mit solcher Seele wird man zum »Tausendfuß und Tausend-Fühlhorn« (Jenseits von Gut und Böse 205), immer im Begriff, sich selbst zu entlaufen, um sich bis in fremdes Wesen hinein zu erstrecken: »Wenn man erst sich selber gefunden hat, muss man verstehen, sich von Zeit zu Zeit zu verlieren – und dann wieder zu finden: vorausgesetzt, dass man ein Denker ist. Diesem ist es nämlich nachteilig, immer an eine Person gebunden zu sein.« (Der Wanderer und sein Schatten 306.) Das Gleiche besagen die Verse (Fröhliche Wissenschaft, Scherz, List und Rache 33):

»Verhasst ist mir's schon, selber mich zu führen!
Ich liebe es, gleich Wald- und Meerestieren,
Mich für ein gutes Weilchen zu verlieren,
In holder Irrniss grüblerisch zu hocken.
Von ferne her mich endlich heimzulocken,
Mich selber zu mir selber – zu verführen «

Das Versehen ist überschrieben »Der Einsame«, d. h. der von den Anforderungen und Kämpfen der Außenwelt möglichst Abgeschiedene; denn kriegstüchtig nach außen hin wird ein solches Innenleben in dem Maße immer weniger, je vollkommener es benommen und bewegt ist von den Kriegen, Siegen, Niederlagen und Eroberungen innerhalb seiner eigenen Triebe. In der Einsamkeit seiner geistigen Selbstversenkung und Selbsterweiterung sucht es vielmehr eine Hülle, die es schonend behüte vor den lauten und verwundenden Lebensereignissen draußen, – steht es doch schon ohnedies in Kampf und Wunden; gilt doch von diesem Erkennenden die Schilderung: »das ist ein Mensch, der beständig außerordentliche Dinge erlebt, sieht, hört, argwöhnt, hofft, träumt; der von seinen eigenen Gedanken wie von außen her, – – als von seiner Art Ereignissen und Blitzschlägen getroffen wird.« (Jenseits von Gut und Böse 292.)

Denn die kriegerische Stellung der Triebe zu einander in seinem Innern ist damit nicht aufgehoben, sondern eher gesteigert: »Wer aber die Grundtriebe des Menschen darauf hin ansieht, wie weit sie gerade hier als inspirierende Genien (oder Dämonen und Kobolde –) ihr Spiel getrieben haben mögen, wird finden, – – – – – dass jeder Einzelne von ihnen gerade sich gar zu gerne als letzten Zweck des Daseins und als berechtigten Herrn aller übrigen Triebe darstellen möchte. Denn jeder Trieb ist herrschsüchtig und als solcher versucht er zu philosophieren« (Jenseits von Gut und Böse 6).

Daher gerade legt die Erkenntnis des Erkennenden ein »entscheidendes Zeugnis dafür ab, wer er ist, – das heißt, in welcher Rangordnung die innersten Triebe seiner Natur zu einander gestellt sind« (ebendaselbst).

Trotzdem aber wird durch das Erkennen in diesem Innen-Krieg eine Verwandlung vollzogen, die demselben eine neue Bedeutung gibt, – eine rettende und erlösende Bedeutung: in der Erkenntnis ist ein allen Trieben gemeinsames Ziel gegeben, eine Richtung, der ein jeder von ihnen insofern zustrebt, als sie alle das Nämliche erobern wollen. Die Zersplitterung des Beliebens, die Tyrannei der Willkür ist damit gebrochen. Die Triebe halten an ihrer »Subjekts-Vielheit« fest, aber sie unterstellen dieselbe einer höheren Macht, die ihnen als Dienern und Werkzeugen befiehlt; sie bleiben wild und kriegerisch, aber sie werden in ihrem Kriegs-Ziel unvermerkt zu Helden, die zu kämpfen und zu bluten berufen sind; – das heroische Ideal ist inmitten ihrer Selbstsucht aufgerichtet und zeigt den für sie einzig möglichen Weg zur Größe. So ist die Gefahr der Anarchie beseitigt zugunsten eines sicheren »Gesellschaftsbaues der Triebe und Affekte«.

Ich erinnere mich eines mündlichen Ausspruches von Nietzsche, der sehr bezeichnend diese Freude des Erkennenden an der umfassenden Breite und Tiefe seiner Natur ausdrückt, – die Lust, die daraus entspringt, dass er sein Leben nunmehr als ein »Experiment des Erkennenden« (Fröhliche Wissenschaft 324) auffassen darf:

»Einer alten, wetterfesten Burg gleiche ich, die viele versteckte Keller und Unterkeller hat: in meine eigenen verborgensten Dunkelgänge bin ich noch nicht ganz hinabgekrochen, in meine unterirdischen Kammern bin ich noch nicht gekommen. Sollte mit ihnen nicht alles unterbaut sein? Sollte ich nicht aus meiner Tiefe zu allen Oberflächen der Erde hinaufklettern können? Sollten wir nicht auf jedem Dunkelgang zu uns selber wiederkehren?«

Dasselbe Gefühl gibt auch in der »Fröhlichen Wissenschaft« (249) der Aphorismus wieder, der die Überschrift trägt: »Der Seufzer des Erkennenden«: »Oh über meine Habsucht! In dieser Seele wohnt keine Selbstlosigkeit, – vielmehr ein alles begehrendes Selbst, welches durch viele Individuen wie durch seine Augen sehen und wie mit seinen Händen greifen möchte, – ein auch die ganze Vergangenheit noch zurückholendes Selbst, welches nichts verlieren will, was ihm überhaupt gehören könnte! Oh über diese Flamme meiner Habsucht! Oh dass ich in hundert Wesen wiedergeboren würde!«

Auf diese Weise wird das Umfassende und Verschlungene der unharmonischen, der »stillosen« Natur zu einem gewaltigen Vorzug: »Wollten und wagten wir eine Architektur nach unserer Seelen-Art, – – – – so müsste das Labyrinth unser Vorbild sein!« (Morgenröte 169.) – aber kein Labyrinth, in welchem die Seele sich selbst verliert, sondern aus dessen Wirrnis sie zur Erkenntnis hindurchdringt. »Man muss noch Chaos in sich haben, um einen tanzenden Stern gebären zu können«, – dieses Wort Zarathustras (I 15) gilt von ihr, die zum Sternendasein, zum Licht geboren ist als zu ihrem eigensten Wesensgenius, ihrer eigensten Verklärung. Nietzsche hat dies unter dem Namen: »Eine lichte Art von Schatten« geschildert (Der Wanderer und sein Schatten 258): »Dicht neben den ganz nächtigen Menschen befindet sich fast regelmäßig, wie an sie angebunden, eine Lichtseele. Sie ist gleichsam der negative Schatten, den jene werfen.«

Diese Lichtseele ist um so strahlender, je mächtiger und nächtiger, also je tyrannischer und gefährlicher die Natur ist, welche sich gleichsam in ihr verbrennen lässt, – alle ihre Neigungen als Brennstoff in diese heilige Glut wirft. Die Art, in welcher dies geschieht, wechselt mit dem Erkenntnisstandpunkt des Erkennenden: Nietzsches Auffassung dessen, was »Erkenntnis« ist, ist in seinen verschiedenen Geistesperioden eine verschiedene, und dementsprechend verschiebt sich auch jedesmal das, was er die »innere Rangordnung der Triebe« nennt, innerhalb des wogenden Kampfes in dieser reichen Genie-Natur. Man kann sagen, dass aus den wechselnden Bildern solcher Verschiebungen sich die Geschichte seiner Entwicklung im Wesentlichen zusammensetzt, bis in seiner letzten Schaffensperiode sein ganzes Innenleben sich in philosophischen Theorien widerspiegelt: bis ihm Dunkelseele und Lichtseele zu Repräsentanten des Menschlichen und Übermenschlichen werden.

Der geschilderte Seelenprozess selbst aber bleibt durch alle Wandlungen hindurch in seinen Grundzügen der nämliche. »Hat man Charakter, so hat man auch sein typisches Erlebnis, das immer wiederkommt,« sagt Nietzsche (Jenseits von Gut und Böse 70). Nun, dieses ist sein typisches Erlebnis, das immer wiederkommt, an dem er sich immer wieder aufrichtete, über sich selbst erhob, – an dem er auch endlich sich in sich selbst überschlug und zugrunde ging.

Und daran musste er wohl zu Grunde gehen. Denn in dem gleichen Prozess, der ihm stets von neuem Heilung und Erhebung sicherte, lag auch schon das pathologische Moment dieser Art von Geistesentwicklung verborgen. Auf den ersten Blick fällt es nicht auf. Man sollte vielmehr meinen, in einer Kraft, die sich selber so zu heilen weiß, müsse mindestens ebensoviel Gesundheit stecken wie in dem ruhigen Frieden einer harmonischen Kräfteentfaltung. Ja, sogar eine weit größere Gesundheit: denn sie ist imstande, selbst an dem, was Wunden schlägt und Fieber erzeugt, sich noch zu befestigen und zu beweisen; sie ist imstande, Krankheit und Kampf zu einem Stimulans für Leben und Erkennen umzuwandeln, zu einem Sporn und Hellsehen für ihre Zwecke, – sie umfasst also schadlos Kampf und Krankheit. Auf solche Weise wollte Nietzsche, namentlich zuletzt, namentlich als er am krankhaftesten war, seine Leidensgeschichte aufgefasst wissen: als eine Genesungsgeschichte. Allerdings vermochte diese gewaltige Natur es, sich mitten aus Schmerzen und Widerstreit heraus in ihrem Erkenntnisideal selbst zu heilen und zusammenzufassen. Aber, nach erlangter Genesung, bedurfte sie wiederum ebenso notwendig der Leiden und Kämpfe, der Fieber und Wunden. Sie, die sich selbst Heilung geschafft, ruft jene wieder hervor; sie wendet sich gegen sich selbst, schäumt gleichsam über, um sich in neue Krankheitszustände zu ergießen. Über jedem erreichten Erkenntnisziel, jedem erlangten Genesungsglück stehen immer wieder die Worte: »Wer sein Ideal erreicht, kommt eben damit über dasselbe hinaus«, denn: »sein Überglück ward ihm zum Ungemach« (Fröhliche Wissenschaft, Scherz, List und Rache 47), und er fühlt sich: »verwundet von seinem Glücke«[11] (Also sprach Zarathustra II 2). »Sich Schmerzen machen. Rücksichtslosigkeit des Denkens ist oft das Zeichen einer unfriedlichen inneren Gesinnung, welche Betäubung begehrt.«

Die Gesundheit ist hier also nicht das Überlegene und Überragende, welches das Pathologische, als ein Nebensächliches, zu einem Werkzeug für sich umschafft, sondern beide bedingen sich, ja enthalten sich gegenseitig, – beide zusammen stellen tatsächlich eine eigentümliche Selbstspaltung innerhalb ein und desselben Geisteslebens dar.

Eine solche innere Spaltung liegt nämlich dem ganzen geschilderten Seelenprozess zu Grunde. Anscheinend zwar sollte in ihm die Vielspältigkeit, die Subjekts-Vielheit der unharmonisch veranlagten Natur, in einer höheren Einheit, in einem richtunggebenden Ziel aufgehoben werden. Nun vollzieht sich aber dieser Vorgang innerhalb der vielspältigen Seele in der Weise, dass ein einziger Trieb sich alle

11 Vgl. auch Jenseits von Gut und Böse 224: »wir – – – sind erst dort in unsrer Seligkeit, wo. wir auch am meisten – in Gefahr sind.«

übrigen unterordnet: mit anderen Worten: die Vielspältigkeit wird auf eine um so tiefer gehende Zweispaltung reduziert. So wenig wie die Gesundheit hier überragend das Krankhafte mit umfasst, so wenig umfasst und überragt der herrschende Trieb wahrhaft das gesamte Innere, indem er es in den Dienst der Erkenntnis stellt: der Erkennende blickt wohl mit seinen Geistesaugen auf sich selbst wie auf eine zweite Wesenheit, aber er bleibt doch in der eigenen Wesenheit gefangen; er ist nur imstande sie zu spalten, nicht über sie hinauszugreifen. Die Macht der Erkenntnis also, weit davon entfernt, eine einigende zu sein, ist vielmehr eine trennende, – aber die Tiefe der Trennung erweckt den Schein, als läge das Ziel aller Regungen außer ihnen. In Folge dieser Selbsttäuschung drängen alle Kräfte begeistert der Erkenntnis zu, als vermöchten sie damit sich selbst und ihrem Zwiespalt zu entlaufen.

Man sollte allerdings glauben, es werde wenigstens eine Art von Zusammenschluss des Gesamtlebens dadurch erreicht, dass auf der einen Seite das Triebleben, unter dem darauf gerichteten Erkenntnisblick, zu ungeheurer Bewusstheit gesteigert wird, – dass auf der anderen das Denken durch die Welt der Stimmungen und Triebe eine ungemeine Belebung erhält. Aber das Resultat ist ein gerade entgegengesetztes, indem der Gedanke die Unmittelbarkeit aller inneren Regungen zersetzt, die Erregungen des Inneren hinwiederum die beherrschte Strenge des Gedankens beständig lockern. So durchdringt tatsächlich die Spaltung des Ganzen alles Einzelne nur immer weiter und tiefer.

Was ist es nun, das trotzdem eine so hohe, geradezu erlösend wirkende Befriedigung aus einer so durchsichtigen Selbsttäuschung quellen lässt? Was ist es, das einen Schein dazu befähigt, das ganze Sein, wenn auch unter steten Erkrankungen und Verwundungen, zu beseligen und zu verklären? Mit dieser Frage stehen wir vor dem eigentlichen Nietzsche-Problem; sie erst weist uns auf den geheimen Zusammenhang des Gesunden und Pathologischen in ihm.

Indem nämlich die Vielheit unverbundener Einzeltriebe sich in zwei einander gleichsam gegenüber stehende Wesenheiten zerspaltet, von denen die eine herrscht, die andere dient, – wird es dem Menschen ermöglicht, zu sich selber nicht nur wie zu einem anderen, sondern auch wie zu einem hohem Wesen zu empfinden. Indem er einen Teil seiner selbst sich selber zum Opfer bringt, ist er einer religiösen Exaltation nahe gekommen. In den Erschütterungen seines Geistes, in denen er das heroische Ideal eigener Preisgebung und Hingebung zu verwirklichen wähnt, bringt er an sich selbst einen religiösen Affekt zum Ausbruch.

Von allen großen Geistesanlagen Nietzsches gibt es keine, die tiefer und unerbittlicher mit seinem geistigen Gesamtorganismus verbunden gewesen wäre, als sein religiöses Genie. Zu einer anderen Zeit, in einer ändern Kulturperiode würde dasselbe diesem Predigerssohn sicherlich nicht gestattet haben, zum Denker zu werden. Unter den Einflüssen unserer Zeit erhielt jedoch sein religiöser Geist die Richtung aufs Erkennen und vermochte dasjenige, wonach es ihn instinktiv am drängendsten verlangte, wie nach dem natürlichen Ausdruck seiner Gesundheit, nur in krankhafter Weise zu befriedigen, – das heißt, er vermochte es nur vermittelst einer Rückbeziehung auf sich selbst anstatt auf eine ihn mit umfassende, außer ihm liegende Lebensmacht. So erreichte er das gerade Gegenteil des Angestrebten: nicht eine höhere Einheit seines Wesens, sondern dessen innerste Zweiteilung, nicht den Zusammenschluss aller Regungen und Triebe zu einem einheitlichen Individuum, sondern ihre Spaltung zum »Dividuum«. Es war immerhin eine Gesundheit erreicht, – doch mit den Mitteln der Krankheit; eine wirkliche Anbetung, doch mit den Mitteln der Täuschung; eine wirkliche Selbstbehauptung und Selbsterhebung, doch mit den Mitteln der Selbstverwundung.

Deshalb liegen in dem gewaltigen religiösen Affekt, aus dem ganz allein bei Nietzsche alle Erkenntnis hervorgeht, unlöslich in einen Knoten verschlungen: eigene Aufopferung und eigene Apotheose, Grausamkeit der eigenen Vernichtung und Wollust der eigenen Vergötterung, leidvolles Siechen und siegende Genesung, glühender Rausch und kühle Bewusstheit. Man fühlt hier die enge Verknüpfung der Gegensätze, die einander unaufhörlich bedingen: man fühlt das Überschäumen und freiwillige Hinabstürzen der aufs höchste erregten und gespannten Kräfte ins Chaotische, Dunkle, Schauerliche, und dann wieder aus diesem heraus ein Drängen ins Lichte, Zarteste, – das Drängen eines Willens, der sich »– – von der Not der Fülle und Überfülle, vom Leiden der in ihm gedrängten

Gegensätze löst«[12], – ein Chaos, das den Gott gebären möchte, – gebären muss.

»Im Menschen ist Geschöpf und Schöpfer vereint: im Menschen ist Stoff, Bruchstück, Überfluss, Lehm, Kot, Unsinn, Chaos: aber im Menschen ist auch Schöpfer, Bildner, Hammer-Härte, Zuschauer-Göttlichkeit und siebenter Tag . . .«. (Jenseits von Gut und Böse 225.) Und hier zeigt sich, dass unablässiges Leiden und unablässige Selbstvergöttlichung sich gegenseitig bedingen, indem ein jedes seinen eigenen Gegensatz immer wieder neu erzeugt, – wie es Nietzsche in der Geschichte des Königs Viçvamitra ausgedrückt findet, »der aus tausendjährigen Selbstmarterungen ein solches Machtgefühl und Zutrauen zu sich gewann, dass er es unternahm, einen neuen Himmel zu bauen: – – – Jeder, der irgendwann einmal einen »neuen Himmel« gebaut hat, fand die Macht dazu erst in der eigenen Hölle . . .« (Genealogie der Moral III 10.) Eine andere Stelle, wo er dieser Sage gedenkt, steht in der Morgenröte (113) und folgt unmittelbar auf die Schilderung jener machtdurstigen Leidenden, die als das würdigste Objekt ihrer Vergewaltigungslust sich selbst auserlesen haben: »Der Triumph des Asketen über sich selber, sein dabei nach innen gewendetes Auge, welches den Menschen zu einem Leidenden und zu einem Zuschauenden zerspaltet sieht und fürderhin in die Außenwelt nur hineinblickt, um aus ihr gleichsam Holz zum eigenen Scheiterhaufen zu sammeln, diese letzte Tragödie des Triebes nach Auszeichnung, bei der es nur noch eine Person gibt, welche in sich selber verkohlt – – Dieser Abschnitt, der die Beschreibung aller bisherigen Askese und ihrer Motive enthält, schließt mit der Bemerkung: »– – ja, ist denn wirklich der Kreislauf im Streben nach Auszeichnung mit dem Asketen am letzten Ende angelangt und in sich abgerollt? Könnte dieser Kreis nicht noch einmal von Anfang an durchlaufen werden, mit der festgehaltenen Grundstimmung des Asketen und zugleich des mitleidenden Gottes?«

In »Menschliches, Allzumenschliches« (I 137) sagt er darüber: Es gibt einen Trotz gegen sich selbst, zu dessen sublimiertesten Äußerungen manche Formen der Askese gehören. Gewisse Menschen haben nämlich ein so hohes Bedürfnis, ihre Gewalt und

12 »Versuch einer Selbstkritik«, in der neuen Ausgabe der »Geburt der Tragödie aus dem Geiste der Musik« XI.

Herrschsucht auszuüben, dass sie – – – endlich darauf verfallen, gewisse Teile ihres eigenen Wesens – – – zu tyrannisieren. – – – Dieses Zerbrechen seiner selbst, dieser Spott über die eigene Natur, dieses spernere se sperni, aus dem die Religionen so viel gemacht haben, ist eigentlich ein sehr hoher Grad der Eitelkeit. – – – Der Mensch hat eine wahre Wollust darin, sich durch übertriebene Ansprüche zu vergewaltigen und dieses tyrannisch fordernde etwas in seiner Seele nachher zu vergöttern.« – und 138: » Eigentlich liegt ihm also nur an der Entladung seiner Emotion; da fasst er wohl, um seine Spannung zu erleichtern, die Speere der Feinde zusammen und begräbt sie in seine Brust.« – und 142: »– er geißelt seine Selbstvergötterung mit Selbstverachtung und Grausamkeit, er freut sich an dem wilden Aufruhre seiner Begierden, – – – er versteht es, seinem Affekt, zum Beispiel dem der äußersten Herrschsucht, einen Fallstrick zu legen, sodass er in den der äußersten Erniedrigung übergeht und seine aufgehetzte Seele durch diesen Kontrast aus allen Fugen gerissen wird; es ist im Grunde eine seltene Art von Wollust, welche er begehrt, aber vielleicht jene Wollust, in der alle anderen in einen Knoten zusammengeschlungen sind. Novalis, eine der Autoritäten in Fragen der Heiligkeit durch Erfahrung und Instinkt, spricht das ganze Geheimnis einmal mit naiver Freude aus: »Es ist wunderbar genug, dass nicht längst die Assoziation von Wollust, Religion und Grausamkeit die Menschen aufmerksam auf ihre innige Verwandtschaft und gemeinschaftliche Tendenz gemacht hat.«

In der Tat ist eine rechte Nietzsche-Studie in ihrer Hauptsache eine religionspsychologische Studie, und nur insoweit als das Gebiet der Religionspsychologie bereits aufgehellt ist, fallen auch helle Streiflichter auf die Bedeutung seines Wesens, seines Leidens und seiner Selbst-Beseligung. Seine ganze Entwicklung ging gewissermaßen davon aus, dass er den Glauben verlor, also von der »Emotion über den Tod Gottes«, – dieser ungeheuren Emotion, die bis in das letzte Werk hineinklingt, das Nietzsche, schon auf der Schwelle des Wahnsinns verfasste, – bis in den vierten Teil seines: »Also sprach Zarathustra«. Die Möglichkeit, einen Ersatz[13] »für den verlorenen

13 Siehe in der Fröhlichen Wissenschaft (Scherz, List und Rache 38) über die menschliche Bestimmung als erfüllt in der Gottschöpfung des Menschen:

»Der Fromme spricht:

Gott in den verschiedensten Formen der Selbstvergottung zu finden, das ist die Geschichte seines Geistes, seiner Werke, seiner Erkrankung. Es ist die Geschichte des »religiösen Nachtriebes im Denker«, der noch mächtig bleibt, auch nachdem der Gott zerbrach, auf den er sich bezog, und auf den Nietzsches Worte Anwendung finden können: (Menschliches, Allzumenschliches I 223): »Die Sonne ist schon hinunter gegangen, aber der Himmel unseres Lebens glüht und leuchtet noch von ihr her, ob wir sie schon nicht mehr sehen.« Man lese darüber den ergreifenden Gefühlsausbruch des »tollen Menschen« in der »Fröhlichen Wissenschaft« (125). »Wohin ist Gott?« rief er, »ich will es euch sagen! Wir haben ihn getötet! – ihr und ich! Wir alle sind seine Mörder! – – – – – – Hören wir noch nichts vom Lärm der Totengräber, welche Gott begraben? Riechen wir noch nichts von der göttlichen Verwesung? – auch Götter verwesen! Gott ist tot! Gott bleibt tot! Und wir haben ihn getötet! Wie trösten wir uns, die Mörder aller Mörder? Das Heiligste und Mächtigste, was die Welt bisher besaß, ist unter unseren Messern verblutet, – wer wischt dies Blut von uns ab? Mit welchem Wasser könnten wir uns reinigen? – – – – Ist nicht die Größe dieser Tat zu groß für uns? Müssen wir nicht selber zu Göttern werden, um nur ihrer würdig zu erscheinen? Es gab nie eine größere Tat, – und wer nur immer nach uns geboren wird, gehört um dieser Tat willen in eine höhere Geschichte, als alle Geschichte bisher war!« – –

Die Antwort auf diesen Ausbruch von Qual und Sehnsucht gab sich Nietzsche in seiner letzten Schaffensperiode mit den Worten Zarathustras (I Schluss): »Tot sind alle Götter: nun wollen wir, dass der Übermensch lebe!« – und sprach damit den innersten Seelengrund seiner Philosophie aus.

Die Gottsehnsucht wird in ihrer Qual zu einem Drang der Gott-Schöpfung, und dieser musste sich notwendig in Selbstvergottung äußern. Mit richtigem Blick erkannte Nietzsche im religiösen Phänomen die ungeheure Auslebung des individuellsten Verlangens, den

---

»Gott liebt uns, weil er uns erschuf!«
»Der Mensch schuf Gott!« sagt darauf ihr Feinen.
Und soll nicht lieben, was er schuf?
Soll's gar, weil er es schuf verneinen?
Das hinkt, das trägt des Teufels Huf.«

Willen zur höchsten Selbstbeseligung. Dieser Individualismus, der als Kern in allem Religiösen steckt, dieser »sublime Egoismus«, der in allem Religiösen frei und naiv ausströmt, indem er sich auf eine von außen gegebene Lebens-oder Gottesmacht zu beziehen glaubt, wurde in ihm, dem »Erkennenden«, auf sich selbst zurückgeworfen. Und so gelangt er dazu, sich die ihm vom Verstande aufgedrungene Gottlosigkeit mit dem vermessenen Schlusse innerlich anzueignen: »Wenn es Götter gäbe, wie hielte ich's aus, kein Gott zu sein! Also gibt es keine Götter.« Diese Worte stehen im zweiten Teil des »Also sprach Zarathustra« (6); an sie lassen sich jene anderen anschließen (55): »Und Anbetung wird noch in deiner Eitelkeit sein!« In ihnen ist die ganze Gefahr ausgesprochen, die über dem »Einsamen« und »Einzelnen« schwebt, der sich spalten und verdoppeln muss. »Einer ist immer zu viel um mich. – – – Immer Einmal Eins – das gibt auf die Dauer Zwei!« (Also sprach Zarathustra I 76.)

Die Art, wie er sich zu dieser Zweiheit stellte, wie er sich gegen sie zur Wehre setzte oder ihr nachgab, und worin er sie jedesmal suchte, – das alles bedingt den Wandel seiner Erkenntnis, sowie die Eigenart seiner verschiedenen Geistesperioden – bis endlich seine Zweiheit ihm zu einer Halluzination und Vision, zu einer leibhaften Wesenheit wurde, die seinen Geist verdüsterte, seinen Verstand erstickte. Er vermochte nicht sich länger gegen sich selbst zu wehren: Dieses war das dionysische Drama vom »Schicksal der Seele« (Zur Genealogie der Moral. Vorrede XIII) in Nietzsche selbst. Die Einsamkeit des Innenlebens, in welcher der Geist über sich selbst hinausgelangen will, ist nirgends tiefer und schmerzvoller als zum Schluss. Man könnte sagen, die stärkste Mauer in dieser verhängnisvollen Selbstvermauerung sei ein zarter, glänzender, göttlicher Schein, der sie umgaukelt, eine Luftspiegelung, die ihm die eigenen Grenzen verwischt und verbirgt. Jeder Gang nach außen führt immer wieder in die Tiefe dieses Selbst zurück, das sich schließlich zu Gott und Welt, zu Himmel und Hölle werden muss – jeder Gang führt es einen Schritt weiter in seine letzte Tiefe und in seinen Untergang.

Diese Grundzüge von Nietzsches Eigenart enthalten die Ursachen des zugleich Raffinierten und Exaltierten, das auch dem Großen und Bedeutenden in seiner Philosophie beigemischt ist gleich einer brennenden Würze. Am schärfsten wird es wohl von der unverdorbenen

Zunge junger und gesunder Geister herausgeschmeckt werden, – oder auch von denen, die, im ruhigen Frieden glaubensvoller Anschauungen geborgen, niemals den ganzen furchtbaren Kampf und Brand eines religiös veranlagten Freigeistes am eigenen Leibe erfahren haben. Aber es ist auch dasjenige, was Nietzsche in so hohem Maße zum Philosophen unserer Zeit hat werden lassen. Denn in ihm hat typische Gestalt gewonnen, was sie in ihrer Tiefe bewegt: jene »Anarchie in den Instinkten« schöpferischer und religiöser Kräfte, die zu gewaltig nach Sättigung begehren, um sich mit den Brosamen begnügen zu können, welche vom Tisch der modernen Erkenntnis für sie abfallen. Dass sie sich nicht mit ihnen begnügen können, aber ebensowenig ihre Stellung zur Erkenntnis preisgeben, – gleich unersättlich im leidenschaftlichen Verlangen wie unermüdlich im Darben und Entbehren, – das ist der große und erschütternde Zug im Bilde der Philosophie Nietzsches. Das ist es auch, was sie in immer neuen Wendungen zum Ausdruck bringt: – eine Reihe von gewaltigen Versuchen, dieses Problem moderner Tragik, das Rätsel der modernen Sphinx zu lösen und sie in den Abgrund zu stürzen.

Aber deshalb ist es eben der Mensch und nicht der Theoretiker, auf den wir unseren Blick richten müssen, um uns in den Werken Nietzsches zurechtzufinden, – und deshalb wird auch der Gewinn, das Resultat unserer Betrachtung nicht darin bestehen, dass uns ein neues theoretisches Weltbild in seiner Wahrheit aufgeht, sondern das Bild einer Menschenseele in ihrer Zusammensetzung von Größe und Krankhaftigkeit. Zunächst scheint die philosophische Bedeutung in Nietzsches Wandlungen dadurch abgeschwächt zu werden, dass sich jedesmal genau derselbe innere Prozess abspielt. Aber sie wird vertieft und verschärft, weil der Wechsel der Ansichten immer wieder auf das Wesen übergreift. Nicht nur die äußeren Umrisslinien einer Theorie sind jedesmal verändert, sondern die ganze Stimmung, Luft, Beleuchtung wandelt sich mit ihnen. Während wir Gedanken einander widerlegen hören, sehen wir Welten versinken, neue Welten emporsteigen. Gerade hierauf beruht die wahre Originalität des Nietzscheschen Geistes: durch das Medium seiner Natur, die alles auf sich und ihre intimsten Bedürfnisse bezieht, aber sich auch an alles hingebend verliert, erschließen sich ihm jene inneren Erlebnisse und Ergebnisse von Gedankenwelten, die wir sonst nur mit dem Verstande streifen, ohne sie jemals in ihren Tiefen auszuschöpfen und ohne daher an ihnen schöpferisch zu werden. Theoretisch betrachtet, lehnt er sich häufig an fremde Muster und Meister an, aber das, worin diese ihre Reife, ihren Produktionspunkt haben, wird ihm nur zum Anlass, daran zu eigener Produktivität zu gelangen.[14] Die geringste Berührung, die sein Geist empfand, genügte, um in ihm eine Fülle inneren Lebens, – Gedanken-Erlebens, auszulösen. Er hat einmal gesagt: »Es gibt zwei Arten des Genie's: eins, welches vor allem zeugt und zeugen will, und ein anderes, welches sich gern befruchten lässt und gebiert.«; (Jenseits von Gut und Böse 248.) Zweifellos gehörte er der letzteren Art an. In Nietzsches geistiger Natur lag – ins Große gesteigert – etwas Weibliches;[15] aber er ist darin in einem solchen Maße Genie, dass es fast gleichgültig erscheint, woher er die erste Anregung empfängt. Wenn wir alles zusammenlesen, was sein Erdreich befruchtet hat, dann haben wir einige unscheinbare Samenkörner vor uns: wenn wir in seine Philosophie eintreten, umrauscht uns ein Wald schattenspendender Bäume, umfängt uns die verschwenderische Vegetation einer wildgroßen Natur. Seine Überlegenheit bestand darin, dass er jedem Samenkorn, welches in sein Inneres fiel, entgegenbrachte, was er selbst als das Kennzeichen des echten Genies anführt: »den neuen, treibenden Fruchtboden mit einer urwaldfrischen unausgenutzten Kraft.« (Der Wanderer und sein Schatten 118.)

---

14 Auch wenn man von denjenigen Denkern absieht, welche die verschiedenen Phasen von Nietzsches Entwicklung direkt bestimmt haben, lassen sich viele seiner Gedanken schon bei früheren Philosophen nachweisen. Auf diese für die wahre Bedeutung Nietzsches durchaus unwesentliche Tatsache ist neuerdings mit dem größten Lärm von Leuten hingewiesen worden, denen lediglich der Zufall das eine oder andere philosophische Buch in die Hände gespielt hat. In der vorliegenden Schrift ist absichtlich auf die Stellung Nietzsches in der Geschichte der Philosophie kein Bezug genommen, da dies eine eingehende systematische Prüfung seiner einzelnen Theorien auf ihren objektiven Wert zur Voraussetzung haben würde, was einer besonderen Arbeit vorbehalten bleiben muss.

15 Manchmal, wenn er dies besonders empfand, war er geneigt, das weibliche Genie als das eigentliche Genie zu nehmen. »Die Tiere denken anders über die Weiber, als die Menschen: ihnen gilt das Weibchen als das produktive Wesen. – – – – – Die Schwangerschaft hat die Weiber milder, abwartender, furchtsamer, unterwerfungslustiger gemacht; und ebenso erzeugt die geistige Schwangerschaft den Charakter des Kontemplativen, welcher dem weiblichen Charakter verwandt ist: – es sind die männlichen Mütter. –« (Die fröhliche Wissenschaft 72.)

II. ABSCHNITT.

SEINE WANDLUNGEN.

MOTTO:

Die Schlange, welche sich nicht häuten kann, geht zu Grunde. Ebenso die Geister, welche man verhindert, ihre Meinungen zu wechseln; sie hören auf, Geist zu sein.«

(Morgenröte 573.)

Die erste Wandlung, die Nietzsche in seinem Geistesleben durchkämpfte, liegt weit zurück in der Dämmerung seiner Kindheit oder doch wenigstens seiner Knabenjahre.

Es ist der Bruch mit dem christlichen Kirchenglauben. In seinen Werken findet diese Trennung selten Erwähnung. Trotzdem kann sie als der Ausgangspunkt seiner Wandlungen angesehen werden, weil schon von ihr aus ein charakteristisches Licht auf die Eigenart seiner Entwicklung fällt. Seine Äußerungen über diesen Gegenstand, den ich besonders eingehend mit ihm besprochen habe, betrafen hauptsächlich die Gründe, welche den Glaubensbruch hervorrufen. Weitaus die meisten religiös veranlagten Menschen werden erst durch intellektuelle Gründe dahin gedrängt, sich in schmerzlichen Kämpfen von ihren Glaubensvorstellungen loszusagen. Wo aber, in selteneren Fällen, die erste Entfremdung vom Gemütsleben selbst ausgeht, da ist der Prozess ein kampfloser und schmerzloser: der Verstand zersetzt nur, was schon vorher abgestorben, – eine Leiche war. In Nietzsches Fall fand eine eigentümliche Kreuzung dieser beiden Möglichkeiten statt: weder waren es nur intellektuelle Gründe, die ihn ursprünglich von den anerzogenen Vorstellungen frei machten, noch auch hatte der alte Glaube aufgehört, den Bedürfnissen seines Gemüts zu entsprechen. Vielmehr betonte Nietzsche immer wieder, dass das Christentum des elterlichen Pfarrhauses seinem inneren Wesen »glatt und weich« angelegen habe – »gleich einer gesunden Haut«, und dass ihm die Erfüllung all seiner Gebote so leicht geworden sei wie das Befolgen einer eigenen Neigung. Dieses gleichsam angeborene, unveräußerliche »Talent« zu aller Religion hielt er für eine der Ursachen der Sympathie, die ihm ernste Christen selbst dann noch entgegenbrachten, als er bereits durch eine tiefe Geisteskluft von ihnen getrennt war.

Der dunkle Instinkt, der ihn hier zum ersten Mal aus lieb und teuer gewordenen Gedankenkreisen forttrieb, erwachte grade in diesem Heimatsgefühl, in diesem warmen »Zu Hause«, von dem sich Nietzsches Wesen darin umfangen fühlte. Um in machtvoller Entwicklung zu sich selbst zu gelangen, bedurfte sein Geist der seelischen Kämpfe, Schmerzen und Erschütterungen, – er bedurfte dessen, dass sein

Gemüt sich die Trennung von diesem ruhigen Friedenszustand antat, weil seine Schaffenskraft von der Emotion und Exaltation seines Innern abhängig war: hier tritt uns die Erscheinung des Schmerzheischenden in der »Dekadenten-Natur« zum ersten Mal in Nietzsches Leben entgegen.

»Unter friedlichen Umständen fällt der kriegerische Mensch über sich selbst her,« (Jenseits von Gut und Böse 76) und verbannt sich selbst in eine Gedankenfremde, in der er von nun an zu einem ewigen Wandern ohne Rast und Ruhe bestimmt ist. Aber in dieser Rastlosigkeit lebt von nun an eine unersättliche Sehnsucht in Nietzsche, die nach dem verlorenen Paradies zurückstrebt, während seine Geistesentwicklung ihn zwingt, sich in grader Linie immer weiter davon zu entfernen.

Im Gespräch über die Wandlungen, die schon hinter ihm lagen, äußerte Nietzsche einmal halb im Scherz:

»Ja, so beginnt nun der Lauf und wird fortgesetzt, – bis wohin? Wenn alles durchlaufen ist, – wohin läuft man alsdann? Wenn alle Kombinationsmöglichkeiten erschöpft wären, – was folgte dann noch? Wie? Müsste man nicht wieder beim Glauben anlangen? Vielleicht bei einem katholischen Glauben?« Und der Hintergedanke, der sich in dieser Äußerung verbarg, trat in den ernst hinzugefügten Worten aus seinem Versteck:

»In jedem Fall könnte der Kreis wahrscheinlicher sein als der Stillstand.«

Eine in sich selbst zurücklaufende, niemals stillstehende Bewegung, – das ist in Wahrheit das Kennzeichen der ganzen Geistesart Nietzsches. Die Kombinationsmöglichkeiten sind keineswegs unendlich, sind im Gegenteil sehr begrenzt, da der vorwärts treibende, selbstverwundende Drang, der die Gedanken nicht zur Ruhe kommen lässt, ganz und gar der inneren Eigenart der Persönlichkeit entspringt: so weit auch die Gedanken zu schweifen scheinen, so bleiben sie doch stets an die gleichen Seelenvorgänge gebunden, die sie immer wieder zurück unter die herrschenden Bedürfnisse zwingen. Wir werden sehen, inwiefern Nietzsches Philosophie in der Tat einen Kreis beschreibt, und wie zum Schlüsse der Mann in einigen seiner intimsten und verschwiegensten Gedankenerlebnisse sich wieder dem Knaben nähert, sodass von dem Gang seiner Philosophie die Worte gelten: »siehe einen Fluss, der in vielen Windungen zurück zur Quelle fließt!« (Also sprach Zarathustra III 23.) Es ist kein Zufall, dass Nietzsche in seiner letzten Schaffensperiode zu seiner mystischen Lehre von einer ewigen Wiederkunft gelangte: das Bild des Kreises, – eines ewigen Wechsels in einer ewigen Wiederholung, – steht wie ein wundersames Symbol und Geheimzeichen über der Eingangspforte zu seinen Werken.

Als sein erstes »literarisches Kinderspiel« (Zur Genealogie der Moral, Vorrede VI) nennt Nietzsche einen Aufsatz aus seiner Knabenzeit, »über den Ursprung des Bösen«, worin er, »wie es billig ist«, Gott »zum Vater des Bösen« machte. Auch gesprächsweise erwähnte er diesen Aufsatz als Beweis dafür, dass er sich schon zu einer Zeit philosophischen Grübeleien hingegeben habe, wo er sich noch in dem philologischen Schulzwang der Schulpforte befand.

Wenn wir Nietzsche aus seiner Kindheit in seine Lehrjahre und dann in die lange Zeit seiner philologischen Tätigkeit folgen, dann erkennen wir auch hier deutlich, wie seine Entwicklung von Anfang an auch rein äußerlich unter dem Einfluss eines gewissen Selbstzwanges verläuft. Schon die strenge philologische Schulung musste einen solchen Zwang für den jungen Feuergeist enthalten, dessen reiche schöpferische Kräfte dabei leer ausgingen. Ganz besonders aber galt dies von der Richtung seines Lehrers Ritschl. Grade bei diesem wurde das Hauptaugenmerk, sowohl nach Seite der Methode wie nach Seite der Probleme, auf formale Beziehungen und äußere Zusammenhänge gerichtet, während die innere Bedeutung der Schriftwerke zurückstand. Für Nietzsches ganze Eigenart aber war es bezeichnend, dass er später seine Probleme ausschließlich der Welt des Innern entnahm und geneigt war, das Logische dem Psychologischen unterzuordnen.

Und doch war es eben hier, in dieser strengen Zucht und auf diesem steinigen Boden, dass sein Geist so früh reife Frucht trug und Ausgezeichnetes leistete. Eine Reihe vortrefflicher philologischer Untersuchungen[16] bezeichnet den Weg von seinen Studienjahren

16 Die philologischen Arbeiten Nietzsches sind: Zur Geschichte der Theognideischen Spruchsammlung, im Rheinischen Museum, Bd. 22; Beiträge zur Kritik der griechischen Lyriker, I. Der Danae Klage von Simonides, im Rhein. Mus.. Bd. 23; De Laertii Diogenis Fontibus, im Rhein. Mus., Bd. 23 und 24; Analecta Laertiana, im

an bis zu der Baseler Professur. Es ist nicht unwahrscheinlich, dass eine zu frühe Entfesselung des ganzen Geistesreichtums Nietzsches durch das Studium der Philosophie oder der Künste ihn von vornherein zu jener Zügellosigkeit verführt hätte, der sich einige seiner letzten Werke nähern. So aber gab für seine »vielspältigen Triebe« die kühle Strenge philologischer Wissenschaft eine Zeit lang das einigende und zusammenhaltende Band ab, indem es für manches, das in ihm schlummerte, zur Fessel wurde.

In welchem Grade jedoch Nitzsches unberücksichtigte starke Talente ihn quälten und störten, während er seinen Fachstudien nachging, das empfand er darum nicht minder als ein tiefes Leiden. Namentlich war es der Drang nach Musik, den er nicht abzuweisen vermochte, und oft musste er Tönen lauschen, während er Gedanken lauschen wollte. Wie eine tönende Klage begleiten jene ihn durch die Jahre hindurch, bis ihm sein Kopfleiden jede Ausübung der Musik unmöglich machte.

Aber wie groß auch der Gegensatz war, den Nietzsches Philologentum zu seinem spätem Philosophentum bildete, so fehlt es doch nicht an zahlreichen vermittelnden Zügen, die von der einen Periode zu der anderen überleiten.

Grade die Richtung Ritschls, welche diesen Gegensatz zu verschärfen scheint, kam in einer bestimmten Besonderheit Nietzsches Geistesart sogar entgegen, indem sie seinen Hang zum Produzieren noch verstärkte und ausbildete. Es lag in ihr das Streben nach einer gewissen formell künstlerischen Abrundung und virtuosen Behandlung wissenschaftlicher Fragen, möglich gemacht durch strenge Begrenzung derselben und Konzentrierung auf einen gegebenen Punkt. Bei Nietzsche stand nun das Bedürfnis, durch freiwillige und konzentrierte Beschränkung einer Aufgabe, dieselbe in rein künstlerischer Weise zum Abschluss zu bringen, in engem Zusammenhang

---

Rhein. Mus., Bd. 25; Beiträge zur Quellenkunde und Kritik des Laertius Diogenes, Gratulationsschrift des Pädagogiums zu Basel. Basel 1870. – Certamen quod dicitur Homeri et Hesiodi e codice Florenino post H. Stephanum denuo ed. F. N., in den Acta societatis philologae Lipsiensis ed. Fr. Ritschl, Vol. I; dazu der florentinische Tractat über Homer und Hesiod, ihr Geschlecht und ihren Wettkampf, im Rhein. Mus , Bd. 23 und 28. Auch rührt das »Registerheft« zu den ersten 24 Bänden des Rheinischen Museums (1842–1869) von ihm her, das er nach Ritschls Disposition zusammenstellte.

mit dem Grundtrieb seiner Natur, über das Selbstgeschaffene immer wieder hinauszugehen, es als ein endgültig Erledigtes, Vergangenes, von sich abzustoßen. Für den Philologen ist ein solcher Wechsel der Aufgaben und Probleme von selbst gegeben, – den für Nietzsche charakteristischen Ausspruch: »Eine Sache, die sich aufgeklärt hat, hört auf, uns etwas anzugehen,« (Jenseits von Gut und Böse 80) – könnte ein Philologe getan haben, denn für diesen wird tatsächlich ein aufgeklärtes Dunkel zu einer völlig erledigten Sache, die ihn nicht länger zu beschäftigen braucht. Aber es sind hiervon tief verschiedene Gründe, die Nietzsches häufigen Gedankenwechsel bedingen, und daher ist es in hohem Grade interessant zu sehen, wie sich hier die Gegensätze des Philologentums und Philosophentums dennoch zu berühren scheinen, und wie Nietzsche auch in dieser ihm fremdesten Verkleidung, – der nüchtern philologischen, – in dieser äußersten geistigen Selbstunterordnung, sein Selbst durchsetzte.

Der Philologe tritt einem Problem mit seiner Gesinnung, seinem inneren Menschen, überhaupt nicht nahe, assimiliert es sich in keiner Weise und wird von ihm daher auch nur so lange festgehalten, als er zur Lösung der Aufgabe bedarf. Für Nietzsche dagegen bedeutete Beschäftigung mit einem Problem, bedeutete erkennen, vor allem anderen: sich erschüttern lassen; und von einer Wahrheit sich überzeugen bedeutete ihm: von einem Erlebnis überwältigt werden, – »über den Haufen geworfen werden«, wie er es nannte. Er nahm einen Gedanken auf, wie man ein Schicksal auf sich nimmt, das den ganzen Menschen ergreift und in Bann schlägt: er lebte den Gedanken noch viel mehr, als er ihn dachte, aber er tat es mit einer so leidenschaftlichen Inbrunst, einer so maßlosen Hingebung, dass er sich an ihm erschöpfte, – und, gleich einem Schicksal, das ausgelebt ist, fiel der Gedanke wieder von ihm ab. Erst in der Ernüchterung, wie sie naturgemäß einer jeden derartigen Erregung folgen musste, ließ er seine überwundene Erkenntnis rein intellektuell auf sich wirken; erst dann ging er ihr mit still und klar nachprüfendem Verstande nach. Sein merkwürdiger Wandlungsdrang auf dem Gebiete philosophischer Erkenntnis war durch den ungeheuren Drang nach immer neuen Emotionen geistigster Art bedingt, und daher war für ihn vollkommene Klarheit stets nur die Begleiterscheinung von Überdruss und Erschöpfung.

Aber selbst in dieser Erschöpfung verlassen ihn seine Probleme nicht, der Überdruss gilt nur ihren Lösungen, durch welche die Quelle der Erschütterung momentan verschüttet worden ist. Die gefundene Lösung war deshalb für Nietzsche jedesmal ein Signal zu einem Gesinnungswechsel, denn nur so ließ sich das Problem festhalten, die Lösung von neuem versuchen. Mit wahrem Hass verfolgte er hinterher alles, was ihn zu ihr getrieben, alles, was ihm geholfen hatte, sie zu finden. Da »eine Sache, die sich aufgeklärt hat, aufhört, uns etwas anzugehen«, so wollte Nietzsche im Grunde nichts von der endgültigen Aufklärung eines Problems wissen, und jenes Wort, das scheinbar die volle Befriedigung erfolgreichen Denkens zum Ausdruck bringt, bezeichnete für ihn die Tragik seines Lebens: er wollte nicht, dass die Probleme seiner Forschung jemals aufhören sollten, ihn etwas anzugehen, er wollte, dass sie fortfahren sollten, ihn im Tiefsten seiner Seele aufzuwühlen, und daher war er gewissermaßen der Auflösung gram, die ihm sein Problem raubte, daher warf er sich jedesmal auf sie mit der ganzen Feinheit und Überfeinheit seiner Skepsis und zwang sie schadenfroh, – seines eigenen Leids und des Schadens, den er sich damit zufügte, froh! – ihm seine Probleme wieder herauszugeben. Deshalb kann man von vornherein mit einem gewissen Recht von Nietzsche sagen: was innerhalb einer Denkrichtung, einer Betrachtungsweise diesen leidenschaftlichen Geist dauernd festhalten, was einen neuen Wandel und Wechsel unmöglich machen soll, das muss im letzten Grunde unaufklärbar für ihn bleiben, es muss der Energie aller Lösungsversuche widerstehen, seinen Verstand an tödlichen Rätseln aufreiben, – an Rätseln gleichsam kreuzigen. Als endlich in der Tat auf diesem Wege die Erschütterung seines Innern stärker geworden war, als die durch sie gewaltsam gespornte Verstandeskraft, da erst gab es für ihn kein Entrinnen und kein Entweichen mehr. Doch da verlor sich auch notwendig das Ende in Dunkel, Schmerz und Geheimnis: in eine Besessenheit der Gedanken durch die Gefühlserregungen, die einem stürmischen Meere gleich über ihnen zusammenschlugen.

Wer Nietzsches Zickzack-Pfaden bis zuletzt folgt, der tritt dicht an diesen Punkt heran, wo er sich, im Grauen vor einer letzten Aufklärung und Problemlösung, endgültig in die ewigen Rätsel der Mystik hinabstürzt. –

Die Geistesbegabung Nietzsches zeichnete sich aber noch durch zwei Eigenschaften aus, die in gleicher Weise dem Philologen wie später dem Philosophen zustatten kamen. Die erste war sein Talent für Subtilitäten, seine Genialität in der Behandlung feinster Dinge, die von einer zarten und sicheren Hand angefasst sein wollen, um nicht verwischt und entstellt zu werden. Es ist dasselbe, was ihn später nach meinem Dafürhalten als Psychologen noch mehr fein als groß erscheinen lässt, – oder lieber: am größten im Erfassen und Gestalten von Feinheiten. Höchst bezeichnend ist dafür der Ausdruck, den er einmal (Der Fall Wagner 3) von den Dingen gebraucht, wie sie sich dem Blick des Erkennenden darstellen: »Das Filigran der Dinge«.

In Verbindung mit diesem Zuge steht die Neigung, Verborgenem und Heimlichem nachzuspüren, Verstecktes ans Licht zu ziehen –; der Blick für das Dunkel, und die instinktiv ergänzende Anempfindung und Nachempfindung, wo dem Wissen Lücken bleiben. Ein großer Teil von Nietzsches Genialität beruht hierauf. Es hängt dies aufs engste mit seiner hohen künstlerischen Kraft zusammen, in der sich der Blick für das Feine und Einzelne in wundervoller Weise zu einem großen, freien Schauen des Zusammenhanges, des Gesamtbildes erweitert. Im Dienste streng philologischer Kritik hat er dieses Talent geübt, um aus den Texten das Verblasste und Vergessene gewissenhaft herauszulesen[17], – aber in diesem Bemühen ist er zugleich schon über seine rein gelehrten Studien hinausgeführt worden. Der Weg, auf dem dieses geschah, führt uns zu seiner bedeutendsten philologischen Arbeit, zu der Arbeit über die Quellen des Diogenes Laertius.

Denn die Beschäftigung mit dieser Schrift wurde für ihn der Anlass, dem Leben der alten griechischen Philosophen und seiner Beziehung zum Gesamtleben der Griechen nachzugehen. In seinen späteren Werken kommt er einmal darauf zu sprechen (Menschliches, Allzumenschliches I 261). Man sieht es, wie er über den Trümmern der Überlieferung gesessen und gegrübelt haben mag, in

17 Er hat so gelesen, wie er es einmal »gut lesen« nennt: »– das heißt langsam, tief, vor- und rücksichtig, mit Hintergedanken, mit offen gelassenen Türen, mit zarten Fingern und Augen lesen –«. (Einführende Vorrede zur neuen Ausgabe der Morgenröte 11.)

die Lücken, in die entstellten Teile die verlorenen Gestalten hineindichtend, sie nachschaffend und entzückt wandelnd »unter Gebilden von mächtigstem und reinstem Typus. Er schaut hinein in die Dämmerung jener Zeiten »wie in eine Bildner-Werkstätte solcher Typen«. Und es ergreift ihn wunderbar, sich vorzustellen, dass dort die Ansätze gelegen haben mögen zu einem noch höheren Philosophentypus, wie ihn vielleicht Plato »von der sokratischen Verzauberung frei geblieben« gefunden hätte. Dies alles ist aber mehr als ein bloßer Übergang vom Philologen zum Philosophen. Was sich da in seinen sehnsüchtig schaffenden Gedanken verriet, während er gezwungen war, trockene Kritik zu üben, legt schon den letzten und höchsten Punkt seines Ehrgeizes bloß; nicht umsonst ist es gewesen, dass Nietzsche in die Philosophie nicht auf dem Wege abstrakter philosophischer Fachstudien eintrat, sondern auf dem einer tiefen Auffassung des philosophischen Lebens in seiner innersten Bedeutung. Und wenn wir das Ziel bezeichnen wollten, welchem durch alle Wandlungen hindurch die Kämpfe dieses unersättlichen Geistes galten, so vermöchten wir dafür kein bezeichnenderes Wort zu finden als das von der ersehnten Entdeckung »einer neuen, bis dahin unentdeckt gebliebenen Möglichkeit des philosophischen Lebens«. (Menschliches, Allzumenschliches I 261.)

So steht jene rein philologische Schrift dicht vor der ganzen Reihe der späteren Werke, – einer kleinen, in der Mauer halb verborgenen Pforte vergleichbar, die in ein umfangreiches Gebäude einführt. Wenn wir sie öffnen, streift unser Blick schon die lange Flucht der Innenräume, bis zum letzten, zum dunkelsten. Und wer hier auf der Schwelle stehen bleibt und hindurchblickt, der vermag der gewaltigen Kraft nicht ohne Staunen zu gedenken, die Stein um Stein zu einem Ganzen fügte: einer Kraft, die jeden Einzelteil mit verschwenderischem Reichtum ausschmückte, ihn spielend zu so zahllosen Seitengängen und verborgenen Verstecken ausbaute, als beabsichtige sie ein Labyrinth, – und die dennoch mit eiserner Konsequenz stets in gerader Grundlinie an ihrem Werke weiter schuf.

An seinen griechischen Studien ging aber Nietzsche nicht nur die Ahnung seines innerlichsten Strebens und die erste Fernsicht auf das Ziel seiner geheimen Sehnsucht auf, sondern sie wiesen ihm auch den Weg, auf dem er sich diesem Ziel nähern konnte. Denn sie waren es, die ihm das ganze Kulturbild des alten Hellenentums zeigten, die ihm jene Bilder einer versunkenen Kunst und Religion entrollten, in deren Anschauen er in durstigen Zügen »frisches volles Leben« trank. So stellt er seine philologische Gelehrsamkeit in den Dienst kulturhistorischer, ästhetischer, geschichtsphilosophischer Forschung und überwindet ihren Formalismus.

Es verwandelt und vertieft sich für ihn damit die Bedeutung der Philologie, »die zwar weder eine Muse noch eine Grazie, aber eine Götterbotin ist; und wie die Musen zu den trüben, geplagten, böotischen Bauern niederstiegen, so kommt sie in eine Welt voll düsterer Farben und Bilder, voll von allertiefsten und unheilbarsten Schmerzen, und erzählt tröstend von den lichten Göttergestalten eines fernen, blauen, glücklichen Zauberlandes«.

Diese Worte sind der Antrittsvorlesung Nietzsches an der Baseler Universität »Homer und die Klassische Philologie« (24) entnommen, die (Basel 1869) nur für Freunde gedruckt worden ist. Zwei Jahre später erschien (Basel 1871) eine andere kleine Schrift derselben Geistesrichtung: »Sokrates und die griechische Tragödie«, welche indessen fast vollständig, mit nur äußerlichen Umstellungen des Gedankenzusammenhangs, in das 1872 veröffentlichte erste größere philosophische Werk Nietzsches: »Die Geburt der Tragödie aus dem Geiste der Musik« (Leipzig, E. W. Fritsch, jetzt C. G. Naumann)[18] aufgenommen worden ist. In diesen beiden Arbeiten

---

18 Dieses Buch erregte bei seinem Erscheinen das lebhafteste Missfallen der philologischen Zunft; hatte der Verfasser es doch gewagt, seinen Ausführungen nicht nur die Lehren des verpönten Philosophen Arthur Schopenhauer, sondern auch die künstlerischen Anschauungen des damals noch ebenso geschmähten Zukunftsmusikers« Richard Wagner zu Grunde zu legen. Ein junger philologischer Heißsporn, Ulrich v. Wilamowitz-Möllendorf, der jetzt zu den hervorragenden Vertretern der klassischen Philologie in Deutschland gehört, machte sich in nicht besonders glücklicher und geschmackvoller Weise zum Sprachrohr zünftiger Einseitigkeit. Ohne der Eigenart des Nietzscheschen Buches irgendwie gerecht zu werden, griff er es in der Broschüre »Zukunftsphilologie!« eine Erwiderung auf F. N.'s »Geburt der Tragödie«, Berlin 1872, von einem beschränkt philologischen Standpunkte auf das heftigste an. Für den Angegriffenen traten in die Schranken derjenige, an den vor allen das Buch gerichtet war, Richard Wagner, der Künstler, in einem in der »Norddeutschen Allgemeinen Zeitung« vom 23. Juni 1872 abgedruckten offenen Briefe an Friedrich Nietzsche, und Erwin Rohde, der bereits damals von seiner tiefen Kenntnis des griechischen Altertums die vollgültigsten Proben abgelegt hatte.

baute Nietzsche seine kulturphilosophischen Ausführungen noch auf streng philologischer Grundlage auf; und sie alle haben dazu beigetragen, seinen Namen unter den philologischen Fachgenossen zu verbreiten. Dennoch bezeichnen sie schon den Weg, den er, von seinem ursprünglichen Fachstudium aus, durch Kunst und Geschichte hindurch, zurückgelegt hatte, um schließlich in die geschlossene Weltanschauung einer bestimmten Philosophie einzutreten. Es war die Weltanschauung Richard Wagners, die Verknüpfung seines Kunststrebens mit Schopenhauers Metaphysik. Wenn wir das Werk aufschlagen, so befinden wir uns mitten im Bannkreis des Meisters von Bayreuth.

Durch ihn erst vollzog sich für Nietzsche die volle Verschmelzung von Philologentum und Philosophentum, wurde erst jenes Wort wahr, womit er seinen »Homer und die klassische Philologie« schließt, indem er einen Ausspruch des Seneca umkehrt: »philosophia facta est quae philologia fuit,« »damit soll ausgesprochen sein, dass alle und jede philologische Tätigkeit umschlossen und eingehegt sein soll von einer philosophischen Weltanschauung, in der alles Einzelne und Vereinzelte als etwas Verwerfliches verdampft und nur das Ganze und Einheitliche bestehen bleibt.«

Der Zauber, der Nietzsche auf Jahre hinaus zum Jünger Wagners machte, erklärt sich namentlich daraus, dass Wagner innerhalb des germanischen Lebens dasselbe Ideal einer Kunstkultur verwirklichen wollte, welches Nietzsche innerhalb des griechischen Lebens als Ideal aufgegangen war. Mit der Metaphysik Schopenhauers trat im Grunde nichts anderes hinzu, als eine Steigerung dieses Ideals ins Mystische, ins unergründlich Bedeutungsvolle, – gleichsam ein Akzent, den es durch die metaphysische Interpretation alles Kunsterlebens und Kunsterkennens noch erhielt. Diesen Akzent empfindet man am deutlichsten, wenn man den »Sokrates und die griechische Tragödie« vergleicht mit der Ergänzung und Erweiterung, die derselbe in dem Hauptwerk: »Die Geburt der Tragödie aus dem

---

In der ausgezeichnet geschriebenen Streitschrift: »Afterphilologie. Sendschreiben eines Philologen an Richard Wagner«, Leipzig 1872, stellte er sich auf den von dem Gegner gewählten Boden und wies die von diesem gemachten Einwände und Beschuldigungen zurück, worauf v. Wilamowitz dann noch mit einer Duplik, »Zukunftsphilologie! Zweites Stück«, eine Erwiderung auf die Rettungsversuche für F. N.'s »geburt der tragödie«, Berlin 1873, antwortete.

Geiste der Musik« erhalten hat. In diesem Buche sucht Nietzsche alle Kunstentwicklung auf die Betätigung zweier entgegengesetzter »Kunsttriebe der Natur« zurückzuführen, die er nach den beiden Kunstgottheiten der Griechen als das Dionysische und das Apollinische bezeichnet. Unter ersterem versteht er das orgiastische Element, wie es sich in den wonnevollen Verzückungen, in der Mischung von Schmerz und Lust, von Freude und Entsetzen, in der selbstvergessenen Trunkenheit Dionysischer Feste auslebte. In ihnen sind die gewöhnlichen Schranken und Grenzen des Daseins vernichtet, scheint das Individuum wieder mit dem Naturganzen zu verschmelzen; zerbrochen ist das Principium individuationis; »der Weg zu den Müttern des Seins, zu dem innersten Kern der Dinge liegt offen« (86). Näher gebracht wird uns das Wesen dieses Triebes durch die physiologische Erscheinung des Rausches. Die ihm entsprechende Kunst ist die Musik. Den Gegensatz bildet der formenbildende Trieb, der in Apollo, dem Gott aller bildnerischen Kräfte, verkörpert ist. In ihm vereinigt sich maßvolle Begrenzung, Freiheit von allen wilderen Regungen und weisheitsvolle Ruhe. Er muss als der erhabene Ausdruck, als »die Vergöttlichung des Principii individuationis« (16) betrachtet werden, »dessen Gesetz das Individuum, d. h. die Einhaltung der Grenzen desselben, das Maß im hellenischen Sinne ist« (17). Die Macht des durch ihn symbolisierten Triebes offenbart sich physiologisch in dem schönen Schein der Welt des Traumes. Seine Kunst ist die plastische des Bildners.

In der Versöhnung und Verbindung dieser beiden sich anfänglich bekämpfenden Triebe erkennt Nietzsche Ursprung und Wesen der attischen Tragödie, die als die Frucht der Versöhnung der beiden widerstrebenden Kunstgottheiten ebensosehr dionysisches als apollinisches Kunstwerk ist. Entstanden aus dem dithyrambischen Chor, der die Leiden des Gottes feierte, ist sie ursprünglich nur Chor, dessen Sänger durch die dionysische Erregung so verwandelt und verzaubert wurden, dass sie sich selbst als Diener des Gottes, als Satyrn, empfanden und als solche ihren Herrn und Meister. Dionysos schauten. Mit dieser Vision, die der Chor aus sich erzeugt, gelangt sein Zustand zu apollinischer Vollendung. Das Drama als »die apollinische Versinnlichung dionysischer Erkenntnisse und Wirkungen« ist vollständig. »Jene Chorpartien, mit denen die Tragödie durchflochten ist, sind also gewissermaßen der Mutterschoß des eigentlichen Dramas« (41); sie sind das dionysische Element desselben, während der Dialog den apollinischen Bestandteil bildet. In ihm sprechen von der Szene aus die Helden des Dramas als die apollinischen Erscheinungen, in denen sich der ursprüngliche tragische Held Dionysos objektiviert, als bloße Masken, hinter denen allen die Gottheit steckt.

Wir werden am Schlusse unseres Buches sehen, in welch eigentümlicher Weise Nietzsche ganz zuletzt noch einmal auf diesen Gedanken zurückgriff, indem er seine verschiedenen Entwicklungsperioden und Gesinnungswandlungen so darzustellen versuchte, als seien sie nicht unmittelbare Äußerungen seines Geistes gewesen, sondern gewissermaßen nur willkürlich vorgehaltene Masken, »apollinische Scheinbilder«, hinter denen sein dionysisches Selbst, göttlich überlegen, das ewig gleiche geblieben sei. Die Ursachen dieser Selbsttäuschung werden wir am Schlusse erkennen.

Die Bedeutung, die Nietzsche dem Dionysischen beimisst, ist charakteristisch für seine ganze Geistesart: als Philologe hat er mit seiner Deutung der Dionysoskultur einen neuen Zugang zur Welt der Alten gesucht; als Philosoph hat er diese Deutung zur Grundlage seiner ersten einheitlichen Weltanschauung gemacht; und über alle seine späteren Wandlungen hinweg taucht sie noch in seiner letzten Schaffensperiode wieder auf; verwandelt zwar, insofern ihr Zusammenhang mit der Metaphysik Schopenhauers und Wagners zerrissen ist: aber sich doch gleich geblieben in dem, worin schon damals seine eigenen verborgenen Seelenregungen nach einem Ausdruck suchten; verwandelt erscheint sie zu Bildern und Symbolen seines letzten, einsamsten und innerlichsten Erlebens. Und der Grund dafür ist, dass Nietzsche im Rausch des Dionysischen etwas seiner eigenen Natur Homogenes herausfühlte: jene geheimnisvolle Wesenseinheit von Weh und Wonne, von Selbstverwundung und Selbstvergötterung, – jenes Übermaß gesteigerten Gefühlslebens, in welchem alle Gegensätze sich bedingen und verschlingen, und auf das wir immer wieder zurückkommen werden.

Den schärfsten Kontrast zum Dionysischen und der aus ihm geborenen Kunstkultur bildet die Geistesrichtung des theoretischen, aller Intuition entfremdeten Menschen, die auf den Namen des Sokrates getauft wird. In der »Geburt der Tragödie« sucht Nietzsche die

Entwicklung dieser Geistesrichtung von Sokrates an durch die Philosophie und Wissenschaft aller Jahrhunderte bis auf unsere Zeit in großen Zügen zu schildern. Mit Sokrates, dessen Vernunftlehre sich gegen die ursprünglichen hellenischen Instinkte kehrte, um sie zu zügeln, – »schlägt der griechische Geschmack zu Gunsten der Dialektik um«, und es beginnt jener Triumphzug des Theoretischen, das durch Vernunft-Einsicht die letzten Gründe des Seins zu erforschen und dasselbe korrigieren zu können vermeint. Diesem Optimismus hat erst Kants Kritik ein Ende bereitet, indem sie auf die Grenzen des theoretischen Erkennens hinwies und, wie Nietzsche später witzig bemerkt, die Philosophie zu einer »Enthaltsamkeitslehre« reduziert, »die gar nicht über die Schwelle hinwegkommt und sich peinlich das Recht zum Eintritt verweigert« (Jenseits von Gut und Böse 204). Dadurch schaffte sie, nach Nietzsche, Raum für die Regeneration der Philosophie durch Schopenhauer, der endlich einen Zugang zum unerforschten Sein und zu dessen Umgestaltung auf dem Wege der intuitiven Erkenntnis erschlossen habe.

In den Jahren 1873–1876 veröffentlichte Nietzsche im Geist und Sinn seines vorhergehenden Werkes, unter dem Gesamttitel: »Unzeitgemäße Betrachtungen«, vier kleinere Schriften, – bestimmt: »gegen die Zeit, und dadurch auf die Zeit und hoffentlich zu Gunsten einer kommenden Zeit«, zu wirken. Die erste derselben, die den Titel führte: »David Strauss, der Bekenner und der Schriftsteller«, bestand in einer vernichtenden Kritik des damals überaus gefeierten Buches »Der alte und der neue Glaube«, und einer energischen Befehdung des einseitigen Intellektualismus unserer modernen Bildung. Von dauernderem Interesse ist die zweite höchst wertvolle Schrift: »Vom Nutzen und Nachteil der Historie für das Leben«, deren Grundgedanke in Nietzsches letzten Werken, wenn auch modifiziert, aber darum nicht weniger deutlich wiederkehrt als seine Auffassung des Dionysischen. Das Wort Historie bezeichnet hier den Begriff des Gedankenlebens, ganz allgemein gefasst, im Gegensatz zum Instinktleben; – Erkennen des Vergangenen, Wissen vom Gewesenen, im Gegensatz zur vollen Lebenskraft des Gegenwärtigen und Werdenden. Die Schrift behandelt die Frage: »Wie ist das Wissen dem Leben untertan zu machen?« und präzisiert den Standpunkt des Verfassers in dem Satze: »Nur soweit die Historie dem Leben dient, wollen wir ihr dienen.« Sie dient ihm aber nur so lange, als gegenüber den zersetzenden, belastenden und überall eindringenden Einflüssen des Gedanklichen die wichtigste Seelenfunktion im Menschen noch völlig intakt geblieben ist. »– – die plastische Kraft eines Menschen, eines Volkes, einer Kultur, – – ich meine jene Kraft, aus sich heraus eigenartig zu wachsen, Vergangenes und Fremdes umzubilden und einzuverleiben, Wunden auszuheilen, Verlorenes zu ersetzen, zerbrochene Formen aus sich nachzuformen« (10). Sonst entsteht in uns ein Chaos fremder, uns nur zugeströmter Reichtümer, die wir nicht zu bewältigen, nicht zu assimilieren imstande sind, und deren Mannigfaltigkeit daher das Einheitliche und Organische unserer Persönlichkeit schwer gefährdet. Wir werden dann zum passiven Schauplatz durcheinanderwogender Kämpfe, in denen sich die verschiedensten Gedanken, Stimmungen, Werturteile unaufhörlich befehden; wir leiden unter den Siegen der Einen wie unter den Niederlagen der Anderen, ohne imstande zu sein, unser Selbst zu ihrer aller Herrn zu machen.

Hier findet sich zum ersten Mal eine Hindeutung auf Nietzsches so vielbesprochenen Dekadenzbegriff, der in seinen späteren Werken eine so große Rolle spielt. Nicht umsonst gemahnt uns diese erste Beschreibung der Dekadenzgefahr an die von uns gegebene Schilderung seines eigenen Seelenzustandes; – wir können hier schon den seelischen Ursprung derselben deutlich erkennen: es ist die geheime Qual, die es diesem leidenschaftlichen Geist verursachte, den steten Andrang überwältigender Erkenntnisse und Gedankenströmungen auszuhalten, – die Gewalt, mit der all sein Denken und Wissen auf sein Innenleben einwirkte, sodass die Fülle innerer einander widerstreitender Erlebnisse die geschlossenen Grenzen der Persönlichkeit zu sprengen drohte. Er sagt selbst im Vorwort (V) zu jener Schrift: »– Auch soll – – – nicht verschwiegen werden, dass ich die Erfahrungen, die mir jene quälenden Empfindungen erregten, meistens aus mir selbst und nur zur Vergleichung aus Anderen entnommen habe.«[19] Was er in sich selbst vorfand, das wurde

19 Vergleiche die einführende Vorrede zur Neuen Ausgabe des zweiten Bandes von Menschliches, Allzumenschliches, wo es IV heißt: »– was ich gegen die »historische Krankheit« gesagt habe, das sagte ich als Einer, der von ihr langsam, mühsam genesen lernte – – –.«

ihm zur allgemeinen Gefahr des ganzen Zeitalters, – und steigerte sich später sogar zu einer Todesgefahr für das ganze Menschentum, die ihn zum Erlöser und Erretter aufrief. Die Folge aber dieses Umstandes ist ein eigentümlicher Doppelsinn, der durch die ganze Schrift hindurch geht und einem kundigen Nietzsche-Leser sofort auffällt: da nämlich dasjenige, was am herrschenden Zeitgeist seine Bedenken hervorrief, doch etwas wesentlich anderes war als sein eigenes Seelenproblem, so wendet er sich ohne Unterschied gegen zwei voneinander völlig verschiedene Dinge: Einmal gegen die Verkümmerung eines vollen, reichen Seelenlebens durch den erkältenden und lähmenden Einfluss einseitiger Verstandesbildung: »Der moderne Mensch schleppt zuletzt eine ungeheure Menge von unverdaulichen Wissenssteinen mit sich herum, die dann bei Gelegenheit ordentlich im Leibe rumpeln, wie es im Märchen heißt« (36;. »Im Inneren ruht dann wohl die Empfindung jener Schlange gleich, die ganze Kaninchen verschluckt hat und sich dann still gefasst in die Sonne legt und alle Bewegungen außer den notwendigsten vermeidet. – – Jeder, der vorübergeht, hat nur den einen Wunsch, dass eine solche »Bildung« nicht an Unverdaulichkeit zu Grunde gehe« (37). – Das andere Mal aber gerade gegen die allzu heftige, aufreizende und aufrührerische Einwirkung des Gedanklichen auf das psychische Leben, gegen den dadurch hervorgerufenen Kampf zusammenhangloser wilder Triebkräfte.

Es ist ein Unterschied wie zwischen Seelenstumpfsinn und Seelenwahnsinn. In Nietzsche selbst pflegten die abstraktesten Gedanken sich in Gemütsmächte umzusetzen, die ihn mit unmittelbarer und unberechenbarer Gewalt fortrissen. In dem von ihm gezeichneten Bilde unseres Zeitalters mussten sich ihm daher die beiden entgegengesetzten Wirkungen des Intellektuellen vermischen, und in Bezug auf die eine von ihnen, – auf die chaotische Entfesselung des Seelenlebens, – verschmolzen ihm in ähnlicher Weise zwei verschiedene Ursachen miteinander. Es handelt sich nämlich nicht nur um die rein intellektuellen Einflüsse, nicht nur um die Gefahr des Verstandesmäßigen für das Instinktmäßige, sondern auch um die uns vererbten und einverleibten Einflüsse längst verflossener Zeiten, die, einst einer intellektuellen Quelle entsprungen, jetzt nur in der Form von Trieben und Gefühlsschätzungen in uns leben.

Der geschlossenen Persönlichkeit droht also nicht nur die Gefahr, die von außen kommt, sondern auch diejenige, die sie in sich trägt, die mit ihr geboren ist, – jene »Instinkt-Widersprüchlichkeit«, die das Erbe aller Spätlinge ist, denn – Spätlinge sind Mischlinge.

Die Überwindung des Nachteils, den die »Historie« in diesem Sinn, – erlernt oder erlebt, – bringen kann, liegt in der Hinwendung auf das Unhistorische. Unter dem Unhistorischen versteht Nietzsche die Rückkehr zum Unbewussten, zum Willen des Nichtwissens, zum Horizont-Abschließenden, ohne das es kein Leben gibt. »Jedes Lebendige kann nur innerhalb eines Horizontes gesund, stark und fruchtbar werden« (11), – –»Das Unhistorische ist einer umhüllenden Atmosphäre ähnlich, in der sich Leben allein erzeugt«. – – Es ist wahr: erst dadurch, dass der Mensch denkend, überdenkend, vergleichend, trennend, zusammenschließend jenes unhistorische Element einschränkt, erst dadurch dass innerhalb jener umschließenden Dunstwolke ein heller, blitzender Lichtschein entsteht, also erst durch die Kraft, das Vergangene zum Leben zu gebrauchen und aus dem Geschehenen wieder Geschichte zu machen, wird der Mensch zum Menschen: aber in einem Übermaße von Historie hört der Mensch wieder auf« (12 f.). Seine Kraft misst sich an dem Maß des Historischen, das er verträgt und besiegt, – an der Kraft des Unhistorischen in ihm: »Je stärkere Wurzeln die innere Natur eines Menschen hat, um so mehr wird er auch von der Vergangenheit sich aneignen oder anzwingen; und dächte man sich die mächtigste und ungeheuerste Natur, so wäre sie daran zu erkennen, dass es für sie gar keine Grenze des historischen Sinnes geben würde, an der sie überwuchernd und schädlich zu wirken vermöchte ; alles Vergangene, eigenes und fremdestes, würde sie an sich heran, in sich hineinziehen und gleichsam zu Blut umschaffen. Das was eine solche Natur nicht bezwingt, weiß sie zu vergessen; es ist nicht mehr da, der Horizont ist geschlossen und ganz, und nichts vermag daran zu erinnern, dass es noch jenseits desselben Menschen, Leidenschaften, Lehren, Zwecke gibt.« (11) Ein solcher Geist treibt Historie auf alle drei Weisen, auf die sie überhaupt getrieben werden kann, ohne ihr nach irgend einer der drei Richtungen hin zu verfallen: er schaut sie an als Monumentalgeschichte, indem er seinen Blick auf den großen Gestalten der Vorzeit ruhen lässt und sie auf sein Werk und sein Wollen bezieht, ohne sich jedoch an sie zu verlieren: als begeisternde Vorgänger und Genossen. Er vertieft sich in antiquarische Geschichte, indem er alles Vergangene durchwandert wie die Stätte seines eigenen Vorlebens, – wie jemand der die Stätte seiner eigenen Kindheit betritt, an welcher ihm auch das Geringste wertvoll und bedeutsam erscheint: – – er versteht die Mauer, das getürmte Tor, die Ratsverordnung, das Volksfest wie ein ausgemaltes Tagebuch seiner Jugend und findet sich selbst in diesem allen, seine Kraft, seinen Fleiß, seine Lust, sein Urteil, seine Torheit und Unart wieder. Hier ließ es sich leben, sagt er sich, denn es lässt sich leben, hier wird es sich leben lassen, denn wir sind zäh und nicht über Nacht umzubrechen. So blickt er, mit diesem »Wir«, über das vergängliche, wunderliche Einzelleben hinweg und fühlt sich selbst als den Haus-, Geschlechts- und Stadtgeist« (28). Er wird endlich drittens auch kritisch auf die Geschichte blicken, um zum Aufbau einer Zukunft eine Vergangenheit umzubrechen, und hierzu bedarf er der größten Lebenskraft, denn größer als die Gefahr, ein Schwärmer oder ein Sammler zu werden, ist die, ein Verneinender zu bleiben. »Es ist immer ein gefährlicher, nämlich für das Leben selbst gefährlicher Prozess: – – – Denn da wir nun einmal die Resultate früherer Geschlechter sind, – – – ist (es) nicht möglich sich ganz von dieser Kette zu lösen. – – Wir bringen es im besten Falle zu einem Widerstreite der ererbten, angestammten Natur und unserer Erkenntnis, – – – wir pflanzen eine neue Gewöhnung, einen neuen Instinkt, eine zweite Natur an, sodass die erste Natur abdorrt. Es ist ein Versuch, sich gleichsam a posteriori eine Vergangenheit zu geben, aus der man stammen möchte, im Gegensatz zu der, aus der man stammt – – – –. Aber hier und da gelingt der Sieg doch, und es gibt – – – – – einen merkwürdigen Trost: nämlich zu wissen, dass auch jene erste Natur irgendwann einmal eine zweite Natur war und dass jede siegende zweite Natur zu einer ersten wird« (33 f.). – Man kann diese drei Betrachtungsweisen der Historie in gewissem Sinne auf drei Perioden von Nietzsches eigener Entwicklung anwenden, indem man mit der antiquarischen, die dem Philologen zukommt, den Anfang macht, darauf die monumentale Auffassung folgen lässt, die ihn veranlasst, als Jünger zu Füssen großer Meister zu sitzen, und endlich seine spätere positivistische Periode als die kritische bezeichnet. Nachdem aber Nietzsche auch diese letztere überwunden hatte, verschmolzen ihm alle drei Standpunkte zu einem einzigen, auf dem, wie sich zeigen wird, die in dieser Schrift enthaltenen Gedanken in geheimnisvoller und ergreifender Weise wiederkehren sollten, in der extremen und paradoxen Zuspitzung des Satzes: das Historische sei untertan dem individuellen Leben, dessen ständige Bedingung das Unhistorische ist. – Die starke Natur, die er als zugleich historisch und unhistorisch beschreibt, ist somit ein Erbe aller Vergangenheit und dadurch ungeheuer in der Fülle des Erlebens, aber ein Erbe, der seinen Reichtum wahrhaft fruchtbar zu machen weiß, weil er ihn wahrhaft besitzt, über ihn gebietet, – nicht von ihm besessen und beherrscht wird. Ein solcher Erbe und Spätling ist dann immer zugleich der Erstling einer neuen Kultur und, als Träger der Vergangenheit, ein Gestalter der Zukunft: der Reichtum, den er ausstreut, trägt noch den künftigen Zeiten Früchte. Er ist einer von den großen »Unzeitgemäßen«, welche in die fernste Vergangenheit niedertauchen, in die fernste Zukunft hinausweisen, in ihrer Zeit aber immer als Fremdlinge dastehen, obgleich in ihnen die Gegenwart ihre höchste Kraft sammelt und ausgibt.

Hier liegt der erste Ansatz zu den Gedanken der letzten Schaffensperiode Nietzsches: ein Einzelner der Genius der gesamten Menschheit, allein fähig, von der Gegenwart aus die Vergangenheit als Ganzes zu deuten und damit auch die Zukunft, als fernstes Ganzes, bis in alle Ewigkeit in ihrem Ziel und Sinn zu bestimmen.

Rein äußerlich betrachtet, reichen die Wurzeln dieser Anschauung hinab bis zu Nietzsches Philologentum, welches ihn dazu führte, sich alter Kulturen erkennend zu bemächtigen. Wissen und Sein waren seiner geistigen Eigenart stets Eins: und so hieß für Nietzsche klassischer Philologe sein soviel als Grieche sein. Gewiss musste dies die ihn quälende Instinktwidersprüchlichkeit, welche sich für ihn zum Gegensatz von antik und modern zuspitzte, noch verstärken, gleichzeitig aber auch die Mittel zu ihrer Bekämpfung enthalten, nämlich: durch die Vergangenheit, der Gegenwart überlegen, die Zukunft bauen; aus einem Mann der Zeit zu einem Spätling älterer Kulturen und einem Erstling neuer Kultur werden.[20]

20 Vorwort V: »Auch soll – – nicht verschwiegen werden, – – – – – dass ich nur, sofern ich Zögling älterer Zeiten, zumal der griechischen bin, über mich als ein Kind dieser jetzigen Zeit zu so unzeitgemäßen Erfahrungen komme.«

Zweien solcher »Unzeitgemäßen«, – das ist Vorzeitgemäßen und Zukunftgemäßen, sind die beiden letzten von Nietzsches »Unzeitgemäßen Betrachtungen« geweiht: »Schopenhauer als Erzieher«, und »Richard Wagner in Bayreuth«. In diesen beiden, mit überströmender Begeisterung aufgerichteten, Standbildern des Genius wird es besonders klar, bis zu welchem Grade die angestrebte Kultur des Unzeitgemäßen in einem Kultus des Genies gipfelte. Im Genie besitzt die Menschheit nicht nur ihren Erzieher, ihren Führer, ihren Verkünder, sondern auch ihren eigentlichen und ausschließlichen Endzweck. Die Vorstellung von den »erhabenen Einzelnen«, um derentwillen allein die übrige »Fabrikware der Natur« vorhanden sei, ist einer von jenen Schopenhauerischen Grundgedanken, die Nietzsche nie wieder losgelassen haben. Etwas in seinem innersten Geist dürstete ebenso unersättlich nach der ungeheuren Steigerung des Egoistischen in das Idealselbstische, das darin liegt, als auch nach der dunklen Kehrseite dieses höchsten Menschenloses, nach dem »Einsamen« und »Heroischen«. In seiner mittleren Schaffensperiode ging er scheinbar von dieser ursprünglichen Genievorstellung ab, weil sie ihren metaphysischen Hintergrund eingebüßt hatte, von dem allein der große »Einzelne« sich in übermenschlicher Bedeutsamkeit abheben konnte, – wie eine Gestalt aus der höheren und wahren Welt. Aber der Gedanke des Geniekultus barg einen Ansatz zu dem, was Nietzsche, am Ende seiner Entwicklung, mit einem Griff genialen Wahnsinns, dann wieder aus ihm gestaltet hat. Denn zum Ersatz einer metaphysischen Deutung steigerte sich ihm der positive Lebenswert des Genies noch so hoch über Schopenhauers Auffassung desselben hinaus, dass diese letztere nur ein schwaches Gegenbild zu der seinen bietet.

Solange nämlich der Geniekultus ein Kultus des Metaphysischen in der menschlichen Physis blieb, erstreckte er sich auf eine fortlaufende Reihe, eine Kette solcher »Einzelner«, die einander in Sinn und Wesen ebenbürtig und gleichwertig waren. Sie werden nicht als Bestandteile einer Entwicklungslinie des Menschlichen betrachtet, sie: »– setzen nicht etwa einen Prozess fort, sondern leben zeitlos-gleichzeitig«, – sie bilden »eine Art von Brücke über den wüsten Strom des Werdens«. »– – – ein Riese ruft dem anderen durch die öden Zwischenräume der Zeiten zu, und ungestört durch mutwilliges, lärmendes Gezwerge, welches unter ihnen wegkriecht, setzt sich das hohe Geistergespräch fort.« (Nutzen u. Nachteil d. Histor. 91). Weil es dieses »Gezwerge« ist, das die ganze Entwicklungsgeschichte sowohl in ihren Geschehnissen, wie in ihren Gesetzen bestimmt, so ist eins sicher: »Das Ziel der Menschheit kann nicht am Ende liegen, sondern nur in ihren höchsten Exemplaren.« (A. a. O.)

Aber da auch die höchsten Exemplare nur das zum Ausdruck bringen, was in der Tiefe des Menschlichen überhaupt, als sein metaphysisches Grundwesen, ruht, so unterscheiden sie sich von der Masse der Menschen weniger durch eine Wesensverschiedenheit, als vielmehr durch eine Wesensenthüllung, durch eine göttliche Nacktheit, – während der Mensch der Masse tausend über sein wahres Wesen gebreitete Schichten trägt, die alle der Welt und Lebensoberfläche angehören und sich hier und da bis zur Undurchdringlichkeit verhärten. »Wenn der große Denker die Menschen verachtet, so verachtet er ihre Faulheit: denn ihrethalben erscheinen sie als Fabrikware. – – Der Mensch, welcher nicht zur Masse gehören will, braucht nur aufzuhören, gegen sich bequem zu sein« (Schopenhauer als Erzieher 4). Daher ist liebevolle Erziehung und Bemühung um alle die Folge dieser Anschauungsweise, die im tiefsten Sinn alle gleichstellt, weil sie den metaphysischen Kern in jeder Schale ehrt; sie entfernt sich darum von nichts so weit als von Nietzsches späteren Forderungen der Sklaverei und Tyrannei.

Ist aber wie in Nietzsches späterer Philosophie dieser metaphysische Hintergrund zerstört, löst sich das übersinnliche Sein in das unendliche Werden des Wirklichen auf, so vermag sich der Einzelne über die Masse nur durch einen Wesensunterschied zu erheben, der einem höchsten Gradesunterschied gleichkommt: indem er die Quintessenz dieses Werdeprozesses repräsentiert, umfasst er denselben möglichst in seiner Totalität, während der Mensch der Masse ihn nur blind und bruchstückweise zu erleben und in sich darzustellen weiß. Dieser Einzelne wäre gewissermaßen als der Einzige imstande, der langen Entwicklung, die sich Geschichte nennt, einen Sinn zu geben; er selbst wäre nicht wie der Schopenhauerische Mensch geschaffen aus übersinnlichem Stoff, aber dafür wäre er durch und durch Schöpfer und als solcher imstande, der Welt jene Bedeutsamkeit der Dinge zu ersetzen, an die der Metaphysiker glaubt. Anstatt vieler einander ebenbürtiger Einzelner, die sich wie ein gleichmäßig hoher zusammenhängender Bergrücken über dem Menschengetriebe erheben, gibt es daher in Nietzsches letzter Philosophie nur den großen Einsamen, der sich als Gipfel des Ganzen darstellt; nach oben hin ist er noch viel einsamer als sie, denn er ist als Abschluss der Entwicklung das höchste Exemplar der Gattung, nach unten aber ist er viel härter und herrischer als sie, denn die Masse und das Leben bedeuten an sich, oder metaphysisch, nichts; er muss ihnen erst bis an seinen Gipfel hinan eine bestimmte Rangordnung verleihen. Es ist leicht begreiflich, warum erst mit ihm der Geniekultus ins Ungeheure wächst, denn in Ermangelung der metaphysischen Deutung, durch die der Schopenhauerische Mensch von vornherein in eine höhere Ordnung der Dinge erhoben wird, kann Er nur durch das Mittel des Ungeheuren überzeugen.

Folgendes sind die vier Gedanken der ersten philosophischen Periode Nietzsches, womit er sich, wenn auch in stets veränderter Auffassung bis zuletzt beschäftigt hat: es sind das Dionysische, die Dekadenz, das Unzeitgemäße, der Geniekultus. Wie wir ihn selbst, so werden wir auch sie immer wiederfinden, und in demselben Maße, als er sich selbst immer persönlicher in seiner Philosophie zum Ausdruck bringt, gestaltet er auch sie immer charakteristischer. Betrachtet man seine Gedanken in ihrem Wechsel und ihrer Mannigfaltigkeit, dann erscheinen sie fast unübersehbar und allzu kompliziert; versucht man hingegen aus ihnen herauszuschälen, was sich im Wechsel stets gleich bleibt, dann erstaunt man über die Einfachheit und Beständigkeit seiner Probleme. »Immer ein Anderer und immer Derselbe!« konnte Nietzsche von sich sagen.

Dass die Wagner-Schopenhauerische Weltanschauung eine so tiefe Bedeutung für Nietzsche gewann, dass er später noch nach allen Kämpfen und von ganz entgegengesetzten Richtungen seines Geisteslebens aus sich wieder ihren Grundgedanken annäherte, zeigt, wie sehr dieselbe seiner ganzen Natur entgegenkam, wie sehr sich in ihr aussprach, was in ihm schlummerte. Aus seinem Philologentum in dieses Philosophentum erhoben, fühlte er sich ohne Zweifel einem Gefangenen gleich, von dem die Ketten fallen. Waren doch vorher seine besten Kräfte gebunden gewesen; jetzt durfte er aufatmen, jetzt wurde alles in ihm befreit. Seine künstlerischen Instinkte schwelgten in den Offenbarungen der Wagner'schen Musik; seine starke Veranlagung zu religiösen und moralischen Exaltationen genoss in der metaphysischen Ausdeutung dieser Kunst eine beständige Möglichkeit der Erhebung. Sein umfassendes gründliches Wissen diente der neuen Weltanschauung, die sich in seiner Auffassung des Griechentums wiederspiegelte. Da in Wagners Person das Kunstgenie Tatsache geworden, in ihm gleichsam der »erlösende Heiland« gegeben war, so fiel Nietzsche die Stellung des Erkennenden, des wissenschaftlichen Vermittlers, zu: damit blieb er in der Aufgabe des Philosophen. Aber die gewonnene Erkenntnis selbst bildete nur den Anlass zur vollen Entfaltung seiner künstlerischen und religiösen Eigenart, und eben dies bezeichnet ihren Wert für seinen Geist. Wonach er sich schon während seiner philologischen Studien gesehnt hatte, als er dem Leben der alten Philosophen nachforschte, das war hier zur Wahrheit geworden: das Denken ein Erleben, die Erkenntnis ein Mitarbeiten und Mitschaffen an der neuen Kultur; im Gedanken durften alle Seelenkräfte zusammenwirken: er forderte den ganzen Menschen. Nietzsche gibt nur dem befreienden Entzücken Ausdruck, das er hier genoss, wenn er am Schluss seines »Sokrates und die klassische Philologie« in die Worte ausbricht: »Ach! Es ist der Zauber dieser Kämpfe, dass, wer sie schaut, sie auch kämpfen muss!«

Und wie seine einzelnen Geistesanlagen sich jetzt freier ausleben und entwickeln durften, so bot diese Periode in Nietzsches Leben auch jenem tiefsten, fast weiblichen Bedürfnisse seines Inneren nach persönlicher Anbetung, nach Aufblick, volle Befriedigung, das sich später so schmerzlich an sich selbst befriedigen musste. Mochte die Wagner-Schopenhauerische Philosophie, ihrer ganzen Anschauungsweise nach, ihm ein noch so tiefes Glück gewähren, so war doch das Wertvollste für ihn hier das persönliche Verhältnis zu Wagner, der unbedingte Aufblick zu ihm. Seine Begeisterung entzündete sich darin an einer außer ihm stehenden Persönlichkeit, in der er gleichsam das Ideal seines eigenen Wesens verkörpert zu sehen glaubte. Das Glück eines solchen Glaubens breitet über die Gedanken der ersten philosophischen Schriften Nietzsches etwas Gesundes, beinahe Naives, das von der Eigenart seiner späteren Werke scharf absticht. Es ist, als sähe man ihn erst an dem Bilde seines Meisters Wagner und dessen Philosophen Schopenhauer sich selbst begreifen und erraten.

Denn mit instinktiver Scheu weist er noch jene Kunst zurück, sein eigenes Selbst in bewusster Weise zum »Objekt und Experiment des Erkennenden« zu machen, die Kunst, an der er später so groß und so krank werden sollte. »Wie kann sich der Mensch kennen? Er ist eine dunkle und verhüllte Sache; und wenn der Hase sieben Häute hat, so kann der Mensch sich siebenmal siebzig abziehen und wird doch nicht sagen können »das bist du nun wirklich, das ist nicht mehr Schale«. Zudem ist es ein quälerisches gefährliches Beginnen, sich selbst derartig anzugraben und in den Schacht seines Wesens auf dem nächsten Wege gewaltsam hinabzusteigen. Wie leicht beschädigt er sich dabei so, dass kein Arzt ihn heilen kann« (Schopenhauer als Erzieher 7). Und deshalb ruft er der Jugend, die nach Einsicht in ihr eigenes Selbst begehrt, die Worte zu: »was hat deine Seele hingezogen, was hat sie beherrscht und zugleich beglückt? Stelle dir die Reihe dieser verehrten Gegenstände vor dir auf, und vielleicht ergeben sie dir – – – ein Gesetz, das Grundgesetz deines eigentlichen Selbst. Vergleiche diese Gegenstände, sieh, – – – wie sie eine Stufenleiter bilden, auf welcher du bis jetzt zu dir selbst hingeklettert bist; denn dein wahres Wesen liegt nicht tief verborgen in dir, sondern unermeßlich hoch über dir – – –.« (A. a. O.)

Mit einer Offenheit, die ihm später während der Zeit peinlichster Selbstanalyse ganz abhanden kam, legt er die Motive bloß, aus denen es ihn von Anfang an inbrünstig nach einer solchen Jüngerschaft verlangt habe – nach einem überlegenen »Wegweiser zugleich und

Zuchtmeister« (Schopenhauer als Erzieher 14): »– – darf ich ein wenig bei einer Vorstellung verweilen, welche in meiner Jugend so häufig und so dringend war, wie kaum eine andere. Wenn ich früher recht nach Herzenslust in Wünschen ausschweifte, dachte ich mir, dass mir die schreckliche Bemühung und Verpflichtung, mich selbst zu erziehen, durch das Schicksal abgenommen würde: dadurch dass ich zur rechten Zeit einen Philosophen zum Erzieher fände, einen wahren Philosophen, dem man ohne weiteres Besinnen gehorchen könnte, weil man ihm mehr vertrauen würde als sich selbst.« (Schopenhauer als Erzieher 8 f.) Es ist interessant, zu beobachten, wie er zu diesem Zwecke hinter dem Denker Schopenhauer einen Idealmenschen Schopenhauer zu entdecken sucht[21], und wie er Wagner

21 Vgl. Schopenhauer als Erzieher 19: »ich ahnte, in ihm jenen Erzieher und

gegenüber von einer tiefen Verwandtschaft ihrer beiderseitigen Naturen ausgeht. In der Tat überrascht die Übereinstimmung der von ihm geschilderten natürlichen und geistigen Anlagen Wagners mit der »Vielstimmigkeit« seiner eigenen Anlagen, wie sie im ersten Teil dieses Buches dargelegt ist. So sagt er in »Richard Wagner in Bayreuth« (13): »Jeder seiner Triebe strebte ins Ungemessene, alle daseinsfreudigen Begabungen wollten sich einzeln losreißen und für sich befriedigen; je größer ihre Fülle, um so größer war der Tumult, um so feindseliger ihre Kreuzung«.

Dann, beim Eintritt der »geistigen und sittlichen« Mannbarkeit Wagners, gelangt diese »Vielheit« zum Zusammenschluss und zugleich zu einer eigentümlichen »Spaltung in sich«. »Seine Natur erscheint in furchtbarer Weise vereinfacht, in zwei Triebe oder Sphären auseinandergerissen. Zu unterst wühlt ein heftiger Wille in jäher Strömung, der gleichsam auf allen Wegen, Höhlen und Schluchten ans Licht will und nach Macht verlangt. (10.) – – – – – – Der gesamte Strom stürzte sich bald in dieses, bald in jenes Tal und bohrte in die dunkelsten Schluchten: – in der Nacht dieses halb unterirdischen Wühlens erschien ein Stern hoch über ihm – –« (12.) »Wir tun einen Blick in die andere Sphäre Wagners. Es ist die eigenste Urerfahrung, welche Wagner in sich selbst erlebt und wie ein religiöses Geheimnis verehrt: jene wundervolle Erfahrung und Erkenntnis, dass die eine Sphäre seines Wesens der anderen treu blieb, – – – die schöpferische, schuldlose lichtere Sphäre der dunklen, unbändigen, tyrannischen.« (13.)

»Im Verhalten der beiden tiefsten Kräfte zueinander, in der Hingebung der einen an die andere, lag die große Notwendigkeit, durch welche er allein ganz und er selbst bleiben konnte.« (13.)

Gegen den Schluss der Schrift sucht Nietzsche auch die Musik Wagners aus dieser ihm selbst so verwandten Eigenart heraus zu begreifen, indem er das musikalische Genie Wagners als eine Art Wiederspieglung von dessen seelischen Zuständen auffasste:

Philosophen gefunden zu haben, den ich so lange suchte. Zwar nur als Buch: und das war ein großer Mangel. Um so mehr strengte ich mich an, durch das Buch hindurch zu sehen und mir den lebendigen Menschen vorzustellen, dessen großes Testament ich zu lesen hatte, und der nur solche zu seinen Erben zu machen verhiess, welche mehr sein wollten und konnten als nur seine Leser: nämlich seine Söhne und Zöglinge.«

»– – wie seine Musik sich mit einer gewissen Grausamkeit des Entschlusses dem Gange des Dramas, der wie das Schicksal unerbittlich ist, unterwirft, während die feurige Seele dieser Kunst darnach lechzt, einmal ohne alle Zügel in der Freiheit und Wildnis umherzuschweifen.« (82.)

»Über allen den tönenden Individuen und dem Kampfe ihrer Leidenschaften, über dem ganzen Strudel von Gegensätzen, schwebt, ein übermächtiger symphonischer Verstand, welcher aus dem Kriege fortwährend die Eintracht gebiert.« (79.)

»Nie ist Wagner mehr Wagner, als wenn die Schwierigkeiten sich verzehnfachen und er in ganz großen Verhältnissen mit der Lust des Gesetzgebers walten kann. Ungestüme, widerstrebende Massen zu einfachen Rhythmen bändigen, durch eine verwirrende Mannigfaltigkeit von Ansprüchen und Begehrungen Einen Willen durchführen« –. (80.)

Aber gerade diese Verwandtschaft ihrer beiderseitigen Naturen musste Nietzsche schließlich zu einer Weiterentwicklung seines Geistes auf einsamen Bahnen führen, sie musste ihn irgendwann einmal von Wagner losreißen. Sobald Nietzsche in dieser Periode den Höhepunkt erreicht hat, ist auch schon der erste Schritt vorgezeichnet, der ihn unvermeidlich abwärts führen musste. Es erscheint als eine völlige Verkehrung des Sachverhalts, wenn er später in seinem ungerechten Büchlein »Der Fall Wagner« behauptet: »Mein größtes Erlebnis war eine Genesung. Wagner gehört bloß zu meinen Krankheiten.« (Vorwort.) Denn in das Krankhafte geht seine Entwicklung erst lange nach seinem Bruch mit Wagner, ja man kann von seiner Wagnerperiode in gewissem Sinne sagen, dass sie zu seinen überwundenen Gesundheiten gehört habe. Trotzdem aber darf man das Wahre in seiner Behauptung nicht überhören: dass er nämlich damals seinen eigenen Höhepunkt noch nicht erreicht habe, wie gesund und glücklich er auch zu jener Zeit gewesen sei.

Diese Gesundheit hätte er sich nur erhalten können um den Preis der Größe. Um aus dem Jünger ein Meister zu werden, musste er erst in sein Selbst einkehren; da aber seine Natur mit zwingender Notwendigkeit nach einer Jüngerschaft im religiösen Sinne verlangte, so blieb nur die eine Möglichkeit, Jünger und Meister in sich selbst zu vereinigen, – sei es auch, um daran zu leiden, sei es auch, um an einer krankhaften Verschmelzung Beider zu Grunde zu gehen. Von seinem Weg zur Größe gilt Zarathustras Wort: »Gipfel und Abgrund – das ist jetzt in Eins beschlossen!«

Man hat dem Abfall Nietzsches von Wagner die verschiedenartigsten Deutungen gegeben, man hat ihn aus rein idealen Beweggründen – unwiderstehlichem Wahrheitsdrang – und auch aus menschlichen-allzumenschlichen Motiven zu erklären gesucht. In Wirklichkeit kreuzte sich aber wohl beides darin in ganz ähnlicher Weise, wie dies schon in der allerersten Wandlung Nietzsches, in seiner Abwendung vom Glauben, der Fall gewesen war; gerade der Umstand, dass er volles Genügen, Seelenfrieden und eine Geistesheimat gefunden hatte, dass ihm Wagners Weltanschauung so weich und glatt anlag wie eine »gesunde Haut«, kitzelte ihn, sie sich abzustreifen, ließ ihm sein »Überglück als Ungemach« erscheinen, ließ ihn »verwundet werden von seinem Glück«. Auf diese Art der Entstehung seiner freigeisterischen Richtung findet seine »Vermutung über den Ursprung der Freigeisterei« überhaupt (Menschliches, Allzumenschliches I 232) Anwendung, die durch allzu starke Empfindungsseligkeit in der gegebenen Weltanschauung erzeugt werde: »Ebenso wie die Gletscher zunehmen, wenn in den Äquatorialgegenden die Sonne mit größerer Glut als früher auf die Meere niederbrennt, so mag auch wohl eine sehr starke, um sich greifende Freigeisterei Zeugnis dafür sein, dass irgendwo die Glut der Empfindung außerordentlich gewachsen ist.«

Erst in der selbstgewollten, selbstgesuchten Peinigung wuchs seinem Geist die streitbare, harte Rüstung, mit der gewappnet er dann gegen seine alten Ideale zu Felde zog. Gewiss empfand er es als eine Befreiung, sich mit dem Verzicht auf Erhebendes und Schönes zugleich aus einer letzten Abhängigkeit loszulösen; aber dennoch stellte diese Selbstbefreiung einen Akt der Entsagung dar; er litt unter ihr, wie man unter Wunden leidet, auch wenn man sie sich selbst geschlagen hat.

Der Bruch vollzog sich endgültig und für Wagner völlig unerwartet, als dieser mit seiner Parsifal-Dichtung bei katholisierenden Tendenzen angelangt war, während Nietzsches Geistesentwicklung in einer jähen Wandlung sich der positivistischen Philosophie der Engländer und Franzosen zugewandt hatte. Der Abfall Nietzsches von Wagner bedeutete aber nicht nur eine Trennung der Geister, sondern zerriss zugleich ein Verhältnis, in welchem sich beide so nahe gestanden hatten, wie nur der Sohn dem Vater, der Bruder dem Bruder nahe steht. Ganz vergessen, ganz verschmerzen konnte es wohl keiner von ihnen. Noch im Herbst 1882, ein halbes Jahr vor dem Tode Wagners, wurde während der Bayreuther Festspiele, – der Erstaufführung des Parsifal –, der Versuch gemacht, Nietzsche vor dem Meister zu erwähnen. Nietzsche weilte damals in der Nähe, in dem thüringischen Dörfchen Tautenburg bei Dornburg, und seine alte Freundin Fräulein von Meysenbug meinte, obschon mit Unrecht, dass im Fall des Gelingens Nietzsche zu bewegen gewesen wäre, nach Bayreuth zu kommen und sich mit Wagner zu versöhnen. Indessen der Versuch misslang; Wagner verließ in großer Erregung das Zimmer und verbot, den Namen jemals wieder vor ihm auszusprechen. Aus ungefähr derselben Zeit stammt folgender in Faksimile wiedergegebene Brief Nietzsches, der seine eigene Stellung in dem Bruch mit Wagner beredt genug schildert:

Nun, meine liebe Freundin, ist jetzt fast Alles gut, und Sonnabend über 8 Tage sehen wir uns wieder.
Vielleicht ist mein letzter Brief an Dir nicht in Ihre Hände gelangt? Ich schrieb ihn Sonntag vor 14 Tagen. Es sollte mir Leid thun; ich schilderte Ihnen darin einen sehr glücklichen Moment: mehrere gute Dinge kamen auf einmal zu mir, und das „gütste“ dieser Dinge war Ihr Zusagebrief! —

Ich habe viel an Dir gedacht und im Geiste so mancherlei durchle-

hebendes, Rührendes und Heiteres mit Ihnen getheilt, daß ich wie mit meiner nächsten Freundin verbunden gelebt habe. Wenn Sie wüßten, wie neu und fremdartig mir altem Einsiedler das vorkommt! — Wie oft habe ich über mich lachen müssen!

Was Bayreuth betrifft, so bin ich zufrieden damit, nicht dort sein zu *müssen*; und doch, wenn ich ganz geisterhaft in Ihrer Nähe sein könnte, dies und jenes in Ihr Ohr raunend, so sollte mir sogar die Musik zum Parsifal erträglich sein (sonst ist sie mir nicht erträglich.)

Ich möchte, daß Sie vorher noch meine kleine Schrift „Richard Wagner in Bayreuth" lesen; Freund Rée besitzt sie wohl. Ich habe

so viel in Bezug auf diesen Mann
und seine Kunst erlebt — es war
eine ganze lange Passion: ich
finde kein anderes Wort dafür. Die
hier geforderte Entsagung, das
hier endlich nöthig werdende Sich-
selber-Wiederfinden gehört zu dem
Härtesten und Melancholischsten in
meinem Schicksale. Die letzten ge-
schriebenen Worte Wagners an mich
stehen in einem schönen Widmungs-
exemplar des Parsifal, „Meinem
theuren Freunde Friedrich Nietzsche.
Richard Wagner, Ober-Kirchenrath."
Genau zu gleicher Zeit traf, von
mir gesendet, bei ihm mein Buch
Menschliches Allzumenschliches ein —
und damit war Alles klar, aber
auch Alles zu Ende.
Wie oft habe ich, in allen mög-

lichen Dingen, gerade dies erlebt: „Alles klar, aber auch Alles zu Ende!“

Und wie glücklich bin ich, meine geliebte Freundin Lou, jetzt in Bezug auf uns Beide denken zu dürfen „Alles im Anfang und doch Alles klar!“ Vertrauen Sie mir! Wir vertrauen uns!

Mit den herzlichsten Wünschen für Ihre Reise

Ihr Freund

Nietzsche.

Tautenburg bei Dornburg
(Thüringen)

»Nun, meine liebe Freundin,

bis jetzt steht alles gut, und Sonnabend über 8 Tage sehen wir uns wieder.

Vielleicht ist mein letzter Brief an Sie nicht in Ihre Hände gelangt? Ich schrieb Ihnen Sonntag vor 14 Tagen. Es sollte mir leid tun; ich schilderte Ihnen darin einen sehr glücklichen Moment: mehrere gute Dinge kamen auf einmal zu mir, und das »Gutste« dieser Dinge war Ihr Zusagebrief! –

Ich habe viel an Sie gedacht und im Geiste so mancherlei des Erhebenden, Rührenden und Heiteren mit Ihnen getheilt, dass ich wie mit meiner verehrten Freundin verbunden gelebt habe. Wenn Sie wüssten, wie neu und fremdartig mir alten Einsiedler das vorkommt! – Wie oft habe ich über mich lachen müssen!

Was Bayreuth betrifft, so bin ich zufrieden damit, nicht dort sein zu müssen; und doch, wenn ich ganz geisterhaft in Ihrer Nähe sein könnte, dies und jenes in Ihr Ohr raunend, so sollte mir sogar die Musik zum Parsifal erträglich sein (sonst ist sie mir nicht erträglich.)

Ich möchte, dass Sie vorher noch meine kleine Schrift »Richard Wagner in Bayreuth« lesen; Freund Rée besitzt sie wohl. Ich habe so viel in Bezug auf diesen Mann und seine Kunst erlebt – es war eine ganze lange Passion: ich finde kein anderes Wort dafür. Die hier geforderte Entsagung, das hier endlich nötig werdende Mich-selber-Wiederfinden gehört zu dem Härtesten und Melancholischsten in meinem Schicksale. Die letzten geschriebenen Worte W's an mich stehen in einem schönen Widmungs-Exemplare des Parsifal »Meinem teuren Freunde Friedrich Nietzsche. Richard Wagner, Ober-Kirchenrat.« Genau zu gleicher Zeit traf, von mir gesendet, bei ihm mein Buch »Menschliches Allzumenschliches« ein – und damit war alles klar, aber auch alles zu Ende. Wie oft habe ich, in allen möglichen Dingen, gerade dies erlebt: »Alles klar, aber auch alles zu Ende«!

Und wie glücklich bin ich, meine geliebte Freundin Lou, jetzt in Bezug auf uns beide denken zu dürfen »Alles im Anfang und doch alles klar!« Vertrauen Sie mir! Vertrauen wir uns!«

Mit den herzlichsten Wünschen für Ihre Reise

Ihr Freund Nietzsche.

Tautenburg bei Dornburg (Thüringen)

Wenn ich diese kurze Schilderung lese, dann sehe ich ihn selbst vor mir, wie er, während einer gemeinsamen Reise von Italien her durch die Schweiz, mit mir das Gut Triebschen bei Luzern besuchte, den Ort, an welchem er mit Wagner unvergessliche Zeiten verlebt hatte. Lange, lange saß er dort schweigend am Seeufer, in schwere Erinnerungen versunken; dann, mit dem Stock im feuchten Sande zeichnend, sprach er mit leiser Stimme von jenen vergangenen Zeiten. Und als er aufblickte, da weinte er.

Mit seiner inneren und äußeren Loslösung von dem Wagnertum und der Philosophie Schopenhauers fällt Nietzsches schwerstes körperliches Leiden zusammen. So lebte er damals, körperlich wie geistig, unter Stürmen und Schmerzen, die ihn in die Nähe »leiblichen wie seelischen Todes« brachten. Seine Krankheit war zum Ausbruch gekommen in den Jahren gesteigertster Produktivität, allzu vielseitiger und aufreibender Beschäftigung mit wissenschaftlichen Untersuchungen, philosophischen Problemen, mit der geistigen Bewegung der Gegenwart, der Kunst Wagners und mit der Musik selbst. Es ist gewiss nicht zufällig, dass auch der letzte, verhängnisvolle Ausbruch seines Kopfleidens am Ende der Achtziger Jahre ebenfalls auf eine Periode ungeheurer geistiger Schaffenskraft und Regsamkeit folgte. Wenn er sich am gesundesten und rüstigsten, in der Vollkraft seiner Leistungsfähigkeit fühlte, dann kam er stets der Krankheit am nächsten; und die Zeiten unfreiwilliger Muße und Ruhe waren es, die ihm immer wieder Erholung brachten und die Katastrophe noch aufhielten.

Dieser Vorgang spiegelt rein körperlich etwas von jenem eigentümlich pathologischen Zuge der »Übergesundheit« seines Geisteslebens wieder, welche in Krankheitszustände überzuströmen pflegte, nachdem sie ihren Höhepunkt erreicht hatte. Aus ihnen rang er sich aber mit der zähen Kraft seiner ungeheuren Natur stets wieder zur Gesundheit durch.

Solange er noch die Schmerzen bezwang und die volle Arbeitskraft in sich fühlte, konnte selbst das Leiden seiner lebensvollen Unverwüstlichkeit und Selbstbehauptung noch nichts anhaben. Noch am 12. Mai 1878 schreibt er im Ton getrosten Mutwillens in einem Briefe aus Basel: »Die Gesundheit schwankend und gefährlich, aber – fast hätte ich gesagt: was geht mich meine Gesundheit an?«

Aber dann folgt, am 14. Dezember 1878, die Hindeutung auf den voraussichtlich notwendigen Rücktritt von der Professur: »Mein Zustand ist eine Tierquälerei und Vorhölle, ich kanns nicht leugnen. Wahrscheinlich hört es mit meiner akademischen Tätigkeit auf, vielleicht mit der Tätigkeit überhaupt, möglicherweise mit usw.« Und dann die bittere Klage: »Es scheint mir nichts mehr zu helfen, die Schmerzen waren gar zu toll. Immer heißt es: Ertrage! Entsage! Ach, man bekommt die Geduld auch satt. Wir haben die Geduld zur Geduld nötig!«

Endlich, im Tone stiller Ergebung, ein Brief aus Genf, vom 15. Mai 1879:

»Mir geht es nicht gut, aber ich bin ein alter routinierter Leidtragender und werde meine Bürde weiterschleppen, – aber nicht mehr lange, so hoffe ich!«

Bald darauf legte er seine Professur nieder, und auf immer umfing ihn die Einsamkeit. Der Verzicht auf seine Lehrtätigkeit fiel ihm schwer, – war es doch im Grunde der Verzicht auf jede fernere strengwissenschaftliche Arbeit. Kopf und Augen, – er nennt sich selbst einen »Kranken, der jetzt leider auch ein Sieben-Achtel-Blinder ist, und nicht mehr lesen kann, außer mit Schmerzen und auf ein Viertelstündchen« (Brief an Rée) –, hinderten ihn nunmehr dauernd an einem stofflichen Ausbau seiner Gedanken durch ausgebreitete Studien. Wie umfangreich und vielseitig er seine Forschungen angelegt hatte, zeigt die große Mannigfaltigkeit seiner an der Universität und am Pädagogium zu Basel gehaltenen Vorlesungen.

Allerdings beschränkte er sich damals noch auf die Erforschung des Hellenentums und blieb philosophisch in den Fesseln eines bestimmten metaphysischen Systems gebunden. Aber seine spätere Selbstbefreiung vom Zwang dieses Systems hätte unter ändern Gesundheitsverhältnissen um so günstiger wirken müssen. Das Kulturbild des griechischen Lebens, aus dem er damals mit den Augen des Metaphysikers die tiefsten Grundzüge des Weltbildes und Menschenlebens herauszulesen meinte, würde sich ihm, auf dem Wege wissenschaftlicher Weiterarbeit, allmählich zu einem Totalbilde der Weltentwicklung erweitert haben. In der Genialität seiner feinen Anempfindung und künstlerischen Nachgestaltungskraft war er geradezu prädestiniert zu geschichtsphilosophischen Leistungen im Großen. Sein Drang zum Produzieren wäre dadurch gehindert worden, sich allzusehr ins Subjektive zu verlieren; empfand er es doch oftmals selbst, dass, je beflügelter, drängender und leidenschaftlicher geartet die Gedanken sind, desto umfassender und strenger der Stoff sein müsse, an dem sie gebunden, von dem sie beherrscht werden. Daher begegnen wir in seinen Werken bis zuletzt immer wieder erneuten fruchtlosen Anstrengungen, sich nach außen hin auszubreiten und sein Denken wissenschaftlich zu begründen, – es ist etwas vom vergeblichen Flügelschlagen eines gefangenen Adlers darin. Er war durch seine Gesundheit genötigt, sich selbst zum Stoff seiner Gedanken zu nehmen, sein eigenes Ich seinem philosophischen Weltbilde unterzulegen und dieses aus dem eigenen Innern herauszuspinnen. Vielleicht hätte er im ändern Falle etwas so ganz Eigenartiges, – und daher so ganz Einzigartiges, nicht geleistet. Aber trotzdem vermag man nicht ohne das tiefste Bedauern auf diesen Wendepunkt in Nietzsches Schicksal zurückzublicken, – auf diesen unheimlichen Zwang zur Selbstvereinsamung und Selbstabschließung, – man vermag sich dem Gefühl nicht zu entziehen, dass er hier an einer Größe, die ihm Vorbehalten war, vorübergeht.

An dieser Stelle wird es um Nietzsche Nacht. Seine bisherigen Ideale, seine Gesundheit, seine Arbeitskraft, sein Wirkungskreis, – alles, was seinem Leben Licht und Glanz und Wärme gegeben hatte, entschwand ihm eins nach dem anderen. Es war ein ungeheurer Zusammenbruch, unter dessen Trümmern er wie begraben wurde. Es begannen seine »Dunkel-Zeiten.« (S. Der Wanderer u. sein Schatten 191.)

Die jetzt folgenden Schriften sind nicht, wie die bisherigen, aus einer Fülle herausgeschöpft, die in ihm angesammelt und bereit lag, von einem Ziel aus verfasst, das er erreicht zu haben glaubte, – sie erzählen vielmehr davon, wie er sich in seiner Nacht orientiert und langsam vorwärts tastet, sie sind die qualvollen, kampfvollen, endlich sieghaften Schritte nach einem dunklen Ziele hin.

»Als ich allein weiter ging,« bekennt er viele Jahre später (Einführende Vorrede zum zweiten Bande von »Menschliches, Allzumenschliches«) von dieser Zeit, »zitterte ich: nicht lange darauf, und ich war krank, mehr als krank, nämlich müde, aus der unaufhaltsamen Enttäuschung über alles, was uns modernen Menschen zur Begeisterung übrigblieb – –«. Aber nicht als einen Klagenden sehen wir ihn sich durch die Trümmer hindurchkämpfen, – und mit Recht bezeichnet er dies als den Reiz jener Schriften: »dass hier ein Leidender und Entbehrender redet, wie als ob er nicht ein Leidender und Entbehrender sei.« (Ebendaselbst.)

Immer wieder wird er zu einem Neu-Schaffenden und Neu-Entdeckenden. Tief unter die Trümmerwelt steigt er hinab, er untergräbt und unterwühlt noch ihre letzten Fundamente und späht mit nachtgewöhntem Auge nach den verborgenen Schätzen und Heimlichkeiten des Erdinnern aus. Ein zweiter Trophonius, listig aus- und einschlüpfend, weiß er auch aus der Tiefe noch Aufschluss zu geben über die Welt da droben und ihr Rätsel zu deuten. So sehen wir ihn: »einen Unterirdischen, an der Arbeit, einen Bohrenden, Grabenden, Untergrabenden, wie er langsam, besonnen, mit sanfter Unerbittlichkeit vorwärts kommt, ohne dass die Not sich allzusehr verriete, welche jede lange Entbehrung von Licht und Luft mit sich bringt.« Und darüber kommt uns jene zuversichtliche Frage, mit der er selbst auf diese Jahre zurückblickte, und die die Betrachtung seiner ferneren Entwicklungsgeschichte uns beantworten soll: »– Scheint es nicht, dass – – – er vielleicht seine eigene lange Finsternis haben will, sein Unverständliches, Verborgenes, Rätselhaftes, weil er weiß, was er auch haben wird: seinen eigenen Morgen, seine eigene Erlösung, seine eigene Morgenröte? « (Einführende Vorrede zur neuen Ausgabe der »Morgenröte«.)

Meine liebe Freundin,

Nun ist der Himmel über mir
hell! Gestern Mittag gieng es
bei mir zu wie als ob Geburts-
tag wäre: Sie sandten Ihre
Zusage, das schönste Geschenk, das
mir jetzt Jemand hätte machen
können — meine Schwester sandte
Kirschen, Teubner sandte die
drei ersten Druckbogen der „fröh-
lichen Wissenschaft"; und zu alle-
dem war gerade der allerletzte
Theil des Manuscriptes fertig ge-
worden und damit das Werk von
6 Jahren (1876–1882), meine
ganze „Freigeisterei"! Oh welche

Jahre! Welche Qualen aller Art, welche Vereinsamungen und Lebens-Überdrüsse! Und gegen Alles das, gleichsam gegen Tod *und* Leben, habe ich mir diese meine Arznei gebraut, diese meine Gedanken mit ihrem kleinen kleinen Streifen *unbewölkten Himmels* über sich: — oh liebe Freundin, so oft ich an das Alles denke, bin ich erschüttert und gerührt und weiss nicht, wie das doch hat *gelingen* können: Selbst-Mitleid und das Gefühl des Sieges erfüllen mich ganz. Denn es *ist* ein Sieg, und ein vollständiger — denn sogar meine Gesundheit des Leibes ist wieder, ich weiss nicht woher, zum Vor-

schein genommen, und Jedermann
sagt mir, ich sähe jünger aus als
je. Der Himmel behüte mich vor
Thorheiten! — Aber von jetzt ab,
wo Sie mich bewachen werden,
werde ich gut bewacht sein und
brauche mich nicht zu fürchten. —
Was den Meister betrifft, so
habe ich wahrlich und ausschließlich
an Wien gedacht: die Meister-
glauben meinem Charakter sind ganz
unabhängig von den meinigen, es
giebt dabei keine Nebengedanken.
Der Süden Europas ist mir jetzt
aus dem Sinn gerückt. Ich will
nicht mehr einsam sein und wieder
lernen, Mensch zu werden. Ach
an diesen Personen habe ich bisher
Alles noch zu lernen! —

Nehmen Sie meinen Dank, liebe Freundin! Es wird Alles gut, wie Sie es gesagt haben.

Unserem Rée das Herzlichste!

Ganz Ihr

F. N.

Tautenburg bei Dornburg
Thüringen.

Meine liebe Freundin,

Nun ist der Himmel über mir hell! Gestern mittags ging es bei mir zu wie als ob Geburtstag wäre: Sie sandten Ihre Zusage, das schönste Geschenk, das mir jetzt jemand hätte machen können – meine Schwester sandte mir Kirschen, Teubner sandte die drei ersten Druckbogen der »Fröhlichen Wissenschaft«; und zu alledem war gerade der allerletzte Teil des Manuskriptes fertig geworden und damit das Werk von sechs Jahren (1876–1882), meine ganze »Freigeisterei«! O welche Jahre! Welche Qualen aller Art, welche Vereinsamungen und Lebens-Überdrüsse! Und gegen alles das, gleichsam gegen Tod und Leben, habe ich mir diese meine Arznei gebraut, diese meine Gedanken mit ihrem kleinen, kleinen Streifen unbewölkten Himmels über sich: – o liebe Freundin, so oft ich an das alles denke, bin ich erschüttert und gerührt und weiß nicht, wie das doch hat gelingen können: Selbst-Mitleid und das Gefühl des Sieges erfüllen mich ganz. Denn es ist ein Sieg, und ein vollständiger – denn sogar meine Gesundheit des Leibes ist wieder, ich weiß nicht woher, zum Vorschein gekommen, und jedermann sagt mir, ich sähe jünger aus als je. Der Himmel behüte mich vor Torheiten! – aber von jetzt ab, wo Sie mich beraten werden, werde ich gut beraten sein und brauche mich nicht zu fürchten. –

Was den Winter betrifft, so habe ich ernstlich und ausschließlich an Wien gedacht: die Winterpläne meiner Schwester sind ganz unabhängig von den meinigen, es gibt dabei keine Nebengedanken. Der Süden Europas ist mir jetzt aus dem Sinn gerückt. Ich will nicht mehr einsam sein und wieder lernen, Mensch zu werden. Ah, an diesem Pensum habe ich fast alles noch zu lernen! –

Nehmen Sie meinen Dank, liebe Freundin! Es wird alles gut, wie Sie es gesagt haben.

Unserem Rée das Herzlichste!

Gez. Ihr F.N.

Tautenburg bei Dornburg (Thüringen)

Mit solchen Gefühlen von Selbstmitleid und Selbstbewunderung blickte Nietzsche auf die Geistesperiode zurück, vor welcher wir nunmehr stehen. Wir sehen: das Charakteristische sind von vornherein die Kämpfe und Wunden, die es ihn kostete, sich die neue Weltanschauung anzueignen; es ist das tiefe Erkranken an ihr, aus dem er sich alsdann seine neue Gesundheit schuf. Seine Originalität musste sich daher zunächst viel weniger in den Einsichten und Theorien selbst aussprechen, die sich ihm damals erschlossen, als vielmehr in der Kraft, mit der er sich vom alten Ideal losriss, um sie erfassen zu können. Er gelangte eben nicht wie die Meisten zum Bewusstsein erhöhter Selbständigkeit und eigenster Geistestätigkeit auf Grund einer intellektuellen Entwicklung, die uns gleichgültig und kalt stimmt gegenüber den verlassenen unreiferen Gedanken. Er gelangte dazu nur durch eine gewaltsame Empörung gegen das Ehemalige, wobei die intellektuellen Gründe den Gesinnungswechsel weniger bedingten als begleiteten. Daher sehen wir anfänglich immer, dass Nietzsche die neuen Gedanken in einer gewissen Unselbständigkeit so hinnimmt, wie er sie gerade vorfindet, – dass er sie zunächst wieder kritiklos empfängt; denn seine ganze Kraft ist inzwischen vollständig in Anspruch genommen von den allerinnerlichsten Erlebnissen, und die neuen Theorien als solche bilden, – um einen Lieblingsausdruck von Nietzsche zu gebrauchen, – nur eine vorläufige »Vordergrundsphilosophie«, während im verborgenen Hintergründe, den Kämpfen des Seelenlebens, sich der eigentlich entscheidende Prozess abspielt.

Je fester er mit dem Alten verwachsen ist, je gewaltsamer der Sprung ins Neue eine vollständige Entwurzelung aus dem heimischen Geistesboden verlangt, desto tiefer ist die innere Bedeutung der Wandlung. So kann man in gewissem Sinne sagen, dass gerade die scheinbare innere Unselbständigkeit, mit welcher Nietzsche sich einer fremden Denkweise vorläufig hingibt, eine Kraft heroischster Selbständigkeit verbürgt. Während die teuersten Gedanken ihn heimlocken, überlässt er sich wehrlos Gedankenkreisen, denen gegenüber er sich noch als Fremdling, ja insgeheim noch als Gegner fühlt, – aber mit jenem schönen Wort im Herzen: »Ein Sieg und eine eroberte Schanze sind nicht mehr deine Angelegenheit, sondern die der Wahrheit, – aber auch deine Niederlage ist nicht mehr deine

Angelegenheit.« (Morgenröte 370 »Inwiefern der Denker seinen Feind liebt.«)

Man muss dies im Auge behalten, wenn man Nietzsches unvermitteltem Gesinnungswechsel gerecht werden und die Entstehung seines positivistischen Erstlingswerkes begreifen will, – dieses Werkes, welches so überraschend und unerwartet seinem Geiste entsprang. Erst im Jahre 1876 war die letzte der »Unzeitgemäßen Betrachtungen«, das in überströmender Begeisterung geschriebene Büchlein »Richard Wagner in Bayreuth«, erschienen, und schon in dem Winter 1876/1877 entstand die erste seiner Aphorismensammlungen: Menschliches, Allzumenschliches. Ein Buch für freie Geister. (Dem Andenken Voltaire's geweiht zur Gedächtnisfeier seines Todestages, des 30. Mai 1778) nebst einem Anhang: Vermischte Meinungen und Sprüche. (Verlag von Ernst Schmeitzner, Chemnitz, 1878.) Von keinem Buche gilt mit größerem Recht das Wort, das er über die Werke dieser Periode schrieb: »Meine Schriften reden nur von meinen Überwindungen: ich bin darin, mit allem, was mir feind war. – – – Einsam nunmehr, – – nahm ich – – Partei gegen mich und für alles, was gerade mir wehe tat und hart fiel«. (Einführende Vorrede zur Neuen Ausgabe von Menschliches, Allzumenschliches II, VIII.) Jenes Werk spiegelt den damaligen Zustand seines Geistes so deutlich wieder, dass es zwei völlig voneinander verschiedene Bestandteile zu enthalten scheint: einerseits den noch unselbständigen Positivisten Nietzsche, der uns in den neu übernommenen Theorien fast nichts Eigenes gibt, sondern uns nur darüber orientiert, wo er sich jetzt befindet, – in welche neue »Haut« er sich fast passiv hat kleiden lassen; andererseits den Kämpfer und Dulder Nietzsche, der sich entschlossen von den ehemaligen Idealen losringt und uns in diesem Kampfe eine ergreifende Fülle des originalsten Gedankenlebens durch die Inbrunst offenbart, mit welcher er sich gegen sein eigenes altes Selbst wehrt und sich selbst verwundet. Hieraus erklärt sich auch die Leidenschaftlichkeit und Rücksichtslosigkeit der Angriffe, die er gegen Wagner und dessen Ansichten richtet. Niemand ist weniger fähig zu ruhig abwägender Gerechtigkeit als der, welcher seinen Überzeugungswechsel gerade vollzieht, – und dies nicht aus rein intellektuellen Gründen, sondern selber aus der Tiefe des »Menschlichen, Allzumenschlichen« seiner eigenen Natur heraus. Keinen Gedanken schleudern wir so weit, so heftig von uns fort, als denjenigen, von dem wir uns soeben erst in schmerzlichem Widerstreit getrennt haben, und vor dem wir noch verletzt und erschüttert, voll geheimer Wunden, die unser Stolz verbirgt, dastehen: es ist Hass darin als ein Nachklang unvergesslicher Liebe.

Durchaus bezeichnend für das Jähe und Innerliche der Wandlung Nietzsches ist es, dass sie auch diesmal ihren Ausgang von einem persönlichen Verhältnis« nahm. Wie der bitterste Stachel im Kampf gegen das alte Erkenntnisideal ein Freundschaftsbruch war, so verkörperte sich für Nietzsche auch der neue Erkenntnistypus wiederum in einer Persönlichkeit, je leidensvoller die Einsamkeit, in welche der Freundschaftsbruch ihn zurückwarf, desto mehr Innigkeit gewann Nietzsches Beziehung zu Paul Rée, denn »für einen solchen Einsamen ist der Freund ein köstlicherer Gedanke als für die Vielsamen,« wie er Rée einmal schreibt. (31. Oktober 1880, aus Italien.)

War sein Verhältnis zu Richard Wagner durch die Ausschließlichkeit gekennzeichnet, mit der Nietzsche in ihm aufging und zu ihm aufsah: durch seine Jüngerschaft, – so bildet sein Freundschaftsbund mit Rée mehr eine geistige Genossenschaft, die selbst dadurch nicht behindert wurde, dass die Freunde fern voneinander lebten, und Rée nur zeitweise seinen Wohnsitz in Westpreußen verlassen konnte, um mit Nietzsche an verschiedenen Orten zusammenzutreffen. Schon am 19. November 1877 klagt Nietzsche von Basel aus, wo er noch im Kreise von Gesinnungsgenossen lebte, über diese Entfernung, welche ihn, infolge einer Erkrankung Rées, für längere Zeit vom Freunde getrennt hielt:

»Möge ich bald von Ihnen, mein Freund, hören, dass die bösen Krankheitsgeister ganz von Ihnen gewichen sind; dann bliebe mir für Ihr neues Lebensjahr nichts zu wünschen übrig, als dass Sie bleiben, der Sie sind und dass Sie mir bleiben, der Sie im letzten Jahre waren, – – – – – – – – – ich muss Ihnen doch sagen, dass ich in meinem Leben noch nicht so viel Annehmlichkeiten von der Freundschaft gehabt habe, wie durch Sie in diesem Jahre, gar nicht von dem zu reden, was ich von Ihnen gelernt habe. Wenn ich von Ihren Studien höre, so wässert mir immer der Mund nach Ihrem Umgange; wir sind geschaffen dafür, uns gut zu verständigen, ich glaube, wir finden uns immer auf dem halben Wege schon, wie gute Nachbarn, die immer zur gleichen Zeit den Einfall haben, sich zu besuchen, und sich auf der Grenze ihrer Besitzungen einander entgegenzukommen. Vielleicht steht es ein wenig mehr in Ihrer Gewalt, als in meiner, die große räumliche Entfernung – – – – zu überwinden; darf ich in dieser Beziehung für das neue Jahr hoffen? Ich selber bin gar zu elend und gebrechlich daran, als dass ich nicht um die beste Freude, die es gibt, bitten dürfte, selbst wenn die Bitte unbescheiden ist – ein gutes Gespräch unter uns über menschliche Dinge, ein persönliches Gespräch, nicht ein briefliches, zu dem ich immer untauglicher werde.« – – – – –

Je mehr Nietzsches körperliches Leiden ihn in die Einsamkeit zwang, je einsiedlerischer, fern von allen Menschen, er leben musste, um dieses Leiden ertragen zu können, desto sehnsüchtiger verlangt er nach dem Freunde, der seine Einsamkeit zur »Zweisamkeit« machen solle: »Zehnmal täglich wünsche ich bei Ihnen, mit Ihnen zu sein.« (Brief aus Basel, Dezember 1878.) »Immer knüpfe ich im Geist meine Zukunft mit der Ihrigen zusammen.« (Aus Genf, Mai 1879.) »Viele Wünsche habe ich aufgeben müssen, aber noch niemals den, mit Ihnen zusammenzuleben, – mein »Garten Epikurs.«« (Aus Naumburg, den letzten Oktober 1879.)

Die heftigen Schmerzen und Anfälle, unter denen Nietzsche litt, weckten damals Todesgedanken in ihm, und diese geben einem jeden Wiedersehen eine besonders tiefempfundene Bedeutung. »Wie viel Freude haben Sie mir gemacht, mein lieber, außerordentlich lieber Freund!« ruft er nach einem solchen aus. »Also ich habe Sie noch einmal gesehen und so gefunden, wie mein Herz mir die Erinnerung bewahrt hatte; wie ein beständiger, angenehmer Rausch wars, diese Tage hindurch. Ich gestehe Ihnen, ich hoffe nicht mehr auf ein Wiedersehn, die Erschütterung meiner Gesundheit ist zu tief, die Qual zu anhaltend, was nützt mir alle Selbstüberwindung und Geduld! Ja, in Sorrentiner Zeiten gab es noch zu hoffen, aber das ist vorbei. So preise ich denn, Sie gehabt zu haben, mein herzlich geliebter Freund.« – – –

Die beiden Freunde gelangten in diesen Jahren zu um so übereinstimmenderen Ansichten, als ihre Studien vielfach gemeinsame waren. Rée vermittelte Nietzsche meistens die Bücher, deren er bedurfte, las dem Augenleidenden vor und lebte mit ihm in einem ständigen, teils brieflichen, teils persönlichen Verkehr und Gedankenaustausch.

»Mein geliebter Freund!« schreibt Nietzsche nach einer etwas länger währenden Trennung, »Für unser Zusammensein, – falls ich dieses Glück doch noch erleben sollte, ist viel in mir präpariert. Auch ein Kistchen Bücher steht für jenen Augenblick bereit, Réealia betitelt, es sind gute Sachen darunter, über die Sie sich freuen werden. Können Sie mir ein lehrreiches Buch, womöglich englischer Abkunft[22], aber ins Deutsche übersetzt und mit mit gutem, großem Druck zusenden? – Ich lebe ganz ohne Bücher, als Sieben-Achtel-Blinder, aber ich nehme gern die verbotene Frucht aus Ihrer Hand. – Es lebe das Gewissen, weil es nun eine Historie haben wird und mein Freund an ihm zum Historiker geworden ist! Glück und Heil auf Ihren Wegen. Von Herzen Ihnen nahe

Ihr

Friedrich Nietzsche.

So schreibt er dem Freunde immer wieder, in verschiedenen Wendungen: »Bei allem Guten, das Sie tun oder vorhaben, wird auch für mich der Tisch gedeckt und mein Appetit ist sehr lebendig nach Réealismus, das wissen Sie!«

So wurde denn der Réealismus die ursprüngliche Form, in der Nietzsche den philosophischen Realismus in sich aufnahm und den alten Idealismus begrub. Schon das anonym erschienene kleine Erstlingswerk Rées (Berlin, Carl Duncker, 1875), dessen »Psychologische Beobachtungen« – Sentenzen im Geist und Stil La Rochefoucaulds – schätzte Nietzsche nicht nur, sondern er überschätzte es sogar, wie ein noch jetzt erhaltener Brief an den Verfasser bekundet. Rées Lieblingsautoren wurden nun auch die seinigen; die französischen Aphoristiker, die La Rochefoucauld, La Bruyere, Vauvenargues,

---

22 Nietzsche lebte damals in einer Bewunderung der englischen Gelehrten und Philosophen, die später in ihr Gegenteil umschlug: In Menschliches, Allzumenschliches II 184 nennt er sie noch die »ganzen, vollen und füllenden Naturen«, und in seinem Brief an Rée nennt er die englischen Philosophen der Gegenwart, »den einzig gut philosophioschen Umgang, den es jetzt gibt«. Dementsprechend ist das Einzige, was er in dieser Periode an seinem ehemaligen Meister Schopenhauer noch hochschätzt: »sein harter Tatsachen-Sinn, sein guter Wille zu Helligkeit und Vernunft, der ihn oft so englisch – – erscheinen lässt.« (Fröhliche Wissenschaft 99.)

Chamfort, beeinflussten um diese Zeit außerordentlich Nietzsches Stil und Denken. Von den philosophischen Schriftstellern Frankreichs bevorzugte er mit Rée Pascal und Voltaire, von den Novellisten Stendhal und Mérimée. Von ungleich tieferer Bedeutung war jedoch für ihn Rées zweites Werk »Der Ursprung der moralischen Empfindungen« (Chemnitz, Ernst Schmeitzner, 1877)[23], das für die nächste Zeit gewissermaßen Nietzsches positivistisches Glaubensbekenntnis bildete. Dadurch wurde er zu den englischen Positivisten geführt, an die Rée sich angeschlossen hatte, und die auch Nietzsche bald allen ähnlichen deutschen Werken vorzog. Die Hauptanziehungskraft, die der Positivismus auf ihn ausübte, lag vornehmlich in der Beantwortung jener einen Frage, die Rée in seinem Buch behandelte, der Frage nach der Entstehung des moralischen Phänomens. Für Rée fiel sie zusammen mit der Frage nach den Gründen der Sanktion altruistischer Empfindungen; seine Untersuchungen richteten sich hauptsächlich gegen die ethischen Systeme der bisherigen Metaphysik. Da nun die Ethik Wagners und Schopenhauers auf dem Altruismus und dessen metaphysischem Gefühlswert fußt, so musste Nietzsche gerade in Rées Buch die geeignetsten Waffen zu seinem Kampf gegen die verlassene Weltanschauung finden. »Der Ursprung der moralischen Empfindungen« wurde der eigentliche Gegenstand seiner Forschung, und man kann sein Erstlingswerk kurz als den Versuch bezeichnen, zur vollen Einsicht in die Nichtigkeit seiner ehemaligen Ideale zu gelangen durch die Einsicht in ihre Entstehungsgeschichte. Auf diesem Wege wird sein gesummtes Philosophieren zu einer Analyse und Geschichte menschlicher Vorurteile und Irrtümer; der Metaphysiker wird zum Psychologen und Historiker und stellt sich auf den Boden eines nüchternen und konsequenten Positivismus. Er schloß sich aufs Engste der englischen positivistischen Schule an in ihrer bekannten Zurückführung der moralischen Werturteile und Phänomene auf den Nutzen, die Gewohnheit und das Vergessen der ursprünglichen Nützlichkeitsgründe; es bedarf daher keiner besonderen Erläuterung seiner Theorien: es genügt auf die Richtung hinzuweisen, welcher er sie entnahm. Man vergleiche Stellen wie die folgende in »Menschliches, Allzumenschliches«: »Die Geschichte der – – – moralischen

23 Erwähnt wird es von Nietzsche in »Menschliches, Allzumenschliches« I 37.

Empfindungen verläuft in folgenden Hauptphasen. Zuerst nennt man einzelne Handlungen gut oder böse ohne alle Rücksicht auf deren Motive, sondern allein der nützlichen oder schädlichen Folgen wegen. Bald aber vergisst man die Herkunft dieser Bezeichnungen und wähnt, dass den Handlungen an sich, ohne Rücksicht auf deren Folgen, die Eigenschaft »gut« oder »böse« innewohne.« (I 39). »Wie wenig moralisch sähe die Welt ohne die Vergesslichkeit aus! Ein Dichter könnte sagen, dass Gott die Vergesslichkeit als Türhüterin an die Tempelschwelle der Menschenwürde hingelagert habe.« (I 92). Den Weg, auf dem die sogenannte Moralität der Handlungen entstanden ist, kann man mit den Worten bezeichnen:« – jetzt aus Gewohnheit, Vererbung und Anerziehung, ursprünglich, weil (es) – nützlicher und ehrebringender ist.« (II 26). Ferner, Der Wanderer und sein Schatten (40): »Die Bedeutung des Vergessens in der moralischen Empfindung: Die selben Handlungen, welche innerhalb der ursprünglichen Gesellschaft zuerst die Absicht auf gemeinsamen Nutzen eingab, sind später von anderen Generationen auf andere Motive hin getan worden: aus Furcht oder Ehrfurcht vor denen, die sie forderten und anempfahlen, oder aus Gewohnheit, weil man sie von Kindheit an um sich hatte tun sehen, oder aus Wohlwollen, weil ihre Ausübung überall Freude und zustimmende Gesichter schuf, oder aus Eitelkeit, weil sie gelobt wurden. Solche Handlungen, an denen das Grundmotiv, das der Nützlichkeit, vergessen worden ist, heißen dann moralische.« »Der Inhalt unseres Gewissens ist alles, was in den Jahren der Kindheit von uns ohne Grund regelmäßig gefordert wurde« (52), indem dem einzelnen Menschen das, was in der Geschichte der Menschheit in der bezeichneten Weise entstanden ist, überliefert wird als eine Summe religiös sanktionierter und festgeprägter Pflichtbegriffe. »Die Sitte repräsentiert die Erfahrungen früherer Menschen über das vermeintlich Nützliche und Schädliche, – aber das Gefühl für die Sitte (Sittlichkeit) bezieht sich nicht auf jene Erfahrungen als solche, sondern auf das Alter, die Heiligkeit, die Indiskutabilität der Sitte.« (Morgenröte 19).

So zieht sich durch das ganze Werk hindurch, was schon der Titel charakteristisch andeutet: die Gedankenarbeit der Zerstörung, die rücksichtslose Bloßlegung der »Allzumenschlichkeit« dessen, was bisher heilig, ewig, übermenschlich hieß. Um zu sehen, mit welcher schroffen Einseitigkeit und Übertreibung sich Nietzsche hier gegen sich selbst wandte, lohnt es die Mühe, seinen nunmehrigen Anschauungen in Bezug auf diejenigen vier Punkte nachzugehen, die in seiner vorhergehenden philosophischen Periode eine entgegengesetzte Deutung erfahren hatten: in Bezug auf die Bedeutung des »Dionysischen«, des »Dekadenz- Begriffs«, des »Unzeitgemäßen«, und des »Geniekultus«. An Stelle des Dionysos steht hier der früher so viel geschmähte Sokrates als Schirmherr und Tempelhüter des neuen Wahrheitstempels da. »Wenn alles gut geht, wird die Zeit kommen, da man, um sich sittlich-vernünftig zu fördern, lieber die Memorabilien des Sokrates in die Hand nimmt, als die Bibel, und wo Montaigne und Horaz als Vorläufer und Wegweiser zum Verständnis des einfachsten und unvergänglichsten Mittler-Weisen, des Sokrates, benutzt werden. Zu ihm führen die Straßen der verschiedensten philosophischen Lebensweisen zurück, welche im Grunde die Lebensweisen der verschiedenen Temperamente sind, festgestellt durch Vernunft und Gewohnheit und allesamt mit ihrer Spitze hin nach der Freude am Leben und am eigenen Selbst gerichtet – – –.« (Der Wanderer und sein Schatten 86). Dieser Sieg des Sokratischen, der Vernunft und weisen Leidenschaftslosigkeit, über das Dionysische, über die Affektsteigerung und den selbstvergessenen Lebensrausch, gipfelt in dem Satz, dass »der wissenschaftliche Mensch die Weiterentwickelung des künstlerischen« (Menschliches, Allzumenschliches I 222), und alles dessen sei, was auf dem Rausch anstatt auf der Einsicht beruht, denn: »an sich ist – – der Künstler schon ein zurückbleibendes Wesen.« (Menschliches, Allzumenschliches I 159). Daher bedeutete für Griechenland das Aufkommen des sokratischen Geistes einen ungeheuren Fortschritt. »Die Formen aus der Fremde entlehnen, nicht schaffen, aber zum schönsten Schein umbilden – das ist griechisch: nachahmen, nicht zum Gebrauch, sondern zur künstlerischen Täuschung, – – – ordnen, verschönern, verflachen – so geht es fort von Homer bis zu den Sophisten des dritten und vierten Jahrhunderts der neuen Zeitrechnung, welche ganz Außenseite, pomphaftes Wort, begeisterte Gebärde sind und sich an lauter ausgehöhlte, schein-, klang- und effektlüsterne Seelen wenden. – Und nun würdige man die Größe jener Ausnahme-Griechen, welche die Wissenschaft schufen. Wer von ihnen erzählt, erzählt die heldenhafteste Geschichte des menschlichen Geistes!« (Menschliches, Allzumenschliches II 221; Vergleiche auch Morgenröte 544 über das damalige »Jauchzen über die neue Erfindung des vernünftigen Denkens.«) Die Abkunft alles Gefühlsmäßigen von Urteilen und ursprünglichen Gedankenschlüssen wird deshalb denen entgegengestellt, die dem Affektleben als dem höchsten Leben das Wort reden. »– Gefühle sind nichts Letztes, Ursprüngliches, hinter den Gefühlen stehen Urteile und Wertschätzungen, welche in der Form von Gefühlen – – uns vererbt sind. Die Inspiration, die aus dem Gefühle stammt, ist das Enkelkind eines Urteils – und oft eines falschen! – und jedenfalls nicht deines eigenen! Seinem Gefühle vertrauen – das heißt seinem Großvater und seiner Großmutter und deren Großeltern mehr gehorchen als den Göttern, die in uns sind: unserer Vernunft und unserer Erfahrung.« (Morgenröte 35). Die »edlen Schwärmer«, welche die Unterordnung des Fühlens unter das vernünftige Denken zu verhindern suchen, verführen dadurch zu einer »Lasterhaftigkeit des Intellektes.» (Morgenröte 543). »Diesen schwärmerischen Trunkenbolden verdankt die Menschheit viel Übles: – – – Zu alledem pflanzen jene Schwärmer mit allen ihren Kräften den Glauben an den Rausch als an das Leben im Leben: einen furchtbaren Glauben! Wie die Wilden jetzt schnell durch das »Feuerwasser« verdorben werden und zu Grunde gehen, so ist die Menschheit – – – langsam und gründlich durch die geistigen Feuerwässer trunken machender Gefühle – – – verdorben worden: – – –« (Morgenröte 50). »– – – daran denken sie nicht, dass die Erkenntnis auch der hässlichsten Wirklichkeit schön ist, – – – Das Glück der Erkennenden mehrt die Schönheit der Welt – – –; – – zwei so grundverschiedene Menschen, wie Plato und Aristoteles, kamen in dem überein, was das höchste Glück ausmache, – –: sie fanden es im Erkennen, in der Tätigkeit eines wohlgeübten findenden und erfindenden Verstandes (nicht etwa in der »Intuition,« – – nicht in der Vision, – – und ebenfalls nicht im Schaffen, –) –!« (Morgenröte 550). Damit fällt der bisherige Genie-Kultus[24]: »Ach, um den wohlfeilen Ruhm des »Genie's«! Wie schnell ist sein Thron errichtet, seine Anbetung zum Brauch geworden! Immer noch liegt

24 Vergleiche Menschliches, Allzumenschliches die Aphorismen über »Kultus des Genius' aus Eitelkeit« (162) und »Gefahr und Gewinn im Kultus des Genius'.« (164).

man vor der Kraft auf den Knien – nach alter Sklaven-Gewohnheit – und doch ist, wenn der Grad von Verehrungswürdigkeit festgestellt werden soll, nur der Grad der Vernunft in der Kraft entscheidend. (Morgenröte 548). – Es ist die Zeit angebrochen für die strengen und schlichten Geister, die übermäßige Verherrlichung der künstlerischen Genialität steht der »fortschreitenden Vermännlichung der Menschheit« entgegen. (Menschliches, Allzumenschliches I 147). Scheinbar kämpft das Genie wohl für »die höhere Würde und Bedeutung des Menschen«, es »will sich die glänzenden, tiefsinnigen Deutungen des Lebens durchaus nicht nehmen lassen und wehrt sich gegen nüchterne, schlichte Methoden und Resultate«, anstatt zurückzutreten gegenüber der höherstehenden »wissenschaftlichen Hingebung an das Wahre in jeder Gestalt, erscheine diese auch noch so schlicht«. (Menschliches, Allzumenschliches I 146). Wenn man die sogenannte »Inspiration« untersucht, so zeigt sich, dass nicht so sehr das Wunder einer zeugenden Phantasie, sondern ebenfalls nur die »Urteilskraft« sichtend, ordnend, wählend, das Kunstwerk erzeugt, – »wie man jetzt aus den Notizbüchern Beethoven's ersieht, dass er die herrlichsten Melodien allmählich zusammengetragen und aus vielfachen Ansätzen gewissermaßen ausgelesen hat. – – – – – die künstlerische Improvisation steht tief im Verhältnis zum ernst und mühevoll erlesenen Kunstgedanken«. (Menschliches, Allzumenschliches I 155) Daher ist Genie in viel höherem Grade erlernbar, als meist angenommen wird: »Redet nur nicht von Begabung, angeborenen Talenten! Es sind große Männer aller Art zu nennen, welche wenig begabt waren. Aber sie bekamen Größe, wurden »Genie's«, – – –: sie hatten alle jenen tüchtigen Handwerker-Ernst, welcher erst lernt, die Teile vollkommen zu bilden, bis er es wagt, ein großes Ganzes zu machen; sie gaben sich Zeit dazu, weil sie mehr Lust am Gutmachen des Kleinen, Nebensächlichen hatten, als an dem Effekte eines blendenden Ganzen.« (Menschliches, Allzumenschliches I 163). Der Drang, das Wunder der Genialität zu erklären und herabzusetzen, ist hier, wo es in Nietzsches Gedanken dem Wagner-Wunder gilt, ebenso stark, wie später, in seiner letzten Geistesperiode, der Drang, dem Genie – diesmal dem eigenen Genie – das Wort zu sprechen und es auf das höchste zu glorifizieren. Hier erscheint ihm sogar jede wahrhafte Größe als ein Verhängnis, weil sie »viele schwächere Kräfte und Keime zu erdrücken« sucht, während es nur gerecht und wünschenswert sei, dass nicht nur einzelne Große leben, sondern dass ebenfalls den »schwächeren und zarteren Naturen auch Luft und Licht gegönnt« (Menschliches, Allzumenschliches I 158) werde. »Das Vorurteil zu Gunsten der Größe: Die Menschen überschätzen ersichtlich alles Große und Hervorstechende. – – – Die extremen Naturen erregen viel zu sehr die Aufmerksamkeit; aber es ist auch eine viel geringere Kultur nötig, um von ihnen sich fesseln zu lassen.« (Menschliches, Allzumenschliches I 260).

Er findet nicht Worte genug, um den Hochmut derer zu geißeln, die sich von der Allgemeinheit ausgenommen wissen wollen: »es ist Phantasterei, von sich zu glauben, dass man eine Meile Wegs voraus sei und dass die gesamte Menschheit unsere Straße ziehe. – – – Man soll der hochmütigen Vereinsamung nicht so leicht das Wort reden« (Menschliches, Allzumenschliches I 375). Denn diese Phantasterei beruht meistens auf einer eitlen Selbsttäuschung über die Motive unseres Tuns und Lassens; der wahre Denker weiß, dass eine so starke Betonung der Rangunterschiede unter den Menschen unberechtigt ist, und dass das Menschliche, selbst in seinen edelsten und höchsten Regungen, noch ein »Allzumenschliches« bleibt. Kraft dieser Einsicht ist er imstande, sich mit allen übrigen auf eine Stufe zu stellen und sich gerade dadurch denkend über sein eigenes unzulängliches Wesen zu erheben. »Vielleicht, dass es eine Zukunft gibt, wo dieser Mut des Denkens so angewachsen sein wird, dass er als der äußerste Hochmut sich über den Menschen und Dingen fühlt, – wo der Weise als der am meisten Mutige sich selber und das Dasein am meisten unter sich sieht?« (Morgenröte 551). Deshalb besitzt der Weise die Neigung, die menschlichen Handlungen auf ihre Allzumenschlichkeit zu prüfen: »Man wird selten irren, wenn man extreme Handlungen auf Eitelkeit, mittelmäßige auf Gewöhnung und kleinliche auf Furcht zurückführt.« (Menschliches, Allzumenschliches I 74). Die Bedeutung der Eitelkeit als eines Hauptmotivs der menschlichen Handlungen wird immer neu betont und erwogen, – wie ihr auch in Rées Buch ein besonderes Kapitel gewidmet war. »Wer die Eitelkeit bei sich leugnet, besitzt sie gewöhnlich in so brutaler Form, dass er instinktiv vor ihr das Auge schließt, um sich nicht verachten zu müssen.« (Menschliches, Allzumenschliches II 38). »Wie arm wäre der menschliche Geist ohne die Eitelkeit!« (Menschliches, Allzumenschliches I 79). Die Eitelkeit, das »menschliche Ding an sich.« (Menschliches, Allzumenschliches II 4(5). Die ärgste Pest könnte der Menschheit nicht so schaden, als wenn eines Tages die Eitelkeit aus ihr entschwände.« (Der Wanderer und sein Schatten 285). Denn auch das, was wir uns gewöhnt haben, für Kraftgefühl und Machtbewusstsein inneren höchsten Wertes anzusehen, ist meistens nur ein Ausfluss der Eitelkeit, sich hervorzutun. Der Mensch will für mehr gelten, als er eigentlich seiner Kraft nach zu gelten berechtigt ist. »Er merkt zeitig, dass nicht das, was er ist, sondern das, was er gilt, ihn trägt oder niederwirft: hier ist der Ursprung der Eitelkeit.« (Der Wanderer und sein Schatten 181. »Die Eitelkeit als die große Nützlichkeit.«), – wo Nietzsche den Mächtigen gleichsetzt mit dem Eitlen, Listigen, Klugen, der die eigene Furchtsamkeit und Wehrlosigkeit dadurch verbirgt, dass er sich Ansehen verschafft. Die einschlägigen Aussprüche stehen im schärfsten Gegensatz zu seiner spätem Anschauung der Sklaven- und Herrennaturen, sowie der ursprünglichen Gemeinwesen. (Vergl. auch den Aphorismus »Eitelkeit als Nachtrieb des ungesellschaftlichen Zustandes« in Der Wanderer und sein Schatten 31.) Die Eitelkeit schwindet in dem Maße, als sich der höher stehende Mensch der Gleichheit oder doch der Ähnlichkeit menschlicher Motive bewusst wird und sich selbst in der ihn allen Anderen gleichstellenden »Allzumenschlichkeit« seiner Triebe erkennt.

Der einzige wahrhaft wertbestimmende Unterschied zwischen den Menschen liegt ausschließlich in der Art und dem Grade ihres intellektuellen Vermögens; die Menschen veredeln heißt demnach nichts anderes, als Einsicht unter sie tragen. Selbst das, was vom moralischen Standpunkt aus als böse bezeichnet wird, erweist sich meistens als bedingt durch geistige Verkümmerung und Verrohung. »Viele Handlungen werden böse genannt und sind nur dumm, weil der Grad der Intelligenz, welcher sich für sie entschied, sehr niedrig war.« (Menschliches, Allzumenschliches I 107). Die Unfähigkeit, den Schaden oder das Weh, welches man anderen zufügt, richtig zu taxieren, lässt den sogenannten Verbrecher, den in seiner Geistesentwickelung Zurückgebliebenen, als besonders grausam und herzlos erscheinen. »Ob der Einzelne den Kampf um das Leben so kämpft, dass die Menschen ihn gut, oder so, dass sie ihn böse nennen, darüber entscheidet das Maß und die Beschaffenheit seines Intellekts.« (Menschliches, Allzumenschliches I 104). »Die Menschen, welche jetzt grausam sind, müssen uns als Stufen früherer Kulturen gelten, – – –. Es sind zurückgebliebene Menschen, deren Gehirn, durch alle möglichen Zufälle im Verlaufe der Vererbung, nicht so zart und vielseitig fortgebildet worden ist.« (Menschliches, Allzumenschliches I 43). Es sind die Menschen des Niedergangs. Je vorgeschrittener aber ein Mensch, desto mehr verfeinert, mildert, ja verdünnt sich gewissermaßen die rohe Instinktkraft der ursprünglichen Leidenschaften, aus der noch die Handlungen des Zurückgebliebenen quellen. – »Gute Handlungen sind sublimierte böse; böse Handlungen sind vergröberte, verdummte, gute. – – – Die Grade der Urteilsfähigkeit entscheiden, wohin jemand sich – – hinziehen lässt. – – – Ja, in einem bestimmten Sinne sind auch jetzt noch alle Handlungen dumm, denn der höchste Grad von menschlicher Intelligenz – – – wird sicherlich noch überboten werden: und dann – – – wird der erste Versuch gemacht, ob die Menschheit aus einer moralischen sich in eine weise Menschheit umwandeln könne«. (Menschliches, Allzumenschliches I 107). Ihr Merkzeichen aber wird sein, dass in den Menschen »der gewalttätige Instinkt schwächer«, »die Gerechtigkeit in allen größer« wird, »Gewalt und Sklaverei« aufhört. (Menschliches, Allzumenschliches I 452). Beneidenswert sind diejenigen, in denen sich durch generationenlange Gewöhnung ein milder, mitleidsvoller und liebevoller Sinn vererbt hat: »Die Herkunft von guten Ahnen macht den echten Geburtsadel aus; eine einzige Unterbrechung in jener Kette, ein böser Vorfahr also hebt den Geburtsadel auf. Man soll jeden, welcher von seinem Adel redet, fragen: hast du keinen gewalttätigen, habsüchtigen, ausschweifenden, boshaften, grausamen Menschen unter deinen Vorfahren? Kann er darauf in gutem Wissen und Gewissen mit Nein antworten, so bewerbe man sich um seine Freundschaft. (Menschliches, Allzumenschliches I 456). »Das beste Mittel, jeden Tag gut zu beginnen, ist: beim Erwachen daran zu denken, ob man nicht wenigstens einem Menschen an diesem Tage eine Freude machen könne. Wenn dies als ein Ersatz für die religiöse Gewöhnung gelten dürfte, so hätten die Menschen einen Vorteil bei dieser Änderung.« Und diese Verherrlichung der zarten und mitleidigen Regungen auf Kosten nicht müder brutalen Roheit, sondern auch der begeisterten Leidenschaft des religiösen oder künstlerischen Rausches klingt aus in der schönen Begründung der Religionslosigkeit: Es ist nicht genug Liebe und Güte, in der Welt, um noch davon an eingebildete Wesen wegschenken zu dürfen.« (Menschliches, Allzumenschlichen I 129).[25]

Wir werden später sehen, wie stark sich Nietzsches letzte Philosophie gegen diese Auffassung der Mitleids-Moral und der Abschwächung des Instinktlebens richtet, und wie ihm nur derjenige der höchststehende Mensch heißen wird, der die ganze Fülle der leidenschaftlichen Triebe und Instinkte in sich birgt, – also der »böse« Mensch. Noch ist ihm aber außerhalb der Güte und Selbstlosigkeit kein Menschenwert denkbar, weil nur diese die Überwindung der tierischen Vergangenheit darstellen.

Deshalb sollte man den Weisen allein zugleich gut nennen, nicht weil er andersgeartet ist als der Unweise, sondern weil die ursprüngliche menschliche Beschaffenheit in ihm vergeistigt und dadurch »die Wildheit in seinen Anlagen besänftigt« worden ist (Menschliches, Allzumenschliches I 56). »Die volle Entschiedenheit des Denkens und Forschens, also die Freigeisterei, zur Eigenschaft des Charakters geworden, macht im Handeln massig: denn sie schwächt die Begehrlichkeit« (Ebendaselbst 464). »Dabei verschwindet immer mehr – – – die übermäßige Erregbarkeit des Gemütes. Er (der Weise) geht zuletzt wie ein Naturforscher unter Pflanzen, so unter Menschen herum und nimmt sich selber als ein Phänomen wahr, welches nur seinen erkennenden Trieb stark anregt« (Ebendaselbst 254). Alle menschliche Größe beruht auf einer Verfeinerung des Instinktmäßigen; der höchste Mensch entsteht durch das Abstreifen des Tierischen, als ein »Nicht-mehr-Tier«, rein negativ gedacht; er ist als das »dialektische und vernünftige Wesen« das »Über-Tier« (Menschliches, Allzumenschliches I 40), in dem sich »eine neue Gewohnheit,

---

25 Dieser Besitz von »Liebe und Güte« als der heilsamsten Kräuter und Kräfte im Verkehre der Menschen (Menschliches, Allzumenschliches I 48) ist noch mehr wert als die gepriesene große einzelne Aufopferung: noch »mächtiger an der Kultur gebaut«, hat jenes immerwährende freundliche Wohlwollen, das des Lebens »Behagen« schafft. (Menschliches, Allzumenschliches I 49).

die des Begreifens, Nicht-Liebens, Nicht-Hassens, Überschauens« allmählich anpflanzen kann (Ebendaselbst 107).

Ein »Über-Mensch« hingegen, als ein Wesen von positiven neuen und höheren Eigenschaften, galt Nietzsche damals als vollendete Phantasterei und seine Erfindung als der stärkste Beweis menschlicher Eitelkeit. »Es müsste geistigere Geschöpfe geben, als die Menschen sind, bloß um den Humor ganz auszukosten, der darin liegt, dass der Mensch sich für den Zweck des ganzen Weltendaseins ansieht, und die Menschheit sich ernstlich nur mit Aussicht auf eine Welt-Mission zufrieden gibt« (Der Wanderer und sein Schatten 14). »Ehemals suchte man zum Gefühl der Herrlichkeit des Menschen zu kommen, indem man auf seine göttliche Abkunft hinzeigte: dies ist jetzt ein verbotener Weg geworden, denn an seiner Tür steht der Affe, nebst anderem greulichen Getier, und fletscht verständnisvoll die Zähne, wie um zu sagen: nicht weiter in dieser Richtung! So versucht man es jetzt in der entgegengesetzten Richtung: der Weg, wohin die Menschheit geht, soll zum Beweise ihrer Herrlichkeit – – – dienen. Ach, auch damit ist es Nichts! – – – – – Wie hoch die Menschheit sich entwickelt haben möge – und vielleicht wird sie am Ende gar tiefer, als am Anfang stehen! – es gibt für sie keinen Übergang in eine höhere Ordnung, so wenig die Ameise und der Ohrwurm am Ende ihrer »Erdenbahn« zur Gottverwandtschaft und Ewigkeit emporsteigen. Das Werden schleppt das Gewesensein hinter sich her: warum sollte es von diesem ewigen Schauspiele eine Ausnahme – – – geben! Fort mit solchen Sentimentalitäten!« (Morgenröte 49). Vermöchte ein Mensch das Leben ganz zu erkennen, so müsste er »am Werte des Lebens verzweifeln; gelänge es ihm, das Gesamtbewusstsein der Menschheit in sich zu fassen und zu empfinden, er würde mit einem Fluche gegen das Dasein zusammenbrechen, – denn die Menschheit hat im Ganzen keine Ziele, folglich kann der Mensch – – – nicht darin seinen Trost und Halt finden, sondern seine Verzweiflung« (Menschliches, Allzumenschliches I 33). Daher lautet »der erste Grundsatz des neuen Lebens«: »man soll das Leben auf das Sicherste, Beweisbarste hin einrichten: nicht wie bisher auf das Entfernteste, Unbestimmteste, Horizont-Wolkenhafteste hin« (Der Wanderer und sein Schatten 310). Man soll wieder »zum guten Nachbar der nächsten Dinge« (Der Wanderer und sein Schatten 16) werden und, anstatt im »Unzeitgemäßen« der fernsten Vergangenheit und Zukunft zu schwelgen, die höchsten Erkenntnisgedanken der eigenen Zeit in sich verkörpern. Denn es ist der Menschheit nunmehr, an Stelle all jener phantastischen Ziele, »die Erkenntnis der Wahrheit als das einzige ungeheure Ziel (Morgenröte 45) vor Augen zu stellen. »Dem Lichte zu – deine letzte Bewegung; ein Jauchzen der Erkenntnis – dein letzter Laut« (Menschliches, Allzumenschliches I 292). Es ist möglich, dass ein solcher überhandnehmender Intellektualismus ihr Glück und ihre Lebensfähigkeit beeinträchtigt, dass er also in einem gewissen Sinne ein »Dekadenz-Symptom« ist, aber hier deckt sich der Begriff der Dekadenz mit dem der edelsten Größe: »Vielleicht selbst, dass die Menschheit an dieser Leidenschaft der Erkenntnis zu Grunde geht! – – –.Sind die Liebe und der Tod nicht Geschwister? – – wir wollen alle lieber den Untergang der Menschheit, als den Rückgang der Erkenntnis!« (Morgenröte 429). Ein solcher Tragödien-Ausgang der Erkenntnis« (Morgenröte 45) wäre gerechtfertigt, denn für sie ist kein Opfer zu groß: »Fiat veritas, pereat vita!« Dieses Wort fasste damals Nietzsches Erkenntnisideal zusammen, – dasselbe Wort, gegen das er sich noch kurz zuvor mit der größten Erbitterung gewendet hatte, und das er nur wenige Jahre später wieder ebenso heftig bekämpfen sollte, sodass die Umkehrung desselben als die Quintessenz sowohl seiner ursprünglichen als auch seiner späteren Lehre gelten kann. Das Leben wollen um jeden Preis, auch um den Preis der Lebenserkenntnis, – das ist die »neue Lehre«, die Nietzsche später jener Lebensmüdigkeit entgegenstellte, deren Einsicht in der Wertlosigkeit alles Geschaffenen gipfelt: »In der Reife des Lebens und des Verstandes überkommt den Menschen das Gefühl, dass sein Vater Unrecht hatte, ihn zu zeugen« (Menschliches, Allzumenschliches I 386); denn »Jeder Glaube an Wert und Würdigkeit des Lebens beruht auf unreinem Denken« (Ebendaselbst 33).

Verfolgt man Nietzsches Gedanken in dieser Gruppe von Werken, so kann man deutlich herausempfinden, unter welchem inneren Zwange er sie zu immer schrofferen Konsequenzen zuspitzte, und mit welchem Grade von Selbstüberwindung dies jedesmal geschah. Aber gerade infolge des Gegensatzes, in dem diese Erkenntnisrichtung zu seinem innersten Bedürfen und Verlangen stand, wurde die

Erkenntnis der Wahrheit für ihn zu einem Ideal, – gewann sie für ihn die Bedeutung einer höheren, von ihm selbst unterschiedenen, ihm schlechthin überlegenen Macht. Der Zwang, dem er sich damit unterwarf, befähigte ihn ihr gegenüber zu einem enthusiastischen, – fast religiösen Verhalten und ermöglichte ihm jene religiös motivierte Selbstspaltung, deren Nietzsche bedurfte, – jene Selbstspaltung, durch die der Erkennende auf sein eigenes Wesen und dessen Regungen und Triebe herabblicken kann wie auf ein zweites Wesen. Indem er sich so gleichsam der Wahrheit als einer Idealmacht opferte, gelangte er zu einer Affekt-Entladung religiöser Art, die eine viel intensivere Glut in ihm erzeugen musste, als sie sich jemals an einer wärmen, kampflosen Befriedigung seiner inneren Wünsche und Neigungen hätte entzünden können. So erscheint in dieser Periode, paradox genug, sein ganzer Kampf wider den Rausch, seine ganze Verherrlichung der Affektlosigkeit lediglich als ein Versuch, sich durch diese Selbstvergewaltigung zu berauschen.

Daher vollzog er seine Wandlung in einem äußersten Extrem; ja man könnte sagen: die Energie, mit welcher er sich zu einem lauten, rückhaltlosen »Ja!« der neuen Denkweise gegenüber aufrafft, stelle nur den Gewaltakt eines »Nein!« dar, mit dem er seine eigne Natur und ihre tiefsten Bedürfnisse zu unterjochen strebt. Jene »vorurteilslose Kälte und Ruhe des Erkennenden«, sein Ideal in dieser Geistesperiode, begriff für ihn eine Art sublimer Selbstfolterung in sich, und er ertrug sie nur, indem er dabei die Leiden seines Seelenlebens entschlossen als eine Krankheit auffasste, als eine von den »Krankheiten, in denen Eisumschläge not tun« (Menschliches, Allzumenschliches I 38), – und auch wohl tun, – denn »die scharfe Kälte ist so gut ein Reizmittel als ein hoher Wärmegrad«.

Deshalb tritt seine Übereinstimmung mit Rées Gedankenrichtung nirgends so vollständig zutage als gerade in dem Erstlingswerk »Menschliches, Allzumenschliches« , zu einer Zeit also, wo er am schwersten unter seiner Trennung von Wagner und dessen Metaphysik litt. Daher ließ er sich in seinem übertriebenen Intellektualismus vielfach von der persönlichen Eigenart Rées leiten. Er formte sich auf Grund derselben ein ganz bestimmtes Idealbild, das ihm zur Richtschnur diente: die Überlegenheit des Denkers über den Menschen, die Nichtachtung aller Schätzungen, welche dem Affektleben entspringen, die unbedingte und rückhaltlose Hingabe an die wissenschaftliche Forschung erstand vor ihm als ein neuer und höherer Typus des erkennenden Menschen und verlieh seiner Philosophie ihr eigentümliches Gepräge.

Im Bedürfnis, die rein wissenschaftlichen Gedanken, die er dem Positivismus entnahm, in einer menschlichen Form verkörpert zu denken, verfing er sich im Bild einer einzelnen, ganz bestimmten Persönlichkeit, die ihm selbst durchaus entgegengesetzt war, und marterte sich damit, die Züge dieses Bildes noch zu verschärfen. Dass er immer wieder zu seiner Entwickelung der Selbstverneinung, zu seiner Geistessteigerung der freiwilligen Schmerzen bedurfte, erklärt auch hier den scheinbaren Widerspruch, dass er, um seine Selbständigkeit aus dem Bannkreise Wagners und der Metaphysik zu retten, sich wieder unter fremden Bann stellte, sein Selbst aufzugeben suchte. Denn weder im Charakter der philosophischen Richtung noch in dem des persönlichen Verhältnisses lag eine Veranlassung dazu; die Gründe blieben vielmehr rein innerlicher Natur. Sie allein trieben ihn zum engen Anschluss an einen Anderen und dessen Gedanken; sie trieben ihn, gleichsam aus einem »Kollektivgeist« (Menschliches, Allzumenschliches I 180) heraus zu denken und zu schaffen. In diesem Sinne konnte er bei Übersendung seines »Menschlichen, Allzumenschlichen« dem Freunde schreiben: »Ihnen gehört's, – den Anderen wird's geschenkt!« und gleich darauf hinzufügen: »Alle meine Freunde sind jetzt einmütig, dass mein Buch von Ihnen geschrieben sei und herstamme: weshalb ich zu dieser neuen Vaterschaft gratuliere! Es lebe der Réealismus!«

Es stellte sich eben zwischen den beiden Freunden eine eigentümliche Art der Ergänzung heraus, die derjenigen ganz entgegengesetzt war, welche einst zwischen Nietzsche und Wagner bestanden hatte. Für Wagner, als das Kunstgenie, musste Nietzsche der Denker und Erkennende sein, der wissenschaftliche Vermittler der neuen Kunstkultur. Jetzt hingegen war in Rée der Theoretiker gegeben, und Nietzsche ergänzte ihn dadurch, dass er die praktischen Konsequenzen der Theorien zog und ihre innere Bedeutung für Kultur und Leben festzustellen suchte. An diesem Punkt, bei der Frage nach dem Wert, schied sich die geistige Eigenart der Freunde. So hörte der Eine da auf, wo der Andere anfing. Rée, als Denker von schroffer

Einseitigkeit, ließ sich durch solche Fragen nicht beeinflussen; ihm ging der künstlerische, philosophische, religiöse Geistesreichtum Nietzsches ganz ab, dagegen war er von beiden der schärfere Kopf. Mit Staunen und Interesse sah er, wie seine fest und sauber gesponnenen Gedankenfaden sich unter Nietzsches Zauberhänden in lebendige frischblühende Ranken verwandelten. Für Nietzsches Werke ist es charakteristisch, dass selbst ihre Irrtümer und Fehler noch eine Fülle von Anregung enthalten, die ihre allgemeine Bedeutung erhöht, selbst wo jene ihren wissenschaftlichen Wert verringern. Im Gegensatz dazu ist es für Rées Schriften bezeichnend, dass sie mehr Mängel als Fehler besitzen; dies drückt wohl am klarsten aus der Schlusssatz des kurzen Vorwortes zum »Ursprung der moralischen Empfindungen«: »In dieser Schrift sind Lücken, aber Lücken sind besser, als Lückenbüßer«! Nietzsches geniale Vielseitigkeit hingegen erschließt neue Einblicke gerade in Gebiete, zu denen der Logik der Schlüssel fehlt, in denen diese sich gezwungen sieht, dem Wissen seine Lücken zu lassen.

Während für Nietzsche die leidenschaftliche Verschmelzung des Gedankenlebens mit dem gesamten Innenleben charakteristisch war, bildete einen Grundzug von Rées geistigem Wesen die schroffe und bis zum Äußersten gehende Scheidung von Denken und Empfinden. Nietzsches Genialität entsprang dem lebensvollen Feuer hinter seinen Gedanken, welches sie in einem so herrlichen Lichte ausstrahlen ließ, wie sie es auf dein Wege der logischen Einsicht allein nicht hätten gewinnen können; Rées Geistesstärke beruhte auf der kalten Unbeeinflussbarkeit des Logischen durch das Psychische, auf der Schärfe und klaren Strenge seines wissenschaftlichen Denkens. Seine Gefahr lag in der Einseitigkeit und Abgeschlossenheit dieses Denkens, in einem Mängel an jener weitgehenden und feinen Witterung, die mehr Verständnis als Verstand verlangt; Nietzsches Gefahr lag gerade in seiner unbegrenzten Anempfindungsfähigkeit und der Abhängigkeit seiner Verstandeseinsichten von allen Regungen und Erregungen seines Gemüts. Selbst da, wo seine jeweilige Denkweise momentan mit geheimen Wünschen und Herzenstrieben in Widerspruch zu geraten schien, schöpfte er doch seine höchste Erkenntniskraft aus dem wilden Kampf und Widerstreit mit solchen Wünschen und Trieben. Rées Geistesart hingegen schien selbst dann noch jede

Beteiligung des Gemütslebens an Erkenntnisfragen auszuschließen, wenn einmal das Erkenntnisresultat seinem individuellen Empfinden entsprach. Denn der Denker in ihm blickte überlegen und fremd auf den Menschen in ihm herab und saugte demselben dadurch gewissermaßen einen Teil seiner Energie aus, und mit der Energie den Egoismus. An dessen Stelle gab es in diesem Charakter nichts als eine tiefe, lautere, unbegrenzte Güte des Wesens, deren Äußerungen in einem interessanten und ergreifenden Gegensatz standen zu der kalten Nüchternheit und Härte seines Denkens. Nietzsche aber besaß umgekehrt jene hochfliegende Selbstliebe, die sich selbst so lange in ihre Erkenntnisideale hinein verlegt, bis sie sich fast mit ihnen, verwechselt und der Welt mit der Begeisterung des Apostels und Bekehrers gegenübertritt.

So lag hinter aller theoretischen Übereinstimmung der Freunde eine um so tiefere Verschiedenheit des Empfindens unter der Gedankenhülle verborgen. Was durchaus der natürliche Ausdruck der geistigen Eigenart des Einen war, war für den Anderen der volle Gegensatz der seinigen; aber eben darum Beiden dasselbe Ideal. Nietzsche schätzte und überschätzte an Rée, was ihm selbst am schwersten fiel, weil eben für ihn in einem solchen Selbstzwang wieder die innere Bedeutung seiner Wandlung lag: »Mein lieber Freund und Vollender!« nennt er ihn deshalb in einem Briefe, »wie sollte ich es auch aushalten, ohne von Zeit zu Zeit meine eigene Natur gleichsam in einem gereinigten Metall und in einer erhöhtem Form zu sehen, – ich, der ich selber Bruchstück – – – bin und durch selten, selten gute Minuten in das bessere Land hinausschaue, wo die ganzen und vollständigen Naturen wandeln!«

Aber diese von sich selbst absehende Hingebung ist nur der Weg, auf dem er sich innerhalb einer neuen Weltanschauung zu einem eigenen neuen Selbst durchringt; es ist nur der leidende Zustand, in dem er den aufgenommenen fremden Geistessamen zu seinem eignen lebensvollen Originalgeist umschafft und ausgestaltet. Es sind wie immer die Geburtswehen, die seine neue Schöpfung begleiten und es ihm verbürgen, dass er sich mit seinem ganzen Wesen und allen seinen Kräften in ihr ausleben und erneuern wird.

Die Geschichte also, wie Nietzsche sich in dieser Wandlung entwickelt und sie wieder verlässt, ist wesentlich eine Geschichte seines inneren Erlebens, seiner Seelenkämpfe. In den hierhergehörigen Werken, – von seinem Erstgeborenen und Schmerzenskinde »Menschliches, Allzumenschliches« an, bis hinein in die tiefbewegte freudige Stimmung der »Fröhlichen Wissenschaft«, die gewissermaßen schon der folgenden Geistesperiode angehört, liegt diese Entwicklung vor uns ausgebreitet. In ihnen allen hat er in einer Reihe von Aphorismensammlungen das »Bild und Ideal des Freigeistes« aufrichten wollen, des freien Geistes in seinen Gedanken über alle Gebiete des Wissens und des Lebens und noch mehr in der Fülle seiner Gedankenerlebnisse selbst. Die Grundstimmung, aus der ein jedes dieser Bücher hervorgegangen ist, prägt sich jedesmal als das eigentlich Charakteristische an demselben schon im Titel aus. Niemals sind Nietzsches Titel zufällig, indifferent oder abstraktem Stoff entnommen, sie sind ganz und gar Bilder innerer Vorgänge, ganz und gar Symbole. So fasste er auch den Grundinhalt seiner einsamen Denkerexistenz am Schluss der Siebzigerjahre in wenigen Worten zusammen, als er auf das Titelblatt des zweiten Werkes schrieb: »Der Wanderer und sein Schatten« (Chemnitz 1880, Ernst Schmeitzner). Aus der Hitze der ersten, leidenschaftlichen Kämpfe ist er hier in die Einsamkeit seiner selbst eingekehrt; aus dem Krieger wurde ein Wanderer, der statt feindseliger Angriffe auf die verlassene Geistesheimat nunmehr das Land seiner freiwilligen Verbannung danach durchforscht, ob der steinige Boden sich nicht anbauen lasse, ob nicht auch er irgendwo seine fette Erdkrume besitze. Der laute Zwiespalt mit dem Gegner hat sich in die Stille eines Zwiegesprächs mit sich selbst aufgelöst: der Einsame hört seinen eigenen Gedanken zu wie einer mehrstimmigen Unterhaltung, er lebt in ihrer Gesellschaft wie unter ihrem ihn überall hin begleitenden Schatten. Noch erscheinen sie ihm düster, einförmig und gespenstisch, ja, so hoch und drohend emporgewachsen, wie es Schattengebilde nur sind, wenn die Sonne im Untergang steht. Aber nicht lange mehr, denn seine Nähe streift ihnen allmählich alles Schattenhafte ab: was Gedanke war und farblose Theorie, das erhält Klang und Blick, Gestalt und Leben. Ist dies doch der innere Prozess seiner Aneignung und Umschaffung des Neuen und Ungewohnten: dass er ihm Leben einhaucht, dass er ihm zu voller Lebensfülle verhilft. Man möchte sagen: Nietzsche wählt sich die düstersten Gedankenschatten aus, um sie mit seinem eigenen Blut zu nähren, um sie, sei es auch unter Wunden und Verlusten, zuletzt dennoch zu seinem eigenen lebendigen Selbst verwandelt zu sehen, zu seinem Doppel-Selbst.

In dem Maße als die Gedanken, mit denen er sich umgibt, von dem ganzen Reichtum seines Wesens in sich aufnehmen, in dem Maße als sie sich langsam mit der ganzen wunderbaren Kraft und Glut desselben sättigen, wird die Stimmung immer gehobener und getroster. Man fühlt: hier geht Nietzsche Schritt um Schritt den Weg zu sich selbst, beginnt heimisch zu werden in seiner neuen »Haut«, beginnt sich in seiner Eigenart auszuleben, ihm ist wie einem Wanderer, der nach harter Mühsal endlich nach Hause kommt. Er will nicht mehr dasselbe Ziel des Denkens erreichen, wie sein Genosse Paul Rée, er will das Seine: dies hört man sogar schon aus Briefen heraus, in denen er immer noch den Theoretiker bewundert: »Immer mehr bewundere ich übrigens, wie gut gewappnet Ihre Darstellung nach der logischen Seite ist. Ja, so etwas kann ich nicht machen: höchstens ein bisschen seufzen oder singen, – aber beweisen, dass es einem wohl im Kopfe wird, das können Sie, und daran ist hundertmal mehr gelegen.«

In solchem »Singen und Seufzen« hatte sich gerade die eigene Genialität seinem Bewusstsein aufgedrängt, als die Gabe zu den herrlichsten Klagegesängen und Siegeshymnen, die jemals eine Gedankenschlacht begleiteten, als die Schöpfergabe, auch noch den nüchternsten, den hässlichsten Gedanken in innere Musik umzusetzen. Lebte doch der Musiker in ihm sich nicht mehr auf eigene Kosten aus, er ging mit auf, ein Einzelton, in der neuen großen Melodie des Ganzen.

Und dies gibt in der Tat seinen Werken und Gedanken zu dieser Zeit noch eine ganz besondere Bedeutung: die neue Einheitlichkeit, die sein Wesen dadurch gewonnen hat, dass alle seine Triebe und Talente allmählich dem einen großen Ziele des Erkennens dienstbar gemacht worden sind. Der Künstler, der Dichter, der Musiker Nietzsche, anfangs gewaltsam zurückgedrängt und unterdrückt, beginnt wieder sich Gehör zu verschaffen, aber untertan dem Denker in ihm und dessen Zielen; – dies hat ihn dazu befähigt, von seinen neuen Wahrheiten in einer Weise zu »singen und zu seufzen«, die ihn zum ersten Stilisten der Gegenwart erhoben haben.[26]

---

26 Vergleiche die folgenden Aphorismen, die Nietzsche mir einmal

Seinen Stil auf Ursachen und Bedingungen hin prüfen ist daher mehr, als die bloße Ausdrucksform seiner Gedanken untersuchen: es bedeutet, Nietzsche in seinem innersten Grundwesen belauschen. Denn der Stil dieser Werke ist entstanden durch die opferwillige und begeisterte Verschwendung großer künstlerischer Talente zugunsten des strengen Erkennens, – durch das Bestreben, nur dieses strenge Erkennen und nichts als dieses auszusprechen, aber nicht in

---

aufschrieb:

Zur Lehre vom Stil.

1.

Das Erste, was not tut, ist heben: der Stil soll leben.

2.

Der Stil soll dir angemessen sein in Hinsicht auf eine ganz bestimmte Person, der du dich mitteilen willst. (Gesetz der doppelten Relation.)

3.

Man muss erst genau wissen: »so und so würde ich das sprechen und vortragen« – bevor man schreiben darf. Schreiben muss eine Nachahmung sein.

4.

Weil dem Schreibenden viele Mittel des Vortragenden fehlen, so muss er im Allgemeinen eine sehr ausdrucksvolle Art von Vortrag zum Vorbild haben: das Abbild davon, das Geschriebene, wird schon notwendig viel blässer ausfallen.

5.

Der Reichtum an Leben verrät sich durch Reichtum an Gebärden. Man muss alles, Länge und Kürze der Sätze, die Interpunktionen, die Wahl der Worte, die Pausen, die Reihenfolge der Argumente – als Gebärden empfinden lernen.

6.

Vorsicht vor der Periode! Zur Periode haben nur die Menschen ein Recht, die einen langen Atem auch im Sprechen haben. Bei den meisten ist die Periode eine Affektation.

7.

Der Stil soll beweisen, dass man an seine Gedanken glaubt, und sie nicht nur denkt, sondern empfindet

8.

Je abstrakter die Wahrheit ist, die man lehren will, um so mehr muss man erst die Sinne zu ihr verführen.

9.

Der Takt des guten Prosaikers in der Wahl seiner Mittel besteht darin, dicht an die Poesie heranzutreten, aber niemals zu ihr überzutreten.

10.

Es ist nicht artig und klug, seinem Leser die leichteren Einwände vorwegzunehmen. Es ist sehr artig und sehr klug, seinem Leser zu überlassen, die letzte Quintessenz unserer Weisheit selber auszusprechen.

abstrakter Allgemeinheit, sondern in individualisiertester Nuancierung, – so wie es sich in allen Regungen einer ergriffenen und erschütterten Seele wiederspiegelt. Die lebendigste Innerlichkeit und Fülle hatte Nietzsche schon in den Werken seiner ersten Geistesperiode in vollendete Form zu gießen verstanden, aber erst jetzt lernte er, sie mit der Schärfe und Kälte nüchternen Denkens zu verbinden: wie ein goldener Ring umschließt dieses die Lebensfülle in einem jeden seiner Aphorismen und verleiht ihnen gerade hierdurch ihren eigentümlichen Zauber. So schuf Nietzsche gewissermaßen einen neuen Stil in der Philosophie, die bis dahin nur den Ton des Wissenschaftlers oder die dichterische Rede des Enthusiasten vernommen hatte: er schuf den Stil des Charakteristischen, der den Gedanken nicht nur als solchen, sondern mit dem ganzen Stimmungsreichtum seiner seelischen Resonanz ausspricht, mit all den feinen und geheimen Gefühlsbeziehungen, die ein Wort, ein Gedanke weckt. Durch diese Eigenart meistert Nietzsche nicht nur die Sprache, sondern hebt zugleich über die Grenze sprachlicher Unzulänglichkeit hinaus, indem er durch die Stimmung miterklingen lässt, was sonst im Worte stumm bleibt.

In keines Anderen Geist aber konnte das bloß Gedachte so völlig zu etwas wirklich Erlebtem werden, wie in Nietzsches Geist, denn keines Anderen Leben ging je so völlig darin auf, mit dem ganzen inneren Menschen am Denken schöpferisch zu werden. Seine Gedanken hoben sich nicht, wie es gewöhnlich der Fall ist, vom wirklichen Leben und dessen Ereignissen ab: sie machten vielmehr das eigentliche und einzige Lebensereignis dieses Einsamen aus. Und dem gegenüber erschien ihm auch der lebensvollste Ausdruck, den er für sie fand, noch blass und leblos: »Ach, was seid ihr doch, ihr meine geschriebenen und gemalten Gedanken!« so klagt er in dem schönen Schluss-Aphorismus von »Jenseits von Gut und Böse« (296). »Es ist nicht lange her, da wart ihr noch so bunt, jung und boshaft, voller Stacheln und geheimer Würzen, dass ihr mich niesen und lachen machtet – und jetzt? – – – Welche Sachen schreiben und malen wir denn ab, wir Mandarinen mit chinesischem Pinsel, wir Verewiger der Dinge, welche sich schreiben lassen, was vermögen wir denn allein abzumalen? Ach, immer nur das, was eben welk werden will und anfängt, sich zu verriechen! Ach, immer nur abziehende und erschöpfte Gewitter und gelbe späte Gefühle! Ach, immer nur Vögel, die sich müde flogen und verflogen und sich nun mit der Hand haschen lassen, – mit unserer Hand! – – – Und nur euer Nachmittag ist es, ihr meine geschriebenen und gemalten Gedanken, für den allein ich Farben habe, viel Farben vielleicht, viel bunte Zärtlichkeiten und fünfzig Gelbs und Brauns und Grüns und Rots: – aber niemand errät mir daraus, wie ihr in eurem Morgen aussahet, ihr plötzlichen Funken und Wunder meiner Einsamkeit, ihr meine alten, geliebten – – schlimmen Gedanken!«

Es gehört ganz wesentlich dazu, dass man sich Nietzsche bei seinen stillen und einsamen Wanderungen vorstelle, ein paar Aphorismen mit sich herumtragend als das Resultat langer stummer Selbstunterhaltung, – nicht über den Schreibtisch gebückt, nicht mit der Feder in der Hand:

»Ich schreib nicht mit der Hand allein:
Der Fuß will stets mit Schreiber sein.«

singt er in der »Fröhlichen Wissenschaft« (Scherz, List und Rache 52). Gebirge und Meer umgeben ihn bei seinen Gedanken-Wandelungen als der wirkungsvolle Hintergrund für die Gestalt dieses Einsamen. Am Hafen von Genua träumte er seine Träume, sah eine neue Welt am verhüllten Horizont empordämmern in der Morgenröte und fand das Wort seines Zarathustra (II 5): »– – aus dem Überflüsse heraus ist es schön hinaus zu blicken auf ferne Meere.« Im Engadiner Gebirge aber erkannte er sich selbst wie in einer Wiederspiegelung von Kälte und Glut, aus deren Mischling alle seine Kämpfe und Wandlungen hervorgegangen waren. »In mancher Natur-Gegend entdecken wir uns selber wieder, mit angenehmem Grausen; es ist die schönste Doppelgängerei,« sagt er davon (Der Wanderer und sein Schatten 338), »– – – in dem gesamten – – – Charakter dieser Hochebene, welche sich ohne Furcht neben die Schrecknisse des ewigen Schnees hingelagert hat, hier, wo Italien und Finnland zum Bunde zusammengekommen sind und die Heimat aller silbernen Farbentöne der Natur zu sein scheint: – – –« Von diesem Ort mit seinen »kleinen, abgelegenen Seen,« aus denen ihn »die Einsamkeit selber mit ihren Augen anzusehen schien,« sagt er auch in einem Briefe: »Seine Natur ist der meinigen verwandt, wir wundern uns nicht über einander, sondern sind vertraulich zusammen.«

Äußerlich betrachtet, hatte ihn allerdings sein Kopf- und Augenleiden gezwungen, rein aphoristisch zu arbeiten, aber auch seiner geistigen Eigenart entsprach es immer mehr, seine Gedanken nicht in der fortlaufenden Kette vor sich zu sehen, wie man sie, systematisch arbeitend, auf dem Papier fixiert, sondern ihnen zuzuhören wie in einem Gespräch zu zweien, einem immer wieder abgebrochenen und immer wiederaufgenommenen, von Einzelheiten ausgehenden Dialog, – der seinen »Ohren für Unerhörtes« (Also sprach Zarathustra I 25), vernehmbar wurde gleich gesprochenem Wort.

»Schreiben kann ich nicht, obschon ich es herzlich gern tun möchte,« schreibt er auf einer Postkarte (Januar 1881 aus Italien). »Ach, die Augen! Ich weiß mir damit gar nicht mehr zu helfen, sie halten mich förmlich mit Gewalt ferne von der Wissenschaft – und was habe ich außerdem! Nun, die Ohren! könnte man sagen.« Aber mit diesem Lauschen und Horchen nahm er es sehr genau, und es gibt keinen Satz in seinen Büchern, auf den nicht Anwendung findet, was er einmal in einem seiner Briefe schreibt: »Ich bin immer von sehr feinen Sprachdingen okkupiert; die letzte Entscheidung über den Text zwingt zum skrupulösesten »Hören« von Wort und Satz. Die Bildhauer nennen diese letzte Arbeit: ad unguem.«

Als Nietzsche im Jahre 1881 sein drittes Werk auf positivistischer Grundlage, die »Morgenröte« (Chemnitz 1881, Ernst Schmeitzner), vollendete, da war in ihm der Prozess einer Verlebendigung und Individualisierung der aufgenommenen Theorien schon vollkommen zum Abschluss gelangt. Dieses Werk und in ebenso hohem Grade das nächstfolgende erscheinen mir daher als die bedeutendsten und gehaltvollsten seiner mittleren Geistesperiode. Denn in ihnen ist es ihm gelungen, praktisch den übertriebenen Intellektualismus zu überwinden, dem er sich in »Menschliches, Allzumenschliches« noch ohne Weiteres in freiwilliger Selbstmarterung unterworfen hatte, – es ist ihm gelungen, denselben innerlich und individuell zu ergänzen und menschlich zu vertiefen, ohne die wissenschaftliche Grundlage, auf die er sich gestellt hatte, unter den Füßen zu verlieren, – ohne die Strenge der Erkenntnismethode zu lockern, mit der er seinen Problemen nachging. Nietzsches eigene Natur hatte ihm geholfen, die Einseitigkeiten und Härten seiner praktischen Philosophie zu widerlegen, und einen lebensvolleren Typus des Erkennenden aus den Gedankenkämpfen der letzten Jahre herauszugestalten. Denn die Unterordnung des Affektlebens unter das Denken hatte sich, wie wir sahen, in Nietzsche vermöge einer so gewaltigen inneren Hingebung an das Wahrheitsideal vollzogen, dass gerade dadurch ihm die Bedeutung des Affektlebens für das Denken aufgehen musste. Unmerklich verschob sich ihm damit der Hauptakzent von dem rein intellektuellen Vorgang auf die Macht des Gefühls, die sich in den Dienst auch noch der nüchternsten und hässlichsten Wahrheiten zu stellen vermag, bloß weil sie Wahrheiten sind. So beginnt denn schon wieder an Stelle der Verstandeskraft die Seelenkraft zu dem zu werden, was den Rang des Denkers als Menschen bestimmt. Und es ist leicht zu sehen, wie auf diesem Wege allmählich der Wert einer ganz neuen Denkweise Nietzsche aufgehen musste, – einer allem Verstandesmäßigen überhaupt abholden Philosophie.

In keinem seiner Bücher lassen sich so sehr wie in der »Morgenröte« die feinen Übergänge und Gedankenverbindungen nachweisen, die von seiner positivistischen Geistesperiode in die darauf folgende einer mystischen Willensphilosophie hinüberleiten. Der Übergang von einem Alten zu einem Neuen macht, ähnlich wie im »Menschlichen, Allzumenschlichen«, den hohen Reiz und Wert des Buches aus. Aber in ganz entgegengesetzter Weise wie dort, wo wir theoretisch der vollendeten Tatsache eines Gesinnungswechsels gegenüberstehen, in den sich das leidende Gefühl erst allmählich hineinzufinden sucht. Hier dagegen wird jede Möglichkeit einer Theorien-Änderung noch mit Heftigkeit zurückgewiesen als »Versuchungen des wissenschaftlichen Menschen«, während die Seele schon begehrlich und tastend ihre Fühlhörner immer wieder nach dem Verbotenen ausstreckt, wie sehr der Verstand es ihr auch verwehrt. So sind es Äußerungen leisen Schwankens, einzelne Ausbrüche tief erregten Seelenlebens, denen wir ahnungsvoll das Zukünftige entnehmen, weil sie in diesem Gemütszustand eine ungewollte Naivität und Unmittelbarkeit besitzen, die Nietzsche sonst vollständig abgeht. Hier verrät er sich fortwährend, ohne es zu ahnen, indem er den Anlass zu jeder »Versuchung« prüft und tadelt, – er entblößt das Geheime und Verborgene seines Innenlebens, sodass wir zu sehen glauben, wie sein vergangenes und sein zukünftiges Selbst mit einander hinter dem Rücken der scheinbar unangetasteten Verstandesphilosophie das Bekenntnis heimlichen Hoffens und Verlangens austauschen. In der Auflehnung gegen dieses heimliche Hoffen und Verlangen ruft er sich in dem Aphorismus »Nicht die Leidenschaft zum Argument der Wahrheit machen!« (Morgenröte 543) die Worte zu: »Oh, ihr – – – edlen Schwärmer, ich kenne euch! – – – – – Bis zum Hass gegen die Kritik, die Wissenschaft, die Vernunft treibt ihr es! – – – Farbige Bilder, wo Vernunftgründe not täten! Glut und Macht der Ausdrücke! – – – Ihr versteht euch darauf, zu beleuchten und zu verdunkeln, und mit Licht zu verdunkeln! – – – Wie dürstet ihr danach, Menschen – – in diesem Zustande – es ist der der Lasterhaftigkeit des Intellektes – zu finden und an ihrem Brande eure Flammen zu entzünden! – – –« Erst in Nietzsches letzter Philosophie begreift man ganz, wie sehr er selbst es ist, an den er die Mahnung richtet: »Nichts wäre verkehrter, als abwarten wollen, was die Wissenschaft über die ersten und letzten Dinge einmal endgültig feststellen wird, – – – – Der Trieb, auf diesem Gebiete durchaus nur Sicherheiten haben zu wollen, ist ein religiöser Nachtrieb, nichts Besseres, –« (Der Wanderer und sein Schatten 16).

Aber inmitten zahlreicher derartiger Auflehnungen gegen sich selbst, bricht dann auch vereinzelt der Überdruss durch an der strengen Selbstbescheidung des Verstandes-Erkennens und an – »der Tyrannei des Wahren«: – »ich wüsste nicht, warum die Alleinherrschaft und Allmacht der Wahrheit zu wünschen wäre; – – – – man muss sich von ihr im Unwahren ab und zu erholen können, – sonst wird sie uns langweilig, –« (Morgenröte 507). Und sehnsüchtig ruft er sogar den von ihm geschmähten Künstlern zu: »Oh, wollten doch die Dichter wieder werden, was sie einstmals gewesen sein sollen: – Seher, die uns etwas von dem Möglichen erzählen! Wollten sie uns von den zukünftigen Tugenden etwas vorausempfinden lassen! Oder von Tugenden, die nie auf Erden sein werden, obschon sie irgendwo in der Welt sein könnten, – von purpurnglühenden Sternbildern und ganzen Milchstraßen des Schönen! Wo seid ihr, ihr Astronomen des Ideals?« (Morgenröte 551).

So sehen wir in der »Morgenröte« nicht nur, wie er gegen die heimlich in ihm aufsteigenden Gelüste ankämpft, sondern wie er ihnen auch schon nachgibt, in der hingegebenen Sehnsucht nach etwas Neuem, in der Ahnung eines vor ihm aufsteigenden Erkenntniszieles. Beides ist in charakteristischer Weise mit einander vermischt, insofern ja die höchste Glut der Seele, die Nietzsche für ein Erkenntnisideal aufwendet, bei ihm stets den bereits beginnenden Niedergang desselben Ideals anzeigt, dem er sich zur Zeit der unbeirrtesten Überzeugung von dessen Wahrheit und Notwendigkeit nur mit Widerstreben gefügt hatte. Dies ist die »Sonnenbahn der Idee«, wie er sie selbst auf Grund eigener Erfahrung geschildert hat: »Wenn eine Idee am Horizonte eben aufgeht, ist gewöhnlich die Temperatur der Seele dabei sehr kalt. Erst allmählich entwickelt die Idee ihre Wärme, und am heißesten ist diese – –, wenn der Glaube an die Idee schon wieder im Sinken ist.« (Der Wanderer und sein Schatten 207.) Sich selbst aber charakterisiert er in derselben Schrift (331) mit den Worten: »Jene Personen, welche langsam beginnen und schwer in einer Sache heimisch werden, haben nachher mitunter die Eigenschaft der stätigen Beschleunigung, – sodass zuletzt niemand weiß, wohin der Strom sie noch reißen kann.«

Die Macht der langsam und schwer, aber um so verhängnisvoller und unwiderstehlicher entzündeten Innerlichkeit, – diese überschäumende Fülle, musste ihn schließlich dem Positivismus entfremden und zu neuen Gedankenfernen führen. Schon sieht er im vollsten Gegensatz zur früher verherrlichten »Affektlosigkeit« sein Ideal darin, dass der Erkennende »der Mensch eines hohen Gefühls, die Verkörperung einer einzigen großen Stimmung« sei; es soll ihm »eben das der gewöhnliche Zustand« sein, »was bisher als die mit Schauder empfundene Ausnahme hier und da einmal in unseren Seelen eintrat: eine fortwährende Bewegung zwischen hoch und tief und das Gefühl von hoch und tief, ein beständiges Wie-auf-Treppen-steigen und zugleich Wie-auf-Wolken-ruhen«. (Fröhliche Wissenschaft 288.) Vor einem solchen »Erkennenden« steht jetzt als Lockung, was ihm ehemals als Gefahr galt: »Einmal den Boden verlieren! Schweben! Irren! Toll sein!« (Fröhliche Wissenschaft 46.) Und in der »Morgenröte« (271) heißt es unter der Überschrift »Feststimmung«: »Gerade für jene Menschen, welche am hitzigsten nach Macht streben, ist es unbeschreiblich angenehm, sich überwältigt zu fühlen! Plötzlich und tief in ein Gefühl, wie in einen

Strudel hinabzusinken! Sich die Zügel aus der Hand reißen zu lassen, und einer Bewegung wer weiß wohin? zuzusehen!«

In einer solchen Feststimmung des Überflusses und Überschusses, langsam aus den nüchternsten Erkenntnissen herausgeschöpft und angesammelt, – in einem solchen Zauber der Ausspannung und Erholung nach langem Arbeitstag, gleitet Nietzsche in eine Welt der Mystik hinein. In einer solchen Selbstüberwältigung besiegt der eigene Sieg den Sieger. Es ist das »Glück des Gegensatzes«, das er darin sucht, des Gegensatzes zum Kühlen, Strengen, Verstandesmäßigen der positivistischen Denkweise: die Erkenntnis neu gegründet auf die begeisterten Eingebungen des Gefühls, des Affektlebens, und untertan gemacht dem Schaffensdrang des Willens.

Diese »Morgenröte« ist kein blasses, kaltes, rückwärts leuchtendes Aufklärungslicht mehr, – hinter ihr erhebt sich schon eine wärmende, lebenzeugende Sonne, und während er selbst noch im grauen Zwielicht der Dämmerung dasteht, sind seine Augen schon sehnsüchtig auf diesen hellen verheißenden Schein am Horizont gerichtet. »Es gibt so viele Morgenröten, die noch nicht geleuchtet haben!« schrieb er mit den Worten des Rigveda als Motto auf das Titelblatt, ohne dass er noch zu glauben wagte, er selbst sei berufen, ein solches Leuchten am Himmel der Erkenntnis zu entzünden. Das Buch enthält »Gedanken über die moralischen Vorurteile«, wie dem Titel ergänzend beigefügt ist, und damit will es scheinbar noch dem zersetzenden, negierenden Geiste der vorhergehenden Werke angehören; aber darüber schwebt schon ein träumender, hoffender Geist, der zwar nur hier und da vollen Ausdruck findet, aber schweigend sinnt, wie es zu ermöglichen wäre, aus allen Vorurteilen heraus zu neuen Werturteilen zu gelangen, wie es möglich wäre, zum Schöpfer neuer Werte zu werden. »Wenn endlich auch alle Bräuche und Sitten vernichtet sind, auf welche die Macht der Götter, der Priester und Erlöser sich stützt, wenn also die Moral im alten Sinne gestorben sein wird: dann kommt – ja was kommt dann?« (Morgenröte 96.)

Der Sturz, der Abbruch des Alten ist eben kein Ende mehr, vielmehr ein Ausblick, ein Anfang und ein Appell an alle besten Geisteskräfte. »Es kommt eben noch etwas, – die Hauptsache kommt noch!« verspricht die Morgenröte und wird immer heller und röter.

Ein Jahr nach Veröffentlichung der »Morgenröte« schrieb Nietzsche denn auch zum ersten Mal wieder über neue philosophische Hoffnungen und Fernpläne:

»Nun, liebste Freundin, Sie haben immer für mich ein gutes Wort in Bereitschaft, es macht mir große Freude, Ihnen zu gefallen. Die fürchterliche Existenz der Entsagung, welche ich führen muss und welche so hart ist, wie je eine asketische Lebenseinschnürung, hat einige Trostmittel, die mir das Leben immer noch schätzenswerter machen als das Nichtsein. Einige große Perspektiven des geistig sittlichen Horizonts sind meine mächtigste Lebensquelle. Ich bin so froh darüber, dass gerade auf diesem Boden unsere Freundschaft ihre Wurzeln und Hoffnungen treibt. Niemand kann so von Herzen sich über alles freuen, was von Ihnen getan und geplant wird!«

Treulich Ihr Freund

F. N.«

Und kurz darauf ruft er am Schlüsse eines anderen Briefes aus:

»Auch ich habe jetzt Morgenröten um mich, und keine gedruckten! Was ich nie mehr glaubte, das erscheint mir jetzt als möglich, – als die goldene Morgenröte am Horizonte all' meines zukünftigen Lebens – – –.«

Diese Stimmung, die mit der Gewalt der Sehnsucht eine neue Geisteswelt fern am Horizont heraufbeschwor, damit sie Ersatz böte für alles, was Zweifel und Kritik zerstört hatten, klingt am deutlichsten durch in den Schlussworten der »Morgenröte«, in denen Nietzsche seine kritische und negierende Denkrichtung selber als einen Wegweiser zu neuen Idealen aufzufassen sucht:

»Warum doch gerade in dieser Richtung, dorthin, wo bisher alle Sonnen der Menschheit untergegangen sind? Wird man vielleicht uns einstmals nachsagen, dass auch wir, nach Westen steuernd, ein Indien zu erreichen hofften, – dass aber unser Los war, an der Unendlichkeit zu scheitern? Oder, meine Brüder? Oder –? (Morgenröte, Schluss.)

Als Nietzsche im Jahre 1882 seine »Fröhliche Wissenschaft« vollendete, da war ihm sein Indien bereits zur Gewissheit geworden: er glaubte gelandet zu sein an den Küsten einer fremden, noch namenlosen, ungeheuren Welt, von der nichts anderes bekannt sei, als dass sie jenseits alles dessen liegen müsse, was von Gedanken angefochten, von Gedanken zerstört werden kann. Ein weites, scheinbar uferloses Meer zwischen ihm und jeder Möglichkeit einer erneuten begrifflichen Kritik, – jenseits aller Kritik meinte er festen Boden gefasst zu haben.

Der übermütige Jubel dieser Gewissheit klingt in den Versen wieder, die er in das Widmungs-Exemplar seiner »Fröhlichen Wissenschaft« schrieb:

»Freundin, sprach Columbus, traue
Keinem Genuesen mehr!
Immer starrt er in das Blaue
Fernstes zieht ihn allzusehr!
Wen er liebt, den lockt er gerne
Weit hinaus in Raum und Zeit, –
Ueber uns glänzt Stern bei Sterne
Um uns braust die Ewigkeit.«

Aber er irrte sich in Bezug auf die völlige Neuheit und Jenseitigkeit des Landes, – es war der umgekehrte Irrtum des Columbus, der, das Alte suchend, das Neue fand. Denn Nietzsche war in der Tat, ohne es zu bemerken, nach einer Weltumseglung von der entgegengesetzten Seite an die Küste eben desjenigen Landes zurückgelangt, von welchem er ursprünglich ausgegangen, und welches er für immer im Rücken gelassen zu haben glaubte, als er sich von der Metaphysik abwandte. Wir werden es an allen Werken seiner letzten Geistesperiode erkennen, inwiefern sie wieder aus jenem alten Boden hervorgewachsen sind, wenn auch in ihrem Wachstum und ihrer Eigenart beeinflusst durch die Erfahrungen der letzten Jahre. Unstreitig hatte ein Hauptwert der positivistischen Denkrichtung für Nietzsche darin gelegen, dass sie ihm wenigstens innerhalb gewisser Grenzen wirklich Spielraum für alle diese Stimmungs-Übergänge und Gefühlsschwankungen zu bieten vermochte und ihn dadurch eine Zeit lang festhielt. Sie schlug ihn nicht in Fesseln, wie es die Metaphysik notwendig getan hatte, sondern wies ihm nur eine Wegerichtung; sie bürdete ihm nicht ein Erkenntnissystem auf, sondern gab ihm im wesentlichen nur eine neue Erkenntnismethode an die Hand.

Darum war auch seine Emanzipation von ihr keine so gewaltsame und plötzliche wie seine Wagnerwandlung, sie war, anstatt eines Fesselsprengens, ein allmähliches Sich-Verfliegen und Sich-Verlaufen, – »all mein Wandern und Bergsteigen: eine Not war's nur und ein Behelf des Unbeholfenen: – fliegen allein will mein ganzer Wille!« (Also sprach Zarathustra III 19.) »Ich habe gehen gelernt: seitdem lasse ich mich laufen!« (I 54.) Aber wohl vollzog sie sich ebenso unaufhaltsam und unwiderruflich, wie die vorhergehende Wandlung. Denn über die rein empiristische Betrachtungsweise seiner Probleme, über die prinzipielle Beschränkung auf das Erfahrungsgebiet, musste Nietzsche irgendwann einmal wieder hinaus; einer Philosophie der »letzten und höchsten Dinge« in irgend einer Form konnte er, der ganzen Art seines Geistes nach, nicht dauernd entsagen. Es konnte sich im Grunde nur darum handeln, auf welchem stillen Seitenweg er sich wieder dorthin zurückschleichen würde, – wo die Götter und die Übermenschen hausen.

Nietzsche schreibt einmal an Rée:

»Ach, liebster, guter Freund, mit dem schmerzlichsten Bedauern lese ich – – – die Nachricht Ihres Krankseins. Was soll aus uns werden, wenn wir in unseren besten Jahren so elend dahinwelken? – – – Will uns das Schicksal ein schönes Greisenalter aufsparen, weil – – – unsere Denkweise diesem am natürlichsten, wie eine gesunde Haut, anliegt? Aber müssten wir da nicht zu lange warten? Die Gefahr wäre, dass wir die Geduld verlören –.«

Er verlor sie völlig. »Schon krümmt und bricht sich mir die Haut!« sang er gleich darauf in einem schlechten Versehen der »Fröhlichen Wissenschaft«, und unter der »Greisenhaut« des »affektlosen Erkennenden« regte sich machtvoll jener Verjüngungsdrang, aus welchem heraus Nietzsche noch in seinem Untergange eine Apotheose des Lebens, des ewigen Lebens, schrieb.

Das Schicksal brauchte ihm kein Greisenalter aufzusparen –.

Aber als die Basis der neuen Lehre, die er verkünden wollte, als das einzige zuverlässige Fundament, auf dem sie errichtet werden könnte, dachte sich Nietzsche damals doch noch eine wissenschaftliche Begründung. Gerade in dieser Zeit des Überganges sehen wir ihn daher von dem lebhaftesten Verlangen ergriffen, sich großen zusammenhängenden Forschungen widmen zu dürfen, denen er seit langen Jahren hatte entsagen müssen. Mit nimmermüdem Interesse und Anteil verfolgte er die Studien, welche Rée seit 1878 unternommen hatte, um durch sie die Grundgedanken seines ersten moralphilosophischen Buches zu erweitern und zu erhärten. Als dieser 1881 Nietzsche mitteilte, dass er sein neues Werk noch vor Ablauf des Jahres zu vollenden hoffe, empfing er die beglückte Antwort: »Dieses selbe Jahr soll nun auch das Werk ans Licht bringen, an dem ich im Bilde des Zusammenhanges und der goldenen Kette meine arme, stückweise Philosophie vergessen darf! Welches herrliche Jahr 1881!«

Die in Frage stehende Schrift: »Die Entstehung des Gewissens« (Berlin 1885) wurde jedoch erst vier Jahre später völlig beendigt, nachdem Nietzsche inzwischen längst den letzten Rest seiner »Freigeisterei« von sich abgestreift und die abgelegte Haut auch schon mit der gewöhnlichen Energie verbrannt hatte. Aber durch den regen Anteil, den er so lange an Rées Studien zu jenem Buche genommen, hat es eine bestimmte Bedeutung für sein Gedankenleben gewonnen. Doch stützt er sich jetzt nicht in demselben Sinne auf »Die Entstehung des Gewissens«, wie er sich einst in »Menschliches, Allzumenschliches« auf den »Ursprung der moralischen Empfindungen« gestützt hatte. Darauf beruht überhaupt ein Unterschied zwischen der letzten Geistesperiode Nietzsches und der vorhergehenden positivistischen, dass er sich nicht mehr darauf beschränkt, einzelne gegebene Theorien in ihrer inneren Bedeutsamkeit zum Ausdruck zu bringen, sondern dass er sich der kühnsten Entwickelung eines eigenen Systems hingibt, dass er aus dem Aphoristischen, Vereinzelten hinausstrebt. Hatte die »freigeisterische« Richtung ihn dazu angetrieben, ihre Erkenntnisse in tiefstem Erleben und Empfinden zu verinnerlichen, so drängte nun die leidenschaftliche Gewalt dieses inneren Erlebens ihrerseits nach Entlastung in bestimmten Gedanken und Theorien; sie drängte danach, sich in neue geschlossene Weltbilder umzusetzen.

Im Sommer 1882 wurde Nietzsche dadurch zu dem Entschlusse geführt, sich während einer Reihe von Jahren demjenigen Studium zu widmen, das ihm für den systematischen Ausbau seiner »Zukunftsphilosophie« unentbehrlich zu sein schien, dem Studium der Naturwissenschaften. Er wollte zu diesem Zwecke sein Leben im

Süden aufgeben, um in Paris, Wien oder München Vorlesungen zu hören. Zehn Jahre lang sollte jede schriftstellerische Tätigkeit eingestellt werden, bis das Neue in ihm nicht nur völlig ausgereift, sondern auch auf wissenschaftlichem Wege als richtig erwiesen wäre.

Etwas später als Nietzsche fühlte auch Rée das Bedürfnis, sich mit den Naturwissenschaften auseinanderzusetzen, die ihnen beiden bisher fremd geblieben waren. Er jedoch wünschte sie nicht als Material zum Ausbau eigener philosophischer Hypothesen heranzuziehen, sondern hatte, nach Vollendung seines Buches, das Verlangen, neue Gedanken frei auf sich wirken zu lassen und völlig aus seinem engeren Spezialgebiete herauszutreten. So wandte er sich denn der Medizin zu, studierte noch einmal, und machte sein Staatsexamen als praktischer Arzt, mit der Absicht, sich längere Zeit der Psychiatrie zu widmen und auf diesem Umwege zu den Geisteswissenschaften zurückzukehren. Niemals standen sich die Freunde geistig ferner als damals, wo sie scheinbar noch einmal dasselbe zu erstreben schienen: sie waren an den einander entgegengesetzten Polen ihres Wesens und Geistes angelangt.[27] Das spricht sich bezeichnend auch darin aus, dass die geplanten zehn Jahre des Schweigens für Nietzsche gerade diejenigen seiner größten Produktivität wurden, während Rée bis jetzt den Punkt noch nicht erreicht hat, auf dem sein altes Schaffen und sein neues Wissen in Eins verschmelzen und ihn zu neuer erhöhter Selbsttätigkeit anregen müssen.

Nietzsche war durch sein Kopfleiden an der Ausführung seiner Entschlüsse gehindert worden; schon der anbrechende Winter 1882 fand ihn wieder in seiner Einsiedlerklause zu Genua. Doch auch bei besserer Gesundheit wäre das Vorhaben nicht ausführbar gewesen. Denn Nietzsche befand sich nicht mehr in jenem abwartenden Zustande, in welchem der Geist noch Fremdes aufnehmen, sich störenden Einsichten willig unterordnen kann; er war schon viel zu stark produktiv erregt, um noch von irgend etwas berührt zu werden, das ihn in seinem Drange zu schaffen hätte aufhalten können.

Während er zur Entfesselung seiner Schaffenskraft einer ersten Befruchtung von außen her bedurfte, sei es selbst unter Schmerzen und

27 Siehe in der »Fröhlichen Wissenschaft« (279) unter der Überschrift »Sternen-Freundschaft« die schönen Worte, mit denen Nietzsche damals von dieser geistigen Genossenschaft Abschied nahm.

Selbstüberwindung, während er sich einer solchen fremden Erkenntnis gegenüber hingebend verhielt, in der Inbrunst der Verschmelzung mit ihr sein Selbst preisgab, erscheint er – einmal befruchtet – um so unzugänglicher und unbeeinflussbarer. Er ist ganz benommen vom eigenen Zustand und von dem, was Leben in ihm gewinnen will. Richtet sich aber seine Aufmerksamkeit nach außen, so geschieht es nur noch, um für das Leben, das aus ihm geboren werden soll, um jeden Preis Raum zu schaffen, keineswegs aber, um seine Existenzbedingungen noch einmal zu prüfen und in Frage zu stellen.

Der ihm durch seinen körperlichen Zustand zum zweiten Mal aufgezwungene Verzicht auf umfassende wissenschaftliche Studien führte dieses Mal zu dem entgegengesetzten Resultat wie zur Zeit seines Wagnerbruches und seiner positivistischen Periode. Damals war er die Veranlassung, dass Nietzsche, anstatt neue Theorien zu begründen, die von Anderen aufgenommenen innerlich auszuschöpfen und in ihren Seelenwirkungen festzustellen suchte. Jetzt hingegen wird er dadurch verleitet, die ihm fehlende theoretische Grundlage gewissermaßen hinzuzudichten. Hierin liegt geradezu ein Grundzug der letzten Philosophie Nietzsches: das Bedürfnis, sich systematisch auszubreiten, als gelte es, den verschiedensten Wissensgebieten die Beweise für die Richtigkeit seines schöpferischen Gedankens zu entnehmen, in Wahrheit jedoch nur ein gewaltsames Raumschaffen für denselben: ein so souveränes Ausleben seiner Innerlichkeit, dass sich ihm unwillkürlich das ganze Weltbild zu einer Wiege seiner Schöpfung umgestaltet.

Dementsprechend gewinnen von jetzt an alle seine Lehren, so paradox dies klingen mag, einen um so persönlicheren Charakter, je allgemeiner gefasst sie erscheinen, je allgemeingültigere Bedeutung sie beanspruchen. Zuletzt verbirgt sieh ihr Hauptkern unter so vielen Schalen, ihr letzter Geheimsinn unter so vielen Masken, dass die Theorien, in denen er zum Ausdruck kommt, fast nur noch Bilder und Symbole inneren Erlebens sind. Endlich fehlt jeder Wille zur Übereinstimmung und zur Verständigung mit Anderen, – »Mein Urteil ist mein Urteil: dazu hat nicht leicht auch ein Anderer das Recht.« (Jenseits von Gut und Böse 43) – und doch wird gleichzeitig dieses Urteil zum Weltgesetz dekretiert, zu einem Befehl an die ganze Menschheit. Denn so vollständig verschmilzt für Nietzsche zum Schlüsse innere Eingebung und Außen-Offenbarung, dass er in seinem Innenleben das Weltganze zu umfassen wähnt, und sein Geist in mystischer Weise den Inbegriff des Seienden in sich zu enthalten, aus sich zu gebären glaubt.« Für mich – wie gäbe es ein Außer-mir? Es gibt kein Außen!« (Also sprach Zarathustra III 95.)

Entsprechend dem Umstande, dass Nietzsches letzte Schaffensperiode ganz und gar in der philosophischen Ausdeutung seines eigenen Seelenlebens besteht, nennt er »Die fröhliche Wissenschaft«, das Werk, welches sie einleitet, in einem seiner Briefe »das Persönlichste unter meinen Büchern«, und klagt noch kurz vor dem Druck der »Fröhlichen Wissenschaft« in einem anderen Briefe: »Das Manuskript erweist sich seltsamerweise als unedierbar. Das kommt vom Prinzip des mihi ipsi scribo!«

In der Tat hat er wohl niemals so völlig für sich selbst geschrieben, als zu jener Zeit, wo er im Begriffe stand, seiner ganzen Weltbetrachtung sein eigenes Selbst unterzulegen, alles aus seinem eigenen Selbst heraus zu erklären. So ist die Mystik der neuen Grundlehren Nietzsches wohl schon hier enthalten, aber noch verborgen im rein persönlichen Element, aus dem sie hervorging. In Folge dessen bilden diese Aphorismen Monologe, monologischer gemeint als sonst irgend etwas in Nietzsches Werken, gleichsam halblaute »Zwischenreden«, ja oft nur gedacht als ein stummes geistiges Mienenspiel, das weit mehr verstecken als verraten soll. Die Gedanken der »Zukunftsphilosophie« reden schon daraus zu uns, aber sie umgeben uns noch gleich verschleierten Gestalten, deren Blick dunkel und rätselhaft auf uns ruht, und dies nicht, weil sie, wie in der »Morgenröte«, nur Ahnungen zum Ausdrucke bringen und noch der festen Züge und sicheren Umrisse entbehren, sondern weil ihnen mit Absicht ein Schleier übergeworfen und Schweigsamkeit anbefohlen wurde. Mit dem Finger an der Lippe scheint Nietzsche hier vor uns zu stehen, und gerade daraus entnehmen wir, dass er uns viel, dass er uns alles zu bekennen wünscht.

Aber es wird ihm schwer, ohne Rückhalt davon zu sprechen, weil auch in diesem Falle sein Selbstbekenntnis zugleich wieder ein Schmerzensbekenntnis ist. Und in einem viel tieferen, viel schmerzvolleren Sinn als bisher führt uns diesmal die Philosophie Nietzsches hinein in die verborgenen Leiden und Qualen seines

Erlebens, sodass, im Vergleiche hierzu, selbst die harten Kämpfe und Entsagungen seiner positivistischen Periode uns harmlos und gefahrlos Vorkommen werden. Auf den ersten Blick erscheint dies als ein Widerspruch, da Nietzsches letzte Philosophie gerade aus dem Drange hervorgegangen ist, an Stelle der ihm widerstrebenden positivistischen Theorien eine Weltanschauung aufzubauen, die seinem innersten Verlangen völlig entspräche. Insofern beginnt er in der Tat seine letzte Wandlung unter Jauchzen und Frohlocken. Aber man darf nicht vergessen, dass diese äußerste Selbsteinkehr, dieser Versuch, das Weltbild aus seinem Eigenbild zu konstruieren, Nietzsches Leiden an sich selbst zu Tage treten lässt, aus dem sein tiefster Wesensgrund besteht. Bisher hat er in seinen Erkenntniswandlungen diesem Leiden an sich selbst dadurch zu entrinnen gesucht, dass er den einen Teil seines Selbst durch den anderen quälte und tyrannisierte, aber bei allen Wandlungen des theoretischen Menschen blieb unverwandelt und sich ewig gleich der praktische Mensch mit seinen inneren Nöten. Jetzt erst, wo Nietzsche sich nicht mehr zwingt und kasteit, jetzt erst, wo er seiner Sehnsucht freie Worte gibt, begreift man ganz, in welcher Qual er lebte, hört man endlich den Schrei nach Erlösung von sich selbst, – nach seinem Wesens-Gegensatz, nach vollständiger und endgültiger Verwandlung, Umwandlung, – nicht einzelner Erkenntnisse nur, sondern des ganzen, des innersten Menschen. Man sieht förmlich, wie er hier, in Verzweiflung, aus sich selbst heraus und nach außen greift, nach einem erlösenden Ideal, welches er aus einem solchen Wesens-Gegensatz zu formen sucht. Daher ließ sich voraussehen: sobald Nietzsche seinen Seeleninhalt frei zum Weltinhalt umschuf, sobald er seinem intimsten Erleben die Weltgesetze entnahm, musste seine Philosophie ein tragisches Weltbild zeichnen: die Menschheit musste von ihm aufgefasst werden als eine an sich selbst leidende, an ihrer eigenen Entwicklung hoffnungslos krankende Zwittergattung, deren Daseinsberechtigung gar nicht in ihr selbst, sondern in einer schlechthin anderen, höheren, Übermenschen-Gattung liege, zu der sie nur eine Brücke bilden solle. Das Endziel der Menschheit sei Untergang und Selbstaufopferung zugunsten dieses ihr entgegengesetzten Ideals.

Erst am Eingang zu Nietzsches letzter Philosophie wird daher völlig klar, bis zu welchem Grade es der religiöse Grundtrieb ist, der sein

Wesen und Erkennen stets beherrschte. Seine verschiedenen Philosophien sind ihm ebenso viele Gott-Surrogate, die ihm helfen sollen, ein mystisches Gott-Ideal außer seiner selbst entbehren zu können. Seine letzten Lehren enthalten nun das Eingeständnis, dass er dies nicht vermag. Und gerade deshalb stoßen wir in seinen letzten Werken wieder auf eine so leidenschaftliche Bekämpfung der Religion, des Gottesglaubens und des Erlösungsbedürfnisses, weil er sich ihnen so gefährlich nähert. Hier spricht aus ihm ein Hass der Angst und der Liebe, mit dem er sich seine eigene Gottesstärke einreden, seine menschliche Hilflosigkeit ausreden möchte. Denn wir werden sehen, kraft welcher Selbsttäuschung und geheimen List Nietzsche endlich den tragischen Konflikt seines Lebens löst, – den Konflikt, des Gottes zu bedürfen und dennoch den Gott leugnen zu müssen. Zuerst gestaltet er mit sehnsuchtstrunkener Phantasie, in Träumen und Verzückungen, visionengleich, das mystische Übermenschen-Ideal, und dann, um sich vor sich selbst zu retten, sucht er, mit einem ungeheuren Sprung, sich mit demselben zu identifizieren. So wird er zuletzt zu einer Doppelgestalt, halb kranker, leidender Mensch, halb erlöster, lachender Übermensch. Das eine ist er als Geschöpf, das andere als Schöpfer, das eine als Wirklichkeit, das andere als mystisch gedachte Überwirklichkeit. Oft aber, während man seinen Reden darüber zuhört, empfindet man mit Grauen, dass er als Gegenstand der Anbetung hinstellt, was in Wahrheit auch für ihn nicht vorhanden ist, und man gedenkt seines Wortes, »– – – wer weiß, ob sich nicht bisher in allen großen Fällen eben das Gleiche begab: dass die Menge einen Gott anbetete, – und dass der »Gott« nur ein armes Opfertier war!« (Jenseits von Gut und Böse 269.)

»Das Opfertier als Gott« ist wahrlich ein Titel, der über der letzten Philosophie Nietzsches stehen könnte und am deutlichsten den inneren Widerspruch enthüllt, der in ihr liegt, – jene Exaltation von Schmerz und Wonne, in der beide ununterscheidbar in einander fließen. Wir haben vorher gesehen, inwiefern es eine Feststimmung war, in der Nietzsche in seine letzte Geisteswandlung hinüberglitt, – eine Feierstimmung träumenden Rausches und Überflusses: wir sehen jetzt den Punkt, an welchem die Gewalt der inneren Erregung in den Schmerz überschlägt. Er war in jener ganzen Zeit, selbst in seinem Alltagsleben, erfüllt von einer Stimmung äußerster seelischer

Überwältigung, in der man sogar der Ausgelassenheit fähig ist, aber nur weil alle Nerven beben, in der man leicht bis zum Scherzen und Lachen gelangt, aber nur mit zitternden Lippen. Bedurfte es doch jedesmal für Nietzsche einer solchen Verschlingung von Wonne und Weh, von Begeisterung und Leiden, um ihn einer geistigen Wiedergeburt entgegenzuführen. Sein Glück musste erst zum »Überglück«, und in diesem Übermaß zum eigenen Gegner und Gegensatz geworden sein; Frieden und Heimatgefühl, wo er sie einmal innerhalb eines gewonnenen Erkenntnisgebietes mühsam errungen hatte, mussten ihn erst zu Selbstverwundung und Selbstvertreibung gereizt haben, damit sein Geist in sich selber schwelgen und sich in neuen Schöpfungen entlasten konnte.

Es ist dafür bezeichnend, dass er sein Werk, im Jauchzen seines Herzens, die frohe Botschaft, »Die fröhliche Wissenschaft« nannte, zugleich aber über den Schluss-Aphorismus desselben die düsteren Rätselworte setzte: »Incipit tragoedia!«

Dieser Verbindung von tiefer Erschütterung und spielendem Übermut, von Tragik und Heiterkeit, welche für die ganze Gruppe der letzten Werke charakteristisch ist, entspricht es auch, dass die »Fröhliche Wissenschaft«, im schärfsten Gegensatz zu dem dunkeln Geheimnis der Schlussworte, ein »Vorspiel« in Versen besitzt: »Scherz, List und Rache.« Hier begegnen uns zum ersten Mal Verse in Nietzsches Schriften, – sie mehren sich aber in dem Maße, als er seinem persönlichen Untergang zuzuschreiten glaubt. In Gesängen klingt sein Geist aus. Die Verse sind überraschend verschieden an Wert, zum Teil vollendet: Gedanken, die an ihrer eigenen Schönheit und Fülle sich zu Gedichten wandelten; – zum Teil von einer so wunderlichen Unvollkommenheit, wie sie nur die Laune des Mutwillens vom Zaune bricht. Über ihnen allen aber ruht etwas seltsam Ergreifendes: Sind es doch Blumen, die sich ein Einsamer auf den Leidensweg streut, der seiner harrt, um den Schein zu erwecken, dass es ein Freudenweg sei. Frisch gebrochenen Rosen gleichen sie, auf die sein Fuß treten will, während er schon beschäftigt ist, in seinen leidvollsten Erkenntnissen seinem Haupte die Dornenkrone zu flechten.

Sie klingen wie ein Präludium zu dem erschütternden Schauspiel seiner höchsten Erhebung und seines Unterganges. Von diesem Schauspiel hebt auch die Philosophie Nietzsches den Vorhang nicht ganz. Was sie uns zeigt, ist nur, gleich einem Bilde auf diesem Vorhang, ein buntes Blumengewinde, aus dem, halb versteckt, die Worte groß und traurig hervorleuchten:

»Incipit tragoedia!«

III. ABSCHNITT.

DAS „SYSTEM NIETZSCHE".

MOTTO:

»Schaffen wollt ihr noch die Welt, vor der ihr knien könnt.«

(Also sprach Zarathustra II. 47).

Geist? Was ist mir Geist! Was ist mir Erkenntnis! Ich schätze nichts als Antriebe, – und ich möchte schwören, dass wir darin unser Gemeinsames haben. Sehen Sie doch durch diese Phase hindurch, in der ich seit einigen Jahren gelebt habe, – sehen Sie dahinter! Lassen Sie sich nicht über mich täuschen – Sie glauben doch nicht, dass »der Freigeist« mein Ideal ist!! Ich bin – – –

Verzeihung! Liebste Lou!

F. N.

In dieser geheimnisvollen Weise bricht der vorstehende Brief Nietzsches ab, den er in der Zeit zwischen der Veröffentlichung der »Fröhlichen Wissenschaft« und derjenigen seiner mystischen Dichtung »Also sprach Zarathustra« geschrieben hat. In den wenigen Zeilen sind bereits die wesentlichsten Züge der letzten Philosophie Nietzsches angedeutet: auf dem Gebiet der Logik die prinzipielle Abkehr von dem bisherigen reinlogischen Erkenntnisideal, von der theoretischen Strenge der verstandesmäßigen »Freigeisterei«; auf dem Gebiet der Ethik, anstatt der bisherigen negierenden Kritik, die Verlegung der Wahrheitsbegründung in die Welt der seelischen Antriebe, als der Quelle einer neuen Wertung und Abschätzung aller Dinge; ferner eine Art von Rückkehr zu Nietzsches erster philosophischer Entwicklungsphase, die vor seinem positivistischen Freigeistertum liegt, – nämlich zur Metaphysik der Wagner-Schopenhauerischen Ästhetik und ihrer Lehre vom übermenschlichen Genie. Und hierauf endlich gründet sich, als auf den Kernpunkt der neuen Zukunftsphilosophie, das Mysterium einer ungeheuren Selbst-Apotheose, das er in dem zögernden Wort »Ich bin« – sich noch scheut auszusprechen.

Nietzsches letzte Geistesperiode umfasst fünf Werke: Die vierbändige Dichtung »Also sprach Zarathustra« (I und II 1883; III 1884, Chemnitz, Ernst Schmeitzner; IV 1891, Leipzig, C. G. Naumann); »Jenseits von Gut und Böse, Vorspiel einer Philosophie der Zukunft« (1886, Leipzig, C. G. Naumann; 2. Auflage 1891); »Zur Genealogie der Moral, eine Streitschrift« (1887, Leipzig, C. G. Naumann); »Der Fall Wagner, ein Musikanten-Problem« (1888,

Leipzig, C. G. Naumann); endlich die kleine Aphorismen-Sammlung »Götzen-Dämmerung oder Wie man mit dem Hammer philosophiert« (1889, Leipzig, C. G. Naumann). Wir können hier aber nicht dem Gange seines philosophischen Denkens Schritt für Schritt an der Hand jener Werke folgen, da sie nicht, wie die der vorhergehenden Periode, ebenso viele Entwicklungsstufen seines Gedankens darstellen, sondern zum ersten Mal alle dazu bestimmt sind, der Darlegung eines Systems zu dienen, wenn auch nur eines Systems, das mehr auf ihrer Gesamtstimmung als auf der klaren Einheitlichkeit begrifflicher Deduktion beruht. Der aphoristische Charakter, den seine Bücher auch hier bewahren, erscheint daher in diesem Fall als ein unleugbarer Mangel der Form seiner Darstellung, nicht, wie bisher, als ein eigentümlicher Vorzug derselben. Was Nietzsche durch seine vollendete Meisterschaft in der aphoristischen Form gelang: einen jeden Gedanken in seiner seelischen Bedeutsamkeit voll auszuschöpfen und mit allen seinen feinen inneren Nebenbeziehungen wiederzugeben, das reicht nicht aus für die systematische Begründung eigener Theorien, sondern löst sie hier und da in ein geistreiches Spiel mit blendenden Hypothesen auf. Nietzsche wurde sowohl durch sein Augenleiden als auch durch seine Gewöhnung an sprunghaftes Denken dazu gezwungen, im Allgemeinen an seiner alten Schreibweise festzuhalten, aber immer wieder macht er, – sowohl in »Jenseits von Gut und Böse«, als auch in der »Genealogie der Moral«, – den Versuch, über das Rein-Aphoristische hinauszukommen, seine Gedanken systematisch zu ordnen und vorzutragen, weil das, was ihm vorschwebt, ein einheitliches Ganzes geworden ist.

Daher finden wir auch hier zum ersten Mal bei ihm eine Art von Erkenntnistheorie, einen Ansatz dazu, sich mit den erkenntnistheoretischen Problemen auseinanderzusetzen, nachdem er ihnen bisher immer aus dem Wege gegangen war, wie er überhaupt gern jedes Problem mied, dem sich nur auf rein begrifflichem Wege beikommen lässt. Jetzt erst bleibt er nicht mehr ohne Weiteres bei der praktischen Philosophie stehen, sondern hält es für notwendig, auf die Mittel hinzuweisen, mit denen er sich das erkenntnistheoretische Pförtchen aufgebrochen habe, durch das er zu seinen Hypothesen gelangt. Ziemlich ausführliche Bemerkungen darüber finden sich an den verschiedensten Stellen seiner Werke zerstreut. Es erscheint aber höchst charakteristisch, dass sie sich erst jetzt finden, wo er der Welt des Abstrakt-Logischen prinzipielle Feindschaft erklärt und fest entschlossen ist, alle schwierigen Begriffsknoten, auf die er stoßen könnte, mit einem Schwerthieb zu zerhauen: er befasst sich mit der Erkenntnistheorie eben nur, um sie über den Haufen zu werfen.

Zur Zeit seines Wagnertums war Nietzsche als Jünger Schopenhauers diesem seinem Meister in der bekannten Interpretierung und Modifizierung Kants gefolgt, laut welcher die Fragen nach den höchsten und letzten Dingen ihre Beantwortung finden, zwar nicht durch den Verstand, sondern durch die höchsten Eingebungen und Erleuchtungen des Willenslebens. Später stimmte Nietzsche, unter heftigem Protest gegen diese Annahme der Schopenhauerischen Metaphysik, der strengen Selbstbescheidung der Erfahrungswissenschaft zu, welche sich mit dem Verstandeserkennen auf den ihm zugänglichen Gebieten begnügt. Aber Nietzsche hielt diese Zustimmung nur so lange aufrecht, als er mit Hilfe eines fanatischen Intellektualismus sich aus dem bescheidenen Verstandeserkennen ein ihn begeisterndes Wahrheitsideal zu schaffen vermochte, dem sich sein Wille und Seelenleben blind unterwarf. Sobald sein Fanatismus sich erschöpft hatte, sobald seine Begeisterung die intellektuellen Ziele und Werte nicht mehr in so überschwänglich-idealer Beleuchtung sah, wurde er derselben überhaupt überdrüssig und verlangte nach neuen Idealen. In diesem Verlangen ging ihm nun innerhalb des Positivismus eine Einsicht auf, die er bisher nicht beachtet hatte: nämlich die Einsicht in die Relativität alles Denkens, die Zurückführung alles Verstandeserkennens auf die rein praktische Grundlage des menschlichen Trieblebens, dem es entstammt und von dem es dauernd abhängig ist.

Diesem Wege, der ihm von seinen eigenen philosophischen Genossen vorgezeichnet war, brauchte er nur mit gewohnter Exaltation zu folgen, um schließlich zu seiner ursprünglichen Schätzung der Affekte zurückzugelangen. Denn was für die Anderen nur eine natürliche Konsequenz war, welche die moderne Erkenntnistheorie zieht, und welche die Methode und die Resultate der Erfahrungswissenschaft als solche gar nicht berührt, daraus entnahm Nietzsche den Anstoß zu einem völligen Gesinnungswechsel. Mit derselben äußersten Übertreibung und demselben Fanatismus, mit denen er das streng begriffliche Denken als höchstes Wahrheitsideal angebetet hatte, verhöhnt er es jetzt als etwas Geringes und Niedriges gegenüber den Trieben, die es in Wahrheit regieren.

Was sich inzwischen verändert hat, ist zwar nur seine Stimmung, nur seine Gefühlsauffassung der Sachlage, aber eben dies besagt für Nietzsche alles: es reißt ihn allmählich fort zu immer weitergehenden Folgerungen und wird so schließlich zum Ausgangspunkt für eine neue Weltanschauung.

Dieser Verlauf ist typisch für die Entstehung aller Grundgedanken in Nietzsches »Zukunftsphilosophie« ; ihm werden wir in seiner Erkenntnistheorie wie in seiner Morallehre, in seiner Ästhetik wie in seiner letzten Mystik wiederbegegnen und stets dieselben drei Entwicklungsstufen daran wahrnehmen: zuerst das Anknüpfen an einzelne letzte Konsequenzen der modernen Erfahrungswissenschaft, dann ein Umschlagen seiner Gemütsstimmung in der Auffassung solcher Ergebnisse, ihre Zuspitzung und Übertreibung bis aufs Äußerste, und endlich, daraus fließend, seine eigenen neuen Theorien.

Hinsichtlich dieser sind aber zwei Seiten zu unterscheiden, einesteils ihr tatsächlicher philosophischer Gehalt, andernteils Nietzsches rein seelische Wiederspiegelung in ihnen, indem er sich in seinen Gedanken den Ausdruck für sein tiefstes Wesen schafft. Diese Selbstwiederspiegelung führt uns zu dem Bilde Nietzsches zurück, wie es im ersten Teile dieser Arbeit entworfen ist. Der Gedankengehalt aber der neuen Lehre erweist sich als eine kunstvolle Verbindung der beiden philosophischen Phasen in Nietzsches Geistesentwicklung, – als ein Muster von zwei verschiedenen mit genialer Hand ineinandergeflochtenen Geweben: der Schopenhauerischen Willenslehre und der Entwicklungslehre der Positivisten.

Für Nietzsches Erkenntnistheorie, mit ihrer Bekämpfung der Bedeutung des Logischen und ihrer Zurückführung desselben auf das schlechthin Unlogische, kommt am meisten in Betracht sein Buch »Jenseits von Gut und Böse«, das in einzelnen Abschnitten ebensogut heißen könnte: »Jenseits von Wahr und Falsch«. Denn hier erörtert er am ausführlichsten die Unberechtigung der Wertgegensätze »wahr und unwahr«, die mit der Einsicht in ihren Ursprung nicht minder hinfällig werden, wie die Wertgegensätze »gut und böse«. »Das Problem vom Werte der Wahrheit trat vor uns hin, – – – Was in uns will eigentlich »»zur Wahrheit««? – Gesetzt, wir wollen Wahrheit: warum nicht lieber Unwahrheit? – –« (1.) »Ja, was zwingt uns überhaupt zur Annahme, dass es einen wesenhaften Gegensatz von »wahr« und »falsch« gibt? Genügt es nicht, Stufen der Scheinbarkeit anzunehmen?« – – (34.) »In welcher seltsamen Vereinfachung und Fälschung lebt der Mensch! – – – erst auf diesem nunmehr festen und granitenen Grunde von Unwissenheit durfte sich – die Wissenschaft erheben, der Wille zum Wissen auf dem Grunde eines viel gewaltigeren Willens, des Willens zum Nichtwissen, zum Ungewissen, zum Unwahren! Nicht als sein Gegensatz, sondern – als seine Verfeinerung«! (24.) Das »Bewusstsein« ist nicht »in irgendeinem entscheidenden Sinne dem Instinktiven entgegengesetzt, – das meiste bewusste Denken eines Philosophen ist durch seine Instinkte heimlich geführt und in bestimmte Bahnen gezwungen.« (3.) Alle Logik ist letzten Endes nichts anderes als eine bloße »Zeichen-Konvention« (Götzen-Dämmerung III 3), alles Denken eine Art von »Zeichensprache der Affekte«, da »wir zu keiner anderen »Realität« hinab oder hinauf können als gerade zur Realität unserer Triebe – denn Denken ist nur ein Verhalten dieser Triebe zueinander.« (Jenseits von Gut und Böse 36). Und daraus folgt denn schon: – – – »je mehr Affekte wir über eine Sache zu Worte kommen lassen, je mehr Augen, verschiedene Augen wir uns für dieselbe Sache einzusetzen wissen, um so vollständiger wird unser »Begriff« dieser Sache, unsere »Objektivität« sein. Den Willen aber überhaupt eliminieren, die Affekte samt und sonders aushängen, gesetzt, dass wir dies vermöchten: wie? hieße das nicht den Intellekt kastrieren? .... (Zur Genealogie der Moral III 12).

Hier ist der Punkt, an welchem Nietzsches Auffassung plötzlich von seiner ehemaligen abweicht und ihn zu der entgegengesetzten führt. Hat er früher davor gewarnt, irgendeinem Affekt zu trauen, weil derselbe doch nur das »Enkelkind« alter vergessener und wahrscheinlich irrtümlicher Urteilsschlüsse sei, so beruft er sich jetzt auf die uralte Gefühlsgrundlage, der alle Urteilsschlüsse entstammen, und degradiert diese so zu unselbständigen, abhängigen »Enkelkindern« des Gefühls. Für beide Auffassungen findet er die gesuchte Begründung noch in der positivistischen Weltanschauung, aber was dort friedlich neben einander besteht, – die Relativität des Denkens und diejenige des Affektlebens, – – – das trennt sich für ihn in zwei unversöhnliche Gegensätze: auf der einen Seite steht der bis auf die Spitze getriebene Intellektualismus, dem er sich bis dahin hingegeben, und durch den er alles Leben dem Denken, alles Gemüt dem Verstände untertan machen wollte, – auf der anderen Seite eine ebenfalls auf das Höchste gesteigerte Gefühlsexaltation, die sich für ihre lange Unterdrückung rächt und in ihrem Lebensüberschwang sich nur genugtun kann in einem fanatischen: »fiat vita, pereat veritas!«

Darum heißt es weiter: »Die Falschheit eines Urteils ist uns noch kein Einwand gegen ein Urteil; – – Die Frage ist, wie weit es lebenfördernd, lebenerhaltend – – ist; – – – Verzichtleisten auf falsche Urteile (wäre) ein Verzichtleisten auf Leben, eine Verneinung des Lebens.« (Jenseits von Gut und Böse 4.) »Bei allem Werte, der dem Wahren, dem Wahrhaftigen, – – zukommen mag: es wäre möglich, dass dem Scheine, dem Willen zur Täuschung, – – – und der Begierde ein für alles Leben höherer und grundsätzlicherer Wert zugeschrieben werden müsste. Es wäre sogar noch möglich, dass, was den Wert jener guten und verehrten Dinge ausmacht, gerade darin bestünde, mit jenen schlimmen, scheinbar entgegengesetzten Dingen auf verfängliche Weise verwandt, verknüpft, verhäkelt, vielleicht gar wesensgleich zu sein.« (Jenseits von Gut und Böse 2.) »– – – wir sind von Grund aus, von Alters her – ans Lügen gewöhnt. Oder, um es tugendhafter und heuchlerischer, kurz angenehmer auszudrücken: man ist viel mehr Künstler als man weiß.« (Ebendaselbst .192.) Und das Lebenerhaltendere der Lüge ist es, das den Künstler hoch über den wissenschaftlichen Menschen und dessen Wahrheitsforschung stellt. »– die Kunst, in der gerade die Lüge sich heiligt, der Wille zur Täuschung das gute Gewissen zur Seite hat,« (Zur Genealogie der Moral III 25), ist es auch, um derentwillen jetzt plötzlich wieder die ehemals so geschmähten Metaphysiker weit vornehmer und schätzenswerter erscheinen, als die »Wirklichkeits-Philosophaster«, mit ihrer Genügsamkeit und »Lappenhaftigkeit«. (Jenseits von Gut und Böse 10.)

An dieser erneuten Verherrlichung des Künstlertums und selbst der Metaphysik erkennt man, wie weit Nietzsche schon zu einem neuen, entgegengesetzten Typus des Erkennenden durchgedrungen ist, und wie weit er sich bereits von den positivistischen

»Wirklichkeits-Philosophastern« entfernt hat. Denn was diese als eine unvermeidliche Zugabe zum erkennenden Denken betrachten und im Erkenntnisakt nach Möglichkeit zu reduzieren suchen: die Abhängigkeit des Denkens vom menschlichen Triebleben, – das gerade bedarf nach Nietzsche der höchstmöglichen Steigerung. Die Einsicht in die Relativität alles Denkens, in die engen Grenzen, die der Wahrheitserkenntnis gezogen sind, dient ihm ausschließlich zur Proklamierung einer neuen Grenzenlosigkeit des Erkennens, die demselben den absoluten Charakter wiedergeben soll. Weil Nietzsche der absoluten Ideale bedurfte, um sie anbeten und an ihnen seine Hingebung ausleben zu können, suchte er, sobald sein logisches Wahrheitsideal allzu bescheiden zusammenschrumpfte, Abhilfe in dessen Gegensatz, im Maßlosen des gesteigerten Affektlebens. Ist er vorher davon ausgegangen, das Wahrheitsstreben von einer letzten Illusion zu befreien, indem er es als relativ auffasste, so öffnet er sich nun einen neuen Zugang zu neuen Illusionen: durch Verlegung des Erkenntnisgebietes in das der Gefühlserregungen und Willenseingebungen. Damit sind alle zurückhaltenden, einschränkenden Dämme niedergerissen und rückhaltlos darf das Affektleben darüber hinfluten. Nirgends Gewissheit oder überall Gewissheit, das kommt hier beinahe auf dasselbe hinaus; wo der Gedanke alle selbständigen Erkenntnisrechte eingebüßt hat, da schweift er, als Spielzeug und Werkzeug der ihn regierenden verborgenen Triebe bis in die fernsten Fernen, bis in die tiefsten Tiefen. Ist Nietzsche ursprünglich aus dem geheimnisvoll schimmernden Zaubergarten der Metaphysik in die nüchterne Verstandeswelt empirischer Forschung eingetreten, so verliert er sich jetzt in den Irrgarten einer Wildnis, die, ungelichtet und undurchdringlich, diese Verstandeswelt umgibt. Gerade der Umstand, dass in ihr noch keine Wege gebahnt sind, dem Denken noch keine Richtung gewiesen ist, – dass alles in ihr noch herrenlos und gesetzlos ist, und der Willensmachtspruch Raum hat für jegliches Schaffen, – gerade dies Abenteuerlich-Gefährliche ist ihm Bürgschaft für den richtigen Weg, denn es erscheint als die Richtung mitten ins Innere des Lebens, mitten in seine Urkräfte hinein. »Rätsel-Trunkene, Zwielicht-Frohe« nennt daher Zarathustra seine Jünger, »deren Seele mit Flöten zu jedem Irr-Schlunde gelockt wird: – denn nicht wollt ihr mit feiger Hand einem Faden nach tasten; und, wo ihr erraten könnt, da hasst ihr es, zu erschließen.« (Also sprach Zarathustra III 6 f.) »Auch im Erkennen fühle ich nur meines Willens Zunge und Werde-Lust (Ebendaselbst II 8); »Werk- und Spielzeuge sind Sinn und Geist!« (Ebendaselbst I 43), denn das Leben spricht: »Auch du, Erkennender, bist nur ein Pfad und Fußtapfen meines Willens: wahrlich, mein Wille zur Macht wandelt auch auf den Füssen deines Willens zur Wahrheit!« (Ebendaselbst II 50)

Nietzsche, der so lange Zeit hindurch, zur Beschwichtigung und Zügelung seiner tieferregten Innerlichkeit und ihres Affektlebens, eine kalte und nüchterne Denkweise benutzt hatte, erfuhr nun an sich selber, was er früher einmal vorahnend und warnend, in »Menschliches, Allzumenschliches (II 275), geschildert: »Hat man seinen Geist verwendet, um über die Maßlosigkeit der Affekte Herr zu werden, so geschieht es vielleicht mit dem leidigen Erfolge, dass man die Maßlosigkeit auf den Geist überträgt und fürderhin im Denken und Erkennenwollen ausschweift.«[28]

---

28 Vergl. hierzu die folgenden Äußerungen Nietzsches in den Werken seiner vorhergehenden Periode:

»Zwischen den sorgsam erschlossenen Wahrheiten und solchen »geahnten« Dingen bleibt unüberbrückbar die Kluft, dass jene dem Intellekt, diese dem Bedürfnis verdankt werden. – – – – man hat nur den inneren Wunsch, dass es so sein möge, – also dass das Beseligende auch das Wahre sei. Dieser Wunsch verleitet uns, schlechte Gründe als gute einzukaufen« (Menschliches. Allzumenschliches I 131). Sich davon verleiten lassen oder nicht, – das bestimmte damals für ihn geradezu die Rangordnung der Menschen. »Was ist mir – – Feinheit und Genie, wenn der Mensch – – schlaffe Gefühle im Glauben und Urteilen bei sich duldet, wenn das Verlangen nach Gewissheit ihm nicht als die innerste Begierde und tiefste Not gilt, – als das, was die höheren Menschen von den niederen scheidet!« (Die Fröhliche Wissenschaft 2). Und in der »Morgenröte« (497) rühmt er noch als Kennzeichen der wahren Größe des Denkers, im Gegensatz zu der temperamentvollen Genialität, »das reine, reinmachende Auge, das nicht aus ihrem Temperament und Charakter gewachsen scheint,« sondern unbeeinflusst von diesen die Dinge widerspiegelt. »Hätte es nicht allezeit eine Überzahl von Menschen gegeben, welche die Zucht ihres Kopfes – ihre »Vernünftigkeit« – als ihren Stolz, ihre Verpflichtung, ihre Tugend fühlten, welche durch alles Phantasieren und Ausschweifen des Denkens beleidigt oder beschämt wurden, – – –: so wäre die Menschheit längst zu Grunde gegangen! Über ihr schwebte und schwebt fortwährend als ihre größte Gefahr der ausbrechende Irrsinn – das heißt eben das Ausbrechen des Beliebens im Empfinden, Sehen und Hören, der Genuss in der Zuchtlosigkeit des Kopfes, die Freude am Menschen-Unverstande. Nicht die Wahrheit und Gewissheit ist der Gegensatz der Welt des Irrsinnigen, sondern die Allgemeinheit und Allverbindlichkeit eines Glaubens, kurz

In einem solchen Verlangen wild auszuschweifen, schafft er sich einen neuen Wahlspruch: »Nichts ist wahr, alles ist erlaubt!« (Zur Genealogie der Moral III. 24.) und preist den Wert der Täuschung, der willkürlichen Fiktion, des Unlogischen und »Unwahren«, als der im Grunde lebenfördernden, willensteigernden Mächte. In der Vorstellung, dass ja in dem gesamten Weltbilde, so wie wir es um uns aufgebaut haben, wir selbst als die Schöpfer mit unserer psychischen Eigenart drinstecken, und dass unser Erkennen letzten Endes doch nichts ist als eine »Anmenschlichung der Dinge«, schwelgt er so lange, bis das Weltganze sich ihm zu einem Traumbilde verflüchtigt, das sich der Einzelne willkürlich ersonnen hat. »Warum dürfte die Welt, die uns etwas angeht –, nicht eine Fiktion sein?« fragt er sich (Jenseits von Gut und Böse 34), mit dem Hintergedanken: und also durch einen Gewaltakt umzuschaffen sein?

Hierauf bezieht sich ein kurzes interessantes Kapitel in der »Götzen-Dämmerung« (IV), dessen Absicht aber nur im Zusammenhang mit den übrigen zerstreuten Bemerkungen Nietzsches über diesen Gegenstand ganz verständlich wird. Es ist überschrieben: »Wie die »wahre Welt« endlich zur Fabel wurde. Geschichte eines Irrtums.« und enthält eine Skizzierung des philosophischen Entwicklungsganges von den Alten bis zu uns. Die alte Philosophie fasste schon, wenn

das Nicht-Beliebige im Urteilen. Und die größte Arbeit der Menschen bisher war die, über sehr viele Dinge mit einander übereinzustimmen und sich ein Gesetz der Übereinstimmung aufzulegen – – – – – schon das langsame Tempo, welches er (der Allerweltsglaube) – – – verlangt, – – – – macht Künstler und Dichter zu Überläufern: – diese ungeduldigen Geister sind es, in denen eine förmliche Lust am Irrsinn ausbricht, weil der Irrsinn ein so fröhliches Tempo hat!« (Die Fröhliche Wissenschaft 76). Und man meint, er richte sich gegen sein eigenes späteres Selbst, wenn er den Künstlern und Frauen jene Unwissenschaftlichkeit des Geistes vorwirft, die sich von allen Hypothesen fanatisieren lasse, welche »den Eindruck des Geistreichen, Hinreißenden, Belebenden, Kräftigenden machen.« Gleich ihnen wollen die Meisten stark fortgerissen werden, um dadurch selber einen Kraftzuwachs zu erlangen«, nur wenige »haben jenes sachliche Interesse, das von persönlichen Vorteilen, auch von dem des erwähnten Kraftzuwachses absieht. Auf jene bei Weitem überwiegende Klasse wird überall dort gerechnet, wo der Denker sich als Genie benimmt und bezeichnet, also wie ein höheres Wesen dreinschaut, welchem Autorität zukommt. Insofern das Genie jener Art die Glut der Überzeugungen unterhält und Misstrauen gegen den vorsichtigen und bescheidenen Sinn der Wissenschaft weckt, ist es ein Feind der Wahrheit, – wenn es sich auch noch so sehr für deren Freier halten sollte.« (Menschliches, Allzumenschliches I 635.)

auch erst in naiver Weise, den Erkennenden und sein Weltbild, die Person und die Wahrheit, als identisch; sie gipfelte in der Umschreibung des Satzes: »ich, Plato, bin die Wahrheit.« »Die wahre Welt«, im Gegensatz zur unwahren, scheinbaren, in der die Unweisen leben, ist, »erreichbar für den Weisen, – er lebt in ihr, er ist sie.« Im Christentum trennt sich die Idee der »wahren Welt« fortschreitend von der Persönlichkeit, indem sie sich entmenschlicht und sublimiert, als Zukunftsverheißung, als Versprechen über den Menschen auffliegt. Endlich, durch eine Reihe von metaphysischen Systemen hindurch, verblasst sie bei Kant zu einem bloßen Schatten, »unerreichbar, unbeweisbar, unversprechbar,« – bis sie sich, mit der endgültigen Abkehr von aller Metaphysik, völlig zu Nichts verflüchtigt: »Grauer Morgen. Erstes Gähnen der Vernunft. Hahnenschrei des Positivismus.« Damit steigt die bisher als scheinbar und unwahr gescholtene Welt im Preise, weil sie die einzig übrigbleibende ist: »Heller Tag; Frühstück; Rückkehr des bon sens und der Heiterkeit; Schamröte Plato's; Teufelslärm aller freien Geister.« Aber mit der Einsicht in die Entstehung der Fabel von der »wahren Welt« haben wir zugleich die Entstehungsweise des Weltbildes unserer Erkenntnis überhaupt eingesehen. Jetzt, wo der Glaube an eine mystische »wahre« Welt hinter der scheinbaren, durch Täuschung und Irrtum entstandenen, uns nicht mehr tröstet, was bleibt uns noch übrig? »Mit der wahren Welt haben wir auch die scheinbare abgeschafft,« die ja nur als deren Gegensatz möglich war. Wieder ist der Mensch auf sich selbst zurückgeworfen als auf den Selbstschöpfer aller Dinge. Wieder ist die alte Fassung: »Ich, Plato, bin die Weit,« möglich geworden und steht als letzte Weisheit am Anfang aller Philosophie, nun aber nicht mehr in der naiven, noch ungebrochenen Identifizierung von Person und Wahrheit, von Subjekt und Objekt, sondern als klar bewusste und gewollte Schöpfertat dessen, der sich selbst als den Weltenträger erkannt hat. »Ich, Nietzsche-Zarathustra, bin die Welt, sie ist, weil ich bin, sie ist, wie ich will.« Dieses Ergebnis wird nur angedeutet in den geheimnisvollen Schlussworten: »Mittag; Augenblick des kürzesten Schattens; Ende des längsten Irrtums. Höhepunkt der Menschheit; Incipit Zarathustra.«

Hier lässt es sich schon deutlich verfolgen, wie sich neue und ins Mystische überschlagende Gedanken Nietzsches mit Elementen mischen und verknüpfen, die er noch der modernen Erkenntnistheorie entnimmt. Und damit ist bereits der Punkt erreicht, von dem aus sich seine neue Lehre aufbaut, und bei dem es sich nicht mehr um eine bloße Gefühlsübertreibung gewisser allgemeingültiger Einsichten handelt. Denn aus der Tatsache der Begrenztheit und Relativität alles menschlichen Erkennens, und aus der der Priorität des menschlichen Trieblebens gegenüber demselben formt sich ihm unvermerkt der neue Typus des Philosophen: das überlebensgroße Bild eines Einzelnen, dessen Gewaltwille über wahr und unwahr entscheidet, und in dessen Hand das Verstandeserkennen der Menschen ein bloßes Spielzeug ist. Man könnte sagen: dasjenige, was den Geist zu strenger Selbstbescheidung zwingt, was ihn von allen Seiten bedingt und beeinflusst, das personifiziert sich Nietzsche unter dem Bilde einer zügellosen Allmacht, die er auf einen übermenschlichen Einzelnen überträgt. Ja, in ihm sollen alle Triebe und Kräfte alles Menschentums dermaßen entfesselt und gesteigert gedacht werden, dass die Quintessenz des Lebens, der Kraft-Extrakt des Ganzen, in ihm gleichsam Person geworden ist, sodass er auch die Erkenntnisnormen umzuprägen und zu verrücken imstande wäre. Doch geschieht dies nicht in einem Akt der Kontemplation, sondern in einer schöpferischen Tat, als Handlung und Befehl, der an die Welt ergeht. »– Die eigentlichen Philosophen aber sind Befehlende und Gesetzgeber: sie sagen »so soll es sein!« sie bestimmen erst das Wohin? und Wozu? des Menschen – –, – sie greifen mit schöpferischer Hand nach der Zukunft – –. Ihr »Erkennen« ist Schaffen, ihr Schaffen ist eine Gesetzgebung, ihr Wille zur Wahrheit ist – Wille zur Macht.« (Jenseits von Gut und Böse 211.) Ihre Philosophie »schafft immer die Welt nach ihrem Bilde, sie kann nicht anders; Philosophie ist dieser tyrannische Trieb selbst, der geistigste Wille zur Macht, zur »Schaffung der Welt«, zur causa prima« (Ebendaselbst 9). Die »cäsarischen Züchter und Gewaltmenschen der Kultur« (Ebendaselbst 207) sind es, mit deren Erläuterung und Beschreibung sich Nietzsches ganze Zukunftsphilosophie beschäftigt, ja, in deren Bilde ihr gesamter Inhalt besteht. In seiner Erkenntnistheorie wird ihnen nur der Boden bereitet, in seiner Ethik und Ästhetik wachsen sie aus diesem Boden immer höher hinauf in eine religiöse Mystik, in der Gott, Welt und Mensch zu einem einzigen ungeheuren Überwesen verschmelzen.

Es ist leicht zu sehen, inwiefern sich Nietzsche mit dem Bilde dieses Schöpfer-Philosophen seinen ehemaligen metaphysischen Anschauungen nähert, wie er aber dieselben zugleich durch seine späteren wissenschaftlichen Theorien zu modifizieren sucht. Die »idealen« Wahrheiten der Metaphysik mit ihren erhebenden und tröstenden Deutungen des Welträtsels nimmt er nicht wieder auf, aber indem er überhaupt mit der Möglichkeit einer »Wahrheit« aufräumt, indem er die Skepsis in das Gebiet des Erkennens hineinträgt und sich auf den Standpunkt »Alles ist unwahr« stellt, schafft er sich Raum, um einen Ersatz für jene verlorenen idealen Wahrheiten und Trostgründe herzustellen. Durch einen Machtspruch, durch einen Willensakt wird in die Dinge die Bedeutung hineingelegt, die sie an sich selbst nicht haben; aus dem Wahrheits-Entdecker, als welcher der Philosoph bisher galt, ist er gewissermaßen zum Wahrheits-Erfinder geworden, zu einem »Überreichen des Willens« (Jenseits von Gut und Böse 212), der zwar Unwahrheiten und Täuschungen ausspricht, aber dessen schöpferischer Wille sie wahr, d. h. zu überzeugenden Wirklichkeiten, zu machen weiß. »Wer seinen Willen nicht in die Dinge zu legen weiß, der legt wenigstens einen Sinn noch hinein« (Götzen-Dämmerung, Sprüche und Pfeile 18). Damit kehrt er sich gegen die Metaphysiker, aber wie sie nimmt er sich das Recht zu einer Umdeutung und Umschaffung der Dinge auf Grund der über die bloße Verstandeskraft hinausgehenden Eingebungen des Gemüts.

In dieser persönlich gedachten Überlegenheit des Affektlebens über das Verstandesleben, in welcher schließlich der Wahrheitsgehalt einer Erkenntnis als unwesentlich erachtet wird gegenüber ihrem Willens- und Gefühlsgehalt, spiegelt sich rückhaltlos Nietzsches Geistesart, sein innerstes Wesen und Sehnen wieder. Nach dem langen Zwang im Dienste des strengen Wahrheitserkennens war dies eine Reaktion, deren Seligkeit ihn in einen Taumel der Mystik hineinriss. Seine eigene Seele gibt er jenem Übermenschengroßen Schöpfer-Philosophen, in dem des Lebens Fülle und Überfülle sich drängt und schöpferisch nach Entlastung durch den Gedanken verlangt, – es ist der »tropische« Mensch, auf den die Worte passen, die wir bereits im ersten Teile dieses Buches auf Nietzsches tieferregtes Innenleben angewendet haben: »die umfänglichste Seele, welche am weitesten in sich laufen und irren und schweifen kann; – – – die sich selber fliehende, die sich selber im weitesten Kreise einholt; die weiseste Seele, welcher die Narrheit am süßesten zuredet: – – die sich selber liebendste, in der alle Dinge ihr Strömen und Wiederströmen und Ebbe und Flut haben« (Also sprach Zarathustra III 82).

Aber noch weiter geht diese unwillkürliche und gewaltsame Reaktion gegen die vorhergehende Geistesperiode, und geht die unbewusste Selbstwiderspiegelung in den Theorien, bis hinein in das persönlichste Empfinden Nietzsches. Denn in ihnen treffen wir auch auf jenen unheimlichen Zug in Nietzsches Seelenleben, wonach er sich nur in der Selbstopferung und Selbstvergewaltigung befriedigte und seiner Exaltation genug tat. Wie er sich zuvor zur Unterwerfung unter die Forderungen eines strengen Intellektualismus gezwungen hatte, so zwingt er jetzt umgekehrt den Verstand, den Trieb zu rein intellektuellem Erkennen, unter den Machtwillen der Affekte. Hatte er zuvor seinen seelischen Menschen vergewaltigt, so vergewaltigt er jetzt den erkennenden Menschen in sich. Er ruht nicht eher, als bis der Triumph des entfesselten Lebenswillens zu einer Selbstverhöhnung des Verstandes wird: in unheimlicher Weise resultiert schließlich die höchste Erkenntnis aus einer Selbstpreisgebung alles logischen Erkennens, – der Denker wird »heimlich durch seine Grausamkeit gelockt und vorwärts gedrängt, durch jene gefährlichen Schauder der gegen sich selbst gewendeten Grausamkeit«, – er muss als »Künstler und Verklärer der Grausamkeit« walten (Jenseits von Gut und Böse 229). Der menschliche Geist taucht zuletzt freiwillig hinab in seine Vernichtung, denn nur so empfängt er die höchste Offenbarung, – er taucht hinab ins Grenzenlose, Maßlose, das über ihm zusammenschlägt, denn nur so erfüllt er sein Ziel. Wir werden in der ganzen letzten Philosophie Nietzsches, in der Ethik wie in der Ästhetik, den durchgehenden Grundgedanken wiederfinden: dass der Untergang durch das Übermaß die Bedingung einer höchsten Neuschöpfung sei, und daher mündet auch Nietzsches Erkenntnistheorie in eine Art schauerlich-persönlicher Mystik aus, in der die Begriffe Wahn und Wahrheit unlöslich verkettet sind, und das »Übermenschliche« daher kommt als ein Blitz, der den Geist treffen und töten, als ein Wahnsinn, mit dem sein Wahrheitssinn geimpft werden soll: »Wollte ich doch, sie hätten einen Wahnsinn, an dem sie zu Grunde gingen! – – – Wahrlich ich wollte, ihr Wahnsinn hieße Wahrheit! – – – Und des Geistes Glück ist dies: gesalbt zu sein und durch Tränen geweiht zum Opfertier, – wusstet ihr das schon? Und die Blindheit des Blinden und sein Suchen und Tappen soll noch von der Macht der Sonne zeugen, in die er schaute, – wusstet ihr das schon?« (Also sprach Zarathustra II 33).

Aber dieses letzte Mysterium kann uns, wie das ganze Bild des Schöpfer-Philosophen überhaupt, nur fortschreitend, in der Ethik und Ästhetik Nietzsches, völlig deutlich werden, indem es, von den abstrakten Grundlinien aus, stets körperhaftere Züge gewinnt, bis es endlich, als eine mystische Wesensverklärung Nietzsches selber, in seiner persönlichen Einzelgestalt vor unseren Augen steht.

Dass erst die Ethik der Erkenntnistheorie ihre rechte Erläuterung und Begründung gibt, erhellt schon aus dem Charakter des Erkennenden als des wahren Trägers des Lebenswillens, – des Erkennenden als des Handelnden und Schaffenden. Es gilt daher im höchsten Grade von Nietzsches Philosophie, was er von den Systemen der Philosophen überhaupt aussagt: »dass die moralischen – – Absichten – – den eigentlichen Lebenskeim ausmachten, aus dem jedesmal die ganze Pflanze gewachsen ist« (Jenseits von Gut und Böse 6). Dieser enge Zusammenhang des Philosophen mit dem Leben als solchem und mit dessen menschlichsten und persönlichsten Zwecken soll ihn am entschiedensten von allen denen trennen, die das Leben anfeinden oder pessimistisch ansehen. Er soll der geborene Lebens-Apologet sein und seine Philosophie eo ipso eine Lebens-Apotheose, denn zu sich selbst kann das Leben nur immer wieder »Ja« sagen. In Wirklichkeit jedoch ist fast immer das Gegenteil der Fall gewesen (Götzen- Dämmerung II 1). »Über das Leben haben zu allen Zeiten die Weisesten gleich geurteilt: es taugt nichts...... Immer und überall hat man aus ihrem Munde denselben Klang gehört, – einen Klang voll Zweifel, voll Schwermut, voll Müdigkeit am Leben, voll Widerstand gegen das Leben.« War doch dieser geschwächte Lebenswille eine Folge der Verfeinerung und Sublimierung ihres menschlichtierischen Wesens, der intellektuellen und beschaulichen Eigenart ihrer Natur, – war es doch, nach Nietzsches ehemaliger Auffassung, gewissermaßen zugleich ihr Adelszeichen, das sie von den geistig rohen Menschen, vom Pöbel, unterschied und zu ihrer Führerrolle berechtigte. Hier hat sich nun die Auffassung dahin verändert, dass nicht mehr auf die Lebensdurchgeistigung, sondern auf die Lebensschwächung der Nachdruck gelegt wird. Die Menschen des Geistes erscheinen nunmehr als die Kranken und Entnervten, als die Niedergangstypen eines jeden Zeitalters. Der von Nietzsche so geliebte und verherrlichte Philosoph, der bei den Griechen die Lehre von der Herrschaft der Vernunft über die Naturinstinkte vertrat, Sokrates, wandelt sich ihm damit wieder zu der gefährlichen und geschmähten Versucher-Gestalt, die er für Nietzsche zur Zeit der Schopenhauerischen Periode war. Sokrates, der Hässliche, Missgestaltete unter den vornehmen, wohlgebildeten Griechen, trat unter ihnen auf als der erste große Dekadent, er korrumpierte und verschnitt den ursprünglichen hellenischen Lebensinstinkt, indem er ihn der Vernunftlehre unterwarf (Vergleiche Götzen-Dämmerung II »Das Problem des Sokrates«). Darin ist er das Urbild aller Denker, die das Leben durch das Denken meistern wollen, aber wie sie alle beweist er damit nichts gegen das Leben, sondern nur etwas gegen das Denken. Denn wenn auch bisher alle Philosophen zur Missachtung des Daseins, zur Erschlaffung der lebenerhaltenden Instinkte beigetragen haben, so spricht sich darin nicht eine Wahrheit hinsichtlich des also geringgeschätzten Lebens aus, sondern nur der Widerspruch, in den sie mit sich selber geraten sind, als das charakteristische Symptom eines Krankheitszustandes. Es lehrt nur, dass die Menschen des überwiegenden Intellekts sich von der Lebensquelle, die auch ihrem Intellekt erst Nahrung zuführt, abgekehrt haben, dass sie Abgelebte, Müde, Spätlinge niedergehender Kulturen sind, dass sie in sich nicht mehr die sieghafte, heilende, umformende Kraft besitzen, welche über die Schäden und Lücken des Daseins triumphiert und dasselbe zu höherer Entwicklung weiterführt. Ihnen allen gilt daher die argwöhnische Frage: »Waren sie vielleicht allesamt auf den Beinen nicht mehr fest? spät? wackelig? décadents? Erschiene die Weisheit vielleicht auf Erden als Rabe, den ein kleiner Geruch von Aas begeistert? ...« (Götzen-Dämmerung II 1.)

Aber nicht nur ihnen gilt diese Frage, denn sie repräsentieren nur die äußerste Spitze dessen, worin die ganze Entwicklung der Menschheit gipfelt. Der stumpfen und dumpfen Einheitlichkeit seines ursprünglichen Tierbewusstseins entrissen, ist der Mensch durch die Weiterbildung seiner Geistesfähigkeiten in Zwiespalt mit dem Naturgrund geraten, in dem seine Kraft wurzelt. Er ist damit zu einer Halbheit, zu einem Zwitterding geworden, das ersichtlich seine Erklärung und Daseinsberechtigung nicht aus sich selber schöpfen kann, – er ist der verkörperte Übergang zu etwas, das noch nicht entdeckt, noch nicht geschaffen ist, und als ein solcher Übergang ist der Mensch das krankhafteste, – »das noch nicht festgestellte Tier.« (Jenseits von Gut und Böse 62). So haftet der Dekadenz-Charakter dem Menschentum als solchem an und nicht nur einer einzelnen Form, einem einzelnen Gebiet desselben.

Wir finden demnach die ersten Anfänge der Dekadenz, des Niederganges ungebrochenen Lebens, schon im Entstehen aller Kultur, – da wo sich die wilde Bestie Mensch, das »menschliche Raubtier«, durch den ersten sozialen Zwang in seiner ungezügelten Freiheit beengt fühlt. »Jene furchtbaren Bollwerke, mit denen sich die staatliche Organisation gegen die alten Instinkte der Freiheit schützte – – – brachten zu Wege, dass alle jene Instinkte des wilden freien schweifenden Menschen sich rückwärts, sich gegen den Menschen selbst wandten.« »Alle Instinkte, welche sich nicht nach außen entladen, wenden sich nach innen – dies ist das, was ich die Verinnerlichung des Menschen nenne: damit wächst erst das an den Menschen heran, was man später seine »Seele« nennt. Die ganze innere Welt, ursprünglich dünn wie zwischen zwei Häute eingespannt, – – hat Tiefe, Breite, Höhe bekommen, als die Entladung des Menschen nach außen gehemmt worden ist.« »Der Mensch, der sich, aus Mangel an äußeren Feinden und Widerständen, eingezwängt in eine drückende Enge und Regelmäßigkeit der Sitte, ungeduldig selbst zerriss, verfolgte, annagte, aufstörte, misshandelte, dies an den Gitterstangen seines Käfigs sich wund stoßende Tier, – – – Mit ihm aber war die größte und unheimlichste Erkrankung eingeleitet, von welcher die Menschheit bis heute nicht genesen ist, das Leiden des Menschen – an sich: als die Folge einer gewaltsamen Abtrennung von der tierischen Vergangenheit, – –, einer Kriegserklärung gegen die alten Instinkte, auf denen bis dahin seine Kraft, Lust und Furchtbarkeit beruhte.« (Zur Genealogie der Moral II 16.)

Wenn dementsprechend die Krankhaftigkeit des Menschen gewissermaßen sein Normalzustand, seine spezifisch menschliche

Natur selbst ist, und die Begriffe Erkrankung und Entwicklung als nahezu identisch gefasst werden, so müssen wir natürlich auch am Ausgang einer langen kulturellen Entwicklung wieder der nämlichen Dekadenz als Resultat begegnen. Sie hat nur das Aussehen verändert. Es sind die Zeiten langer friedlicher Gewöhnung, in denen sie in ihrer neuen Form auftritt, Zeiten, in denen das strenge Zusammenhalten, die harte Zucht und Unterordnung der Einzelnen nicht mehr als notwendig erscheinen, sondern die Mittel zu einer sorgloseren und volleren Selbstauslebung reichlich vorhanden sind. Die starre Gleichförmigkeit, zu der durch eine Jahrhunderte währende Schulung alle herangezüchtet worden sind, beginnt sich aufzulösen und dem Spiel des Individuellen Platz zu machen. »Die Variation, sei es als Abartung (in's Höhere, Feinere, Seltenere), sei es als Entartung und Monstrosität, ist plötzlich in der größten Fülle und Pracht auf dem Schauplatz, der Einzelne wagt einzeln zu sein und sich abzuheben.« »Lauter neue Wozu's, lauter neue Womit's, keine gemeinsamen Formeln mehr, Missverständnis und Missachtung miteinander im Bunde, der Verfall, Verderb und die höchsten Begierden schauerlich verknotet, das Genie der Rasse aus allen Füllhörnern des Guten und Schlimmen überquellend, ein verhängnisvolles Zugleich von Frühling und Herbst.« (Jenseits von Gut und Böse 262.)

Wenn in der zuerst geschilderten ursprünglichen Dekadenzform die Leidenschaften des Menschen sich gegen ihn selbst wenden, ihn bedrohen und zerfleischen, weil er sich nicht nach außen hin entladen, nicht wehren kann, – so geraten sie jetzt aus dem entgegengesetzten Grunde in einen gleichen Innenkrieg miteinander, weil keine Verhältnisse mehr vorhanden sind, gegen die der Mensch sich zu wehren hätte, nichts, was seine Kriegskraft nach außen hin abzuziehen vermöchte. Im zahmen Frieden des geordneten Lebens hat der inzwischen so stark verinnerlichte Mensch nur noch sich selbst zum Kampfplatz seiner ungeberdigen Triebe. Sobald diese sich zu regen anfangen, beginnt er wiederum, an sich zu leiden, »Dank den wild gegeneinander gewendeten, gleichsam explodierenden Egoismen«, die sein überaus kompliziert gewordenes Wesen in sich begreift, und durch die es allmählich alle Geschlossenheit der Persönlichkeit wieder einbüßt. In diesem Stadium bildet der Mensch das Endglied einer einzigen ungeheuer langen Entwicklungskette, deren einzelne Ringe ihm alle einverleibt sind, als die Summe der gesamten allmählich angezüchteten intellektuellen, moralischen und sozialen »Menschlichkeit« nebst sämtlichen nur allzu lebendigen Instinkterinnerungen an die zurückliegende Tierheit.

Aber wenn diese beiden Formen der Dekadenz mit Notwendigkeit der menschlichen Natur entspringen und unumgängliche Durchgangsphasen für deren Weiterbildung zu etwas Höherem sind, so gibt es daneben noch eine dritte Art der Dekadenz, welche die geschilderten Krankheitszustände unheilbar zu machen und die Möglichkeit einer Wiedergenesung zu verhindern droht. Das ist die falsche Weltdeutung, die unrichtige Lebensauffassung, die durch jenes Leiden und jene Krankheit gezeitigt wird. Es ist die Aufforderung zur Askese in gleichviel welcher Form, zur Abkehr vom Leben und seinen Schmerzen, zur Hingebung an die Müdigkeit, die als Folge des immerwährenden »Krieges der man ist« auftritt. Ein solches asketisches Ideal predigen nicht nur alle Religionen und Moralen, sondern auch jeder Intellektualismus, der das Denken auf Kosten des Lebens unterstützt und das Ideal der »Wahrheit« dem Ideal einer möglichsten Lebenssteigerung entgegensetzt. Das wahre Heilmittel für diese um sich greifende Korruption bestände gerade in der vollen Hinwendung zum Leben, damit aus dem chaotischen Reichtum durcheinander ringender Gegensätze eine neue höhere Gesundheit geboren werde.

»Man ist nur fruchtbar um den Preis, an Gegensätzen reich zu sein« (Götzen-Dämmerung V 3), vorausgesetzt, dass noch genügende Kraft da ist, sie zu tragen, sie zu ertragen. Dann ist scheinbare Auflösung und Dekadenz, dann ist alle sogenannte Korruption »nur ein Schimpfname für die Herbstzeiten«, – d. h. für die Zeiten der abfallenden Blätter, aber auch der reifenden Früchte. Insofern kann Dekadenz und Fortschritt ein und dasselbe bedeuten: den Fortschritt dem notwendigen Ende zu, – »Es hilft nichts: man muss vorwärts, will sagen Schritt für Schritt weiter in der décadence. – – – Man kann diese Entwicklung hemmen und, durch Hemmung, die Entartung selber stauen, aufsammeln, vehementer und plötzlicher machen: mehr kann man nicht.« (Götzen-Dämmerung IX 43.) Ein solches Ende, eine solche tragische Verknüpfung von vorwärts und niederwärts wird dadurch erklärt, dass der Mensch nicht in sich selbst seine Erfüllung findet, sondern über sich selbst hinaus drängt nach etwas Höherem, als er ist. Es ist »mit der Tatsache einer gegen sich selbst gekehrten, – – Tierseele auf Erden etwas so Neues, Tiefes, – – Widerspruchsvolles und Zukunftsvolles gegeben«, – dass daraus die Zuversicht auf eine mögliche, neue Über-Art des Menschlichen geschöpft werden kann. Es ist, als ob sich damit »Etwas ankündige, etwas vorbereite, als ob der Mensch kein Ziel, sondern nur ein Weg, ein Zwischenfall, eine Brücke, ein großes Versprechen sei.« (Zur Genealogie der Moral II 16.) »Der Mensch ist ein Seil, geknüpft zwischen Tier und Übermensch, – ein Seil über einem Abgrunde. – – Was groß ist am Menschen, das ist, dass er eine Brücke und kein Zweck ist: was geliebt werden kann am Menschen, das ist, dass er ein Übergang und ein Untergang ist.« (Also sprach Zarathustra I 12.) Die Dekadenzerscheinungen können daher der Menschheit zu Zeiten des hereinbrechenden Unterganges und der sich ankündigenden Neugeburt ebensowenig erspart bleiben als »einem schwangeren Weibe die Widerlichkeiten und Wunderlichkeiten der Schwangerschaft: »– – – als welche man vergessen muss, um sich des Kindes zu freuen.«

Die Einsicht in die durchgängige »Allzumenschlichkeit« der Triebe, die Nietzsche früher so stark betont hatte, wird hier also nicht aufgegeben, sondern noch möglichst verschärft und zum Ausgangspunkt seiner neuen Menschheitstheorie genommen. Aus einer verstandeskalten Einsicht hat sie sich ihm zu einem Gemütsaffekt gesteigert, und als solcher gewinnt sie eine so ungeheure Bedeutung, dass sie alle seine Seelen- und Gedankenkräfte aufwühlt, bis ihm in Zorn, Gram und Entsetzen neue »Flügel und quellenahnende Kräfte« (Also sprach Zarathustra III 77) wachsen, mit denen er sich über sie erhebt. Aus dem Akzent, den er auf seine ehemalige Einsicht legt, aus den äußersten Konsequenzen, die er aus ihr zieht, quillt ihm die übermächtige Sehnsucht nach seiner neuen Theorie, nach dem Gedanken einer Selbstopferung des Allzumenschlichen für das Übermenschliche.

Wie sich in dem erkenntnistheoretischen Teile von Nietzsches neuer Lehre die Abhängigkeit des Logischen vom Seelischen, des Gedankenlebens vom Gemütsleben wiederspiegelt, so tritt uns in jenem Menschheitsbilde einer leidenden Überfülle zum Zweck einer

Neugeburt die Erklärung seines eigenen Wesens entgegen: die Selbstopferung durcheinanderringender Triebe zur Entbindung höchster Schaffenskraft. Aus dem tiefen, ihm stets gegenwärtigen Gefühl eigener Krankhaftigkeit, eigenen Leidens ist seine Dekadenzlehre hervorgegangen. Auch von ihr gilt, was von allen Theorien seiner letzten Philosophie gilt: die schmerzlichen psychischen Vorgänge, die bei ihm bisher die Ursache und Begleiterscheinung der verschiedenen Erkenntnisprozesse waren, werden nunmehr zum Erkenntnisinhalt selbst.

Der Gedanke einer überreich gewordenen, sich opfernden Menschheit ist es denn auch, von dem aus Nietzsche, zurückblickend, den ganzen Gang der Menschheits-Entwicklung begreift. Um deswillen allein war jene lange und peinvolle Zähmung ursprünglicher Tierwildheit nötig, obgleich sie den Menschen zum Dekadenten heranzüchtet, und er ihr schließlich doch wieder entwächst. Ihr Sinn ist es gewesen, ihn mit der ganzen Fülle seiner Innerlichkeit zu bereichern und ihn dann zum Herrn dieses Reichtums und seiner selbst zu machen. Das konnte nur durch einen langen harten Zwang geschehen, in dem sein Wille, als der eines noch Unmündigen, gleichsam unter Schlägen und Strafen zur Mündigkeit erzogen wurde. So lernte der Mensch einen längeren und tieferen Willen haben, als das vergessliche, vom Augenblick beherrschte, dem Augenblicksimpulse unterworfene Tier. Er lernte für sein Wollen einstehen – er wurde »das Tier, das versprechen darf«. Alle Menschheitserziehung ist im Grunde eine Art von Mnemotechnik: sie löst das Problem, wie dem unberechenbaren Willen ein Gedächtnis einzuverleiben sei. »Für sich gut sagen dürfen und mit Stolz, also auch zu sich Ja sagen dürfen – das ist – – eine späte Frucht: – wie lange musste diese Frucht herb und sauer am Baume hängen! – – Stellen wir uns – ans Ende des ungeheuren Prozesses, dorthin, wo der Baum endlich seine Früchte zeitigt, wo die Sozietät und ihre Sittlichkeit der Sitte endlich zu Tage bringt, wozu sie nur das Mittel war: so finden wir als reifste Frucht – – das souveräne Individuum, das nur sich selbst gleiche, – –, kurz den Menschen des eigenen unabhängigen langen Willens, der versprechen darf.« (Zur Genealogie der Moral II 1 ff.) Dieser Selbstgewissheit des freigewordenen, Herr gewordenen Individuums entspricht eine neue Art von Gewissen, nachdem der Mensch den

Moralvorstellungen und Idealbegriffen des Herkommens – seinen strengen, nunmehr überflüssig gewordenen Erziehern – entwachsen ist, und damit das alte Gewissen seine Wurzel und Berechtigung in ihm verloren hat.

Auch die Willenstheorie Nietzsches weist eine Verschmelzung seiner ehemaligen metaphysischen Anschauungen mit einem wissenschaftlichen Determinismus auf. Als Jünger Schopenhauers unterschied Nietzsche gleich diesem zwischen dem mysteriösen Willen »an sich«, der die Grundlage der Schopenhauerischen Metaphysik ausmacht, und dem Willen, wie er für unsere menschliche Wahrnehmung in die Erscheinung tritt. Er nannte ihn also frei, insofern die letzten Gründe seines Seins und Wesens jenseits unserer gesamten Erfahrungswelt liegen, jenseits des für diese geltenden Kausalitätsgesetzes; unfrei, insofern die einzelne Willenserscheinung uns nur wahrnehmbar wird innerhalb des unzerreißbaren Netzes des allgemeinen Kausalzusammenhangs. Nachdem Nietzsche dann mehrere Jahre einem konsequenten Determinismus gehuldigt hatte, hält er auch jetzt noch an der Ansicht fest, dass der »Wille« sich am Gängelbande der ihn bestimmenden Einflüsse sozusagen erst seinen Namen verdiene. Aber was er als Determinist hinsichtlich der mysteriösen Herkunft und Abstammung des Willens leugnet, das versucht er dafür an das Ziel und Ende der Willensentwicklung zu stellen. Ist nämlich in Folge der von ihm geschilderten langen Willenszüchtung durch Zwang und äußere Beeinflussung ein reifer, selbstgewisser, dem Augenblick entwachsener und das Leben beherrschender Wille allmählich geschaffen worden, so ist er damit in einem Sinne frei geworden, dem gegenüber die Deterministen Unrecht bekommen: denn nun lassen sich seine Handlungen nicht länger aus einer bestimmten Zeit und Umgebung ableiten, nun wird er durch nichts mehr als durch sich selbst, d. h. durch seine gewaltig angewachsene und rücksichtslos explodierende Stärke bestimmt, – er ist reines, von der Zeit gelöstes Machtbewusstsein. Allerdings ist dieses sein Wesen nicht mehr metaphysischer Natur, denn es ist geworden, es ist das Resultat einer Entwicklungsreihe, und die erreichte Freiheit des Willens ist die Tochter der Notwendigkeit und strengsten Bedingtheit des Willens. Aber es ist dennoch etwas Mystisches um diese Freiheit, denn sie wendet sich nunmehr als eine unbedingte

Macht umgestaltend und umschaffend gegen eben die natürlichen Bedingungen, denen sie entsprungen. Die Welt der Wirklichkeit in ihrer uns allein zugänglichen und begreiflichen Entwicklung hatte Nietzsche in seiner positivistischen Zeit als das Wertvollste schätzen gelernt, indem er sich gegen die andersgesinnten Metaphysiker mit dem Wort kehrte: »Alles Fertige, Vollkommene wird angestaunt, alles Werdende unterschätzt,« (Menschliches, Allzumenschliches I 162) – bloß weil man die Entstehungsursachen des ersteren nicht mehr nachprüfen, nicht mehr durchschauen kann. Nun gelangt er zu dem gleichen Anstaunen des Fertiggewordenen und scheinbar Vollkommenen; und alles Werdende erscheint ihm nur noch schätzenswert, insofern es der Weg dazu ist. Die Bedingtheit aller Dinge wird von ihm auch jetzt zugestanden, aber nur, weil aus ihr heraus irgendwann einmal eine über alle Bedingtheit und Erfahrung hinausgehende mystische Bedeutsamkeit aller Dinge sich offenbaren soll. Von der Machtstärke des freigewordenen Willens hängt diese Bedeutsamkeit ab, denn von ihm wird sie in die Dinge hineinerschaffen; darum will Nietzsche an Stelle des »freien« und »unfreien« Willens der Deterministen den Ausdruck» starker und schwacher Wille« gesetzt sehen (Jenseits von Gut und Böse 21) und die gesamte Psychologie aufgefasst wissen als »Morphologie und Entwicklungslehre des Willens zur Macht«. (Ebendas. 23.)

Der Willensmächtige ist also jederzeit der im höchsten Grade »Unzeitgemäße«, er ist derjenige, in dem Genie geworden ist, was sich durch lange Zeit hindurch in der Menschheit vorbereitet hat. Im Genie strömt frei aus, was von der Menschheit in Unfreiheit und Knechtschaft erlernt wurde. Genies sind wie »Explosivstoffe, in denen eine ungeheure Kraft aufgehäuft ist; ihre Voraussetzung ist immer, historisch und physiologisch, dass lange auf sie hin gesammelt, gehäuft, gespart und bewahrt worden ist, – – – die Zeit, in der sie erscheinen, ist zufällig; dass sie fast immer über dieselbe Herr werden, liegt nur darin, dass sie stärker, dass sie älter sind, dass länger auf sie hin gesammelt worden ist; – – – die Zeit ist relativ immer viel jünger, dünner, unmündiger, unsicherer, kindischer.« – – – »Der große Mensch ist ein Ende; – – – Das Genie – in Werk, in Tat – ist notwendig ein Verschwender: dass es sich ausgibt, ist seine Größe ... Der Instinkt der Selbsterhaltung ist gleichsam ausgehängt; der übergewaltige Druck der ausströmenden Kräfte verbietet ihm jede solche Obhut und Vorsicht.« (Götzen-Dämmerung IX 44.)

Im Genie tritt also, wenigstens nach einer bestimmten Richtung, in außerordentlichem Grade das zu Tage was den Menschen befähigen soll, von seiner Art zu einer Über-Art fortzuschreiten, eine Selbstvergeudung zu Gunsten einer Neuschöpfung, ein verschwenderischer Reichtum, in dessen Gaben sich die ganze Vergangenheit abgelagert hat, und in dem sie zugleich ganz und gar Fruchtbarkeit geworden ist, – Zukunftsbefruchtung. Denke man sich nun ein Genie, das nicht, gleich anderen Genies, seine Genialität nur auf einem oder einigen Gebieten besitzt, sondern in Bezug auf das gesamte Menschheitsbewusstsein, – so etwa, dass in ihm wirksam und lebendig ausströmt, was je in demselben gelebt und gewirkt: ein solches Genie wäre das Bild des Menschen, aus dem der Übermensch geboren wird. Es würde in sich die ganze Vergangenheit überschauen und zusammenfassen, ja, es enthielte in sich »die ganze Linie Mensch, bis zu ihm selbst hin noch«, und deshalb müsste sich in ihm plötzlich Weg und Ziel der Menschheitszukunft offenbaren. Zum ersten Mal erhielte durch den Machtwillen eines solchen Offenbarers die Menschheitsentwicklung Richtung, Ziel und Zukunft, alle Dinge eine innere und endgültige Bedeutsamkeit: – mit einem Wort, zum ersten Mal erstände der Philosoph als der Schaffende, wie Nietzsche ihn sich denkt: als der Willensmächtige, der Menschheitsgenius, der das Leben in sich Begreifende, an dem offenbar wird, was Nietzsche vom Denken überhaupt sagt: es sei »in der Tat viel weniger ein Entdecken, als ein Wiedererkennen, Wiedererinnern, eine Rück- und Heimkehr in einen fernen uralten Gesamt-Haushalt der Seele, aus dem jene Begriffe einstmals herausgewachsen sind: – Philosophieren ist insofern eine Art von Atavismus höchsten Ranges.« (Jenseits von Gut und Böse 20.) Alles Höchste eine Art von Atavismus, – darin liegt der wunderlich reaktionäre Charakter der ganzen letzten Philosophie Nietzsches, der sie am schärfsten von der seiner vorhergehenden Periode unterscheidet. Es ist ein Versuch, an Stelle der metaphysischen Verherrlichung bestimmter Dinge und Begriffe die ihres Alters und ihrer weit zurückliegenden Herkunft zu setzen. Er nimmt das »Wiedererinnern« und »Wiedererkennen« nur deshalb nicht im Sinne Platos, weil er meint, es durch die ungeheuer lange Zeitstrecke des Bestehens alles Denkens ebenso bedeutsam und übermenschlich fassen zu können. Deshalb gilt ihm, dass von allem Hochgearteten nur das Älteste das Zukunftbestimmende sei[29], dass Wert und Vornehmheit der Dinge ausschließlich an das Alter gebunden seien: erst am Ende angelangt, weisen sie ihren Schatz auf, weisen sie sich als Macht, Freiheit und unabhängig gewordene Kraft aus. »Wer (die guten Dinge) hat, ist ein Anderer, als wer sie erwirbt. Alles Gute ist Erbschaft: was nicht ererbt ist, ist unvollkommen, ist Anfang . . .« (Götzen-Dämmerung IX 47), vornehm ist: »was sich nicht improvisieren lässt.« Nichts ist mithin pöbelhafter, unvornehmer, als das Werdende und der Bringer des Werdenden und Neuen: der moderne Mensch und der moderne Geist, der von seiner Zeit ganz und gar bedingt und daher ganz und gar Sklavengeist ist. Herrengeist kann er erst werden, nachdem ihm Jahrhunderte und Jahrtausende einverleibt sind, und er dadurch selbst ein »Unzeitgemäßer«, »zeitlose Genialität« geworden ist.

»Demokratismus war jeder Zeit die Niedergangs-Form der organisierenden Kraft: – – – Damit es Institutionen gibt, muss es – – Wille,

29 Vergleiche dagegen in Menschliches, Allzumenschliches I 1-17 Nietzsches Protest gegen »die Kunst als Totenbeschwörerin«, weil sie die Gegenwart durch die Vorstellungskreise des Vergangenen beeinflussen will. »Sie flicht, – – –, ein Band um verschiedene Zeitalter und macht deren Geister wiederkehren. Zwar ist es nur ein Scheinleben wie über Gräbern, welches hierdurch entsteht,« doch wirkt dasselbe schädlich und rückbildend. Die »Totenerwecker« und »Totenbeschwörer« dieser Art betrachtete Nietzsche als »eitle Menschen«, denn sie »schätzen ein Stück Vergangenheit von dem Augenblick an höher, von dem an sie es nachzuempfinden vermögen«. (Morgenröte 159.) Wir müssen, so meinte er, dem Gefühlsüberschwang möglichst entgegenwirken, der uns in verschiedenster Art von aller vergangenen Kultur allmählich überkommen ist; sich darin gehenlassen, käme einer Annäherung an Wahnsinn und Krankheit gleich: »die ganze Last unsrer Kultur ist so groß geworden, dass eine Überreizung der Nerven- und Denkkräfte die allgemeine Gefahr ist, ja dass die kultivierten Klassen der europäischen Länder durchweg neurotisch sind und fast jede ihrer größeren Familien in einem Gliede dem Irrsinn nahe gerückt ist. – – – dennoch macht sich eine Verminderung jener Spannung des Gefühls, jener niederdrückenden Kultur-Last nötig, – – – – wir müssen den Geist der Wissenschaft beschwören, welcher kälter und skeptischer macht – – – – – –«. (Menschliches, Allzumenschliches I 244.) »Wird dieser Forderung der höheren Kultur nicht genügt, so ist fast mit Sicherheit vorherzusagen, welchen Verlauf die menschliche Entwicklung nehmen wird: das Interesse am Wahren hört auf, je weniger es Lust gewährt: die Illusion, der Irrtum, die Phantastik erkämpfen sich ihren ehemals behaupteten Boden: der Ruin der Wissenschaften, das Zurücksinken in Barbarei ist die nächste Folge.« (I 251.)

Instinkt, Imperativ geben, antiliberal bis zur Bosheit: den Willen zur Tradition, zur Autorität, zur Verantwortlichkeit auf Jahrhunderte hinaus, zur Solidarität von Geschlechter-Ketten vorwärts und rückwärts in infinitum.« (Götzen-Dämmerung IX 39.) Es ist interessant, durch Vergleichung der entsprechenden Stellen in Nietzsches vorhergehenden Werken zu sehen, welche Wandlung in der Auffassung einer Theorie der bloße Gefühlsumschlag bei ihm hervorzurufen vermag, und wie unversöhnlich sich dadurch die Gegensätze sofort zuspitzen.[30] Jetzt geißelt er die »pöbelhafte Gleichmacherei« aller Menschen und die zahmen Friedenszustände, in denen keine rohen Barbarengewalten mehr aufkommen können, welche die gesunde Kraft alter Zeiten in die ermattete und entkräftete Gegenwart hinübertragen würden. Barbaren sind »die ganzeren Menschen (was auf jeder Stufe auch so viel mit bedeutet, als »die ganzeren Bestien«

30 Siehe z. B. in »Der Wanderer und sein Schatten«. »Die demokratischen Einrichtungen sind Quarantäne-Anstalten gegen die alte Pest tyrannenhafter Gelüste. (289.) – – – Unmöglichkeit fürderhin, dass die Fruchtfelder der Kultur wieder über Nacht von wilden und sinnlosen Bergwässern zerstört werden! Steindämme und Schutzmauern gegen Barbaren, gegen Seuchen, gegen leibliche und geistige Verknechtung!« (275). Ferner in Menschliches, Allzumenschliches: » – – die wildesten Kräfte brechen Bahn, – – –, damit später eine mildere Gesittung hier ihr Haus aufschlage. Die schrecklichen Energien – Das, was man das Böse nennt – sind die zyklopischen Architekten und Wegebauer der Humanität (I 246),« bis »die guten, nützlichen Triebe, die Gewohnheiten des edleren Gemütes so sicher und allgemein geworden, dass es – – – keiner Härten und Gewaltsamkeiten als mächtigster Bindemittel zwischen Mensch und Mensch, Volk und Volk« bedarf. (I 245.) Gerade wie später ist für Nietzsche der gewalttätige Mensch ein Zurückgebliebener und Atavist, aber eben darum ein auszurottender Rest, kein Führer in die Zukunft. »Der unangenehme Charakter, der – – – –, gegen abweichende Meinungen gewalttätig und aufbrausend ist, zeigt an, dass er einer früheren Stufe der Kultur zugehört, also ein Überbleibsel ist: denn die Art, in welcher er mit den Menschen verkehrt, war die rechte und zutreffende für die Zustände eines Faustrecht-Zeitalters; er ist ein zurückgebliebener Mensch. Ein anderer Charakter, welcher reich an Mitfreude ist, überall Freunde gewinnt, alles Wachsende und Werdende liebevoll empfindet, – – – kein Vorrecht, das Wahre allein zu erkennen, beansprucht, sondern voll eines bescheidenen Misstrauens ist, – das ist ein vorwegnehmender Mensch, welcher einer höheren Kultur der Menschen entgegenstrebt. Der unangeneheme Charakter stammt aus den Zeiten, wo die rohen Fundamente des menschlichen Verkehrs erst zu bauen waren; der andere lebt auf deren höchsten Stockwerken, möglichst entfernt von dem wilden Tier, welches in den Kellern, unter den Fundamenten der Kultur, eingeschlossen wütet und heult.« (I 614.)

–).« (Jenseits von Gut und Böse 257.) Diese ganzeren Menschen und ganzeren Bestien erscheinen in einem solchen Gesellschaftszustand als böse und gefährlich, sie werden zu Verbrechern gestempelt und demgemäß behandelt, – ja, sie sind kraft ihrer stärkeren Naturtriebe die geborenen Verbrecher und Brecher der bestehenden Ordnung. »Der Verbrecher-Typus, das ist der Typus des starken Menschen unter ungünstigen Bedingungen, – – –. Ihm fehlt die Wildnis, eine gewisse freiere und gefährlichere Natur und Daseinsform, in der alles, was Waffe und Wehr im Instinkt des starken Menschen ist, zu Recht besteht. Seine Tugenden sind von der Gesellschaft in Bann getan.« (Götzen-Dämmerung IX 45.) Das Freiheitsideal, wonach einem jeden eine gewisse Freiheit zukommt, das also auch den Schwächsten und Geringsten zur Freiheit der Bewegung gelangen lässt, steht dem seinen gerade entgegen: seine rücksichtslose Auslebung fordert immer die Vergewaltigung Anderer, seine Stärke äußert sich unwillkürlich und notwendig in einem Zertreten jeder ihn umgebenden Schwäche. Der Grund aber dieser in ihm ausbrechenden Stärke der Instinkte ist, dass er sozusagen von einer älteren Kulturstufe herkommt, ein älteres Stück Menschentum darstellt: dass er, mit einem Wort, gleich dem Willensmächtigen und dem Genie, im höchsten Grade atavistisch veranlagt ist. Mag diese ihm von Alters her innewohnende Instinktmacht an sich noch so unedler Natur sein, edel ist sie schon dadurch, dass sie einen Durchbruch lang angesammelter Fülle, einen starken Explosivstoff darstellt, mit welchem die Vergangenheit die Zukunft befruchtet. Wo der Verbrecher sehr stark, wo er also zugleich ein Genie seiner Art und ein »Willensfreier« ist, da gelingt es ihm manchmal, die herrschende Zeitrichtung seiner atavistischen Sonderart entsprechend zu leiten und das ihm widerstrebende Zeitalter unter seinen Tyrannenwillen zu beugen. Ein Beispiel hierfür ist Napoleon, den Nietzsche ähnlich auffasst wie Taine. Auch ihm erscheint es von der größten Bedeutsamkeit, dass Napoleon ein Nachkomme der Tyrannen-Genies der Renaissance-Zeit ist, der, nach Korsika verpflanzt, in der Wildheit und Ursprünglichkeit der dortigen Sitten das Erbe seiner Vorfahren unangetastet in sich bewahren konnte, um endlich mit der Gewalt desselben das moderne Europa zu unterjochen, das ihm einen ganz anderen Spielraum der Kraftentladung bot, als einst Italien seinen Ahnen geboten hatte. Nietzsches Bewunderung für den großen Korsen gehört seiner letzten Geistesperiode an, wie er auch die italienische Renaissance früher wesentlich anders auffasste.[31]

In der Urgesundheit seiner gewalttätigen Instinktkraft und seines rückhaltlosen Egoismus würde Napoleon nun für Nietzsche das Idealbild der geborenen Herrennatur, wie sie sein soll, und wie wir sie auch heute noch brauchen, um alles auszurotten, was durch die Sklavennatur der modernen Menschen an moralischen Rücksichten und weichlichen Regungen großgezogen worden ist. Wir kommen damit zu Nietzsches vielbesprochener und vielfach überschätzter Unterscheidung zwischen Herren-Moral und Sklaven-Moral. Anfangs ging Nietzsche auch hier von positivistischen Anregungen aus. Wie schon erwähnt, gab Rées damals im Werden begriffenes Werk »Die Entstehung des Gewissens« den Anlass, mit dem Freunde das ganze Material, dessen dieser für seine eigenen Zwecke bedurfte, durchzusprechen, – namentlich auch den etymologischen und historischen Zusammenhang der Begriffe vornehm-stark-gut, niedrig-schwach-

31 So sagt er in Menschliches, Allzumenschliches (I 237): »Die italienische Renaissance barg in sich alle die positiven Gewalten, welchen man die moderne Kultur verdankt: also Befreiung des Gedankens, Missachtung der Autoritäten, Sieg der Bildung über den Dünkel der Abkunft, Begeisterung für die Wissenschaft.«

Ebenso entgegengesetzt war seine Auffassung von Napoleons Genie und Tatendrang, wie eine Stelle desselben Werkes zeigt (I 1641: »– – Es ist jedenfalls ein gefährliches Anzeichen, wenn den Menschen jener Schauder vor sich selbst überfällt, sei es nun jener berühmte Cäsaren-Schauder oder der – – Genie- Schauder; – – sodass er zu schwanken und sich für etwas Übermenschliches zu halten beginnt. – – – –« – In einzelnen seltenen Fällen mag dieses Stück Wahnsinn wohl auch das Mittel gewesen sein, durch welches eine solche nach allen Seiten hin exzessive Natur fest zusammengehalten wurde: auch im Leben der Individuen haben die Wahnvorstellungen häufig den Wert von Heilmitteln, welche an sich Gifte sind; doch zeigt sich endlich, bei jedem »Genie«, das an seine Göttlichkeit glaubt, das Gift in dem Grade, als das »Genie« alt wird: man möge sich zum Beispiel Napoleon's erinnern, dessen Wesen sicherlich gerade durch seinen Glauben an sich und seinen Stern und durch die aus ihm fließende Verachtung der Menschen zu der mächtigen Einheit zusammenwuchs, welche ihn aus allen modernen Menschen heraushebt, bis endlich aber dieser selbe Glaube in einen fast wahnsinnigen Fatalismus überging, ihn seines Schnell- und Scharfblickes beraubte und die Ursache seines Unterganges wurde.«

In der Morgenröte (549) führt er den rücksichtslosen Egoismus des Tatendranges in Napoleon auf dessen epileptische Krankheitsdisposition zurück, anstatt, wie später, auf die ausbrechende »Lebergesundheit« dessen, der alle Gewaltinstinkte einer vergangenen Kultur im Leibe hat.

schlecht in der ältesten Moral oder auf der sozusagen vormoralischen Kulturstufe. Die Art, wie diese Gespräche und gemeinsamen Studien noch einmal von den beiden Freunden aufgenommen wurden, war charakteristisch für die Beziehung, in der Nietzsche auch jetzt noch zu den positivistischen Anschauungen stand: er hörte den Gedanken derselben noch einmal geduldig zu, entnahm ihnen hie und da die Anregung oder das Material zu eigenem Denken, wandte sich aber hierbei bereits feindlich gegen seine ehemaligen Genossen.

In Rées Werk wurde die historische Verschiebung des Urteils zu Gunsten aller wohlwollenden, gleichmachenden Regungen als ein natürlicher und allmählicher Übergang zu hoher entwickelten Gesellschaftsformen aufgefasst: die anfängliche Verherrlichung der raubtierhaften Kraft und Selbstsucht weicht immer mehr der Einführung milderer Sitten und Gesetze, bis endlich in der christlichen Moral das Mitleid und die Nächstenliebe als höchstes Gebot religiös sanktioniert erscheint. In seiner persönlichen Abschätzung des moralischen Phänomens war Rée indessen weit davon entfernt, sich auf die Seite der englischen Utilitarier zu stellen, denen er in seinen wissenschaftlichen Anschauungen sonst am nächsten kommt. Für Nietzsche hingegen spitzte sich, in Folge seiner veränderten persönlichen Auffassung des Moralischen, der geschichtlich gegebene Unterschied zwischen den beiden verschiedenen Wertbestimmungen dessen, was »gut« heißt, zu zwei unversöhnlichen Gegensätzen zu: zu einem Kampf zwischen Herren-Moral und Sklaven-Moral, der ungeschlichtet bis in unsere Tage hineinreicht. Die ungemein große Bedeutung, die alles Willensmächtige und Instinktstarke für ihn gewonnen hatte, verleitete ihn, darin die einzig mögliche Quelle aller gesunden Moral zu erblicken, in der Sanktionierung wohlwollender Regungen hingegen ein tödliches Übel, an dem die ganze Menschheit bis heute kranke. Seine bisherige Zurückführung aller moralischen Werturteile auf den Nutzen, die Gewohnheit und das Vergessen der ursprünglichen Nützlichkeitsgründe erschien ihm nunmehr als unrichtig: eine solche Entstehung konnte sich höchstens für die Sklaven-Moral schicken, für die andere musste ein vornehmerer Ursprung gefunden werden. Denn vornehm ist es, ein Ding ohne Rücksicht auf den Nutzen gut oder schlecht zu nennen, und so verfährt die Herrennatur: sie empfindet sich selbst in ihrem Wesen und allen ihren Regungen als »gut« und sieht auf alles, was diesen nicht entspricht, also auf alles Schwache, Abhängige, Furchtsame, mit unwillkürlicher und halb unbewusster Geringschätzung als auf das »Schlechte« herab. Ganz anders entsteht die Sklaven-Moral dieser Geringgeschätzten, dieser »Schlechten«: sie entsteht nicht spontan und von sich selbst aus, sondern auf dem Boden des Ressentiment als eine Art Racheakt: sie nennt alles »böse«, hassenswert, was den herrschenden Ständen angehört, und erst von da aus erfindet sie, als etwas Abgeleitetes, ihren Begriff »gut« für sämtliche jenen entgegengesetzte Eigenschaften, – also für das Schwache, Unterdrückte, Leidende. Auf der einen Seite steht mithin das »unschuldbewusste Raubtier«, das starke, »frohlockende Ungeheuer«, das sogar die schlimmsten Taten, wenn es sie selbst begeht, mit einem »Übermute und seelischen Gleichgewichte« vollbringt, wie »einen Studentenstreich« (Zur Genealogie der Moral I 11), auf der anderen Seite der Unterdrückte, Hassgeübte, dessen Seele ohnmächtig nach Rache dürstet, während er die Moral des Mitleids und der erbarmenden Nächstenliebe zu predigen scheint. Zu einem vollkommenen Idealbild ist dieser letztere Typus im Christentum ausgearbeitet worden, das Nietzsche ohne Weiteres als einen ungeheuren Racheakt des Judentums an der selbstherrlichen antiken Welt auffasst. Dass die Juden den Stifter des Christentums gekreuzigt und seine Religion verleugnet haben, soll die eigentliche Feinheit dieses Racheplanes gewesen sein, damit die anderen Völker unbedenklich «an diesem Köder anbeißen«.[32]

Es ist aber nicht notwendig, Nietzsche in allen seinen Erklärungen und seiner bisweilen gewagten Geschichts-Interpretation

32 Gegenüber Nietzsches späterer Verachtung des jüdischen Charakters lese man in der Morgenröte (205) seinen Aphorismus »Vom Volke Israel«: »– – Wohin soll auch diese Fülle angesammelter größer Eindrücke, – – –, diese Fülle von Leidenschaften, Tugenden, Entschlüssen, Entsagungen, Kämpfen, Siegen aller Art,« – wohin soll sie sich ausströmen, wenn nicht zuletzt in große geistige Menschen und Werke! Dann, wenn die Juden auf solche Edelsteine und goldene Gefäße als ihr Werk hinzuweisen haben, wie sie die europäischen Volker kürzerer und weniger tiefer Erfahrung nicht hervorzubringen vermögen –, – – – –; dann wird jener siebente Tag wieder einmal da sein, an dem der alte Judengott sich – – –, seiner Schöpfung und Seines auserwählten Volkes freuen darf, – und wir alle, alle wollen uns mit ihm freun!«

nachzugehen, weil die eigentliche Bedeutsamkeit dieser Anschauung für seine Philosophie an anderer Stelle liegt, als wo man sie gemeinhin sucht. Im Bedürfnis, alles möglichst zu verallgemeinern und wissenschaftlich zu begründen, hat Nietzsche versucht, etwas, dessen Bedeutung für ihn innerhalb eines verborgenen seelischen Problems lag, aus der Menschheitsgeschichte zu entwickeln und in sie hineinzulegen. Deshalb ist es zu bedauern, wenn das Eigenartige in Nietzsches Gedankengang verwischt wird, indem man daran die falsche Seite über Gebühr betont: die der Wissenschaftlichkeit. Auch von diesen Hypothesen Nietzsches gilt es, und ganz besonders von diesen, dass man sie nicht theoretisch nehmen darf, um den originellen Kern aus ihnen herauszuschälen. Nicht was die Seelengeschichte der Menschheit sei, sondern wie seine eigene Seelengeschichte als diejenige der ganzen Menschheit aufzufassen sei, das war für ihn die Grundfrage. Im schärfsten Gegensatz zu der philologischen Genauigkeit, mit der er anfänglich und im Wesentlichen auch in der vorhergehenden Periode Geschichte und Philosophie interpretiert hatte, spielt jetzt die exakte wissenschaftliche Forschung keine Rolle mehr neben seinen genialen Einfällen und Ideen, – und sie konnte auch keine mehr spielen, weil Nietzsche verhindert war, wissenschaftlich zu arbeiten.

Von allen Studien, die er jetzt noch streifen mochte, gelten daher seine Worte aus der »Fröhlichen Wissenschaft« (166) – dass wir »Immer in unserer Gesellschaft« bleiben, auch wo wir wähnen, Fremdes aufzunehmen: »Alles, was meiner Art ist, in Natur und Geschichte, redet zu mir, lobt mich, treibt mich vorwärts, tröstet mich –: das Andere höre ich nicht oder vergesse es gleich.« »Grenze unseres Hörsinns: Man hört nur die Fragen, auf welche man imstande ist, eine Antwort zu finden.« (Ebendaselbst 196.) »Wie groß auch die Habsucht meiner Erkenntnis ist: ich kann aus den Dingen nichts anderes herausnehmen, als was mir schon gehört, – das Besitztum Anderer bleibt in den Dingen zurück.« (Ebendaselbst 242.)

Bei einer so willkürlichen Behandlung des Materials zu Gunsten seiner philosophischen Hypothesen entfernte er sich viel weiter von sachlicher Beobachtung und Begründung, wurde er viel subjektiver bestimmt in seinen Schlüssen und Folgerungen, als in den Jahren, wo er sich noch bewusst auf das innerlich Erlebte beschränkte. Jetzt wurde aus dem innerlich Bedeutsamen das nach außen hin Bestimmende und Gesetzgebende und er selber der »große Gewalt-Herr«, der »gewitzte Unhold, der mit seiner Gnade und Ungnade alles Vergangene zwänge und zwängte: bis es ihm Brücke würde und Vorzeichen und Herold und Hahnenschrei.« (Also sprach Zarathustra III 74.)

Für Nietzsches seelisches Problem handelt es sich von vornherein weniger darum, den Gegensatz zwischen Herren-Moral und Sklaven-Moral geschichtlich richtig zu fixieren, als um Feststellung der Tatsache, dass der Mensch, so wie er bis heute von unten herauf geworden ist, beide Gegensätze in sich trägt, dass er das leidende Resultat einer solchen Instinkt-Widersprüchlichkeit, einer solchen Einverleibung von Doppel-Wertungen ist. Wenn wir uns Nietzsches Dekadenz-Schilderung entsinnen, so finden wir in ihr den Menschen als geborene Herren-Natur, d. h. in ursprünglich ungezähmter Kraft und Wildheit, aber geknechtet und zum gehorchenden Sklaven gemacht durch den sozialen Zwang, durch die Tatsache der beginnenden Kultur selbst. Alle Kultur als solche beruht für Nietzsche auf einem solchen Krankmachen, Sklavischmachen des Menschen, und ausdrücklich bemerkt er, dass ohne diesen Vorgang, ohne gewaltsam gegen sich selbst gekehrt zu werden, die menschliche Seele »flach« und »dünn« geblieben wäre. Seine ursprüngliche Herren-Natur ist noch nichts als ein herrliches Tier-Exemplar und zur Weiterentwickelung erst befähigt durch die Wunden, die ihrer Kraft beigebracht werden, – denn in der Qual dieser Wunden muss sie lernen, sich selbst zu zerfleischen, sich an sich selbst zu rächen, ihre Ohnmacht in nach innen gekehrten Leidenschaften auszulassen: alles dies ausschließlich auf dem Boden des sklavischen Ressentiment. »Das Wesentliche, – – – wie es scheint, ist, nochmals gesagt, dass lange und in einer Richtung gehorcht werde: dabei kommt – – auf die Dauer immer etwas heraus, dessentwillen es sich lohnt, auf Erden zu leben.« (Jenseits von Gut und Böse 188.) Nun gilt dieser Dekadenz-Zustand Nietzsche allerdings nicht nur als überwindbar, sondern geradezu als die notwendige Voraussetzung für den daraus zu züchtenden willenslangen, affektstarken, selbstsicheren Menschen, aber man beachte wohl: Dieser vollendete Mensch mit seiner vertieften und individualisierten Herren-Natur soll keineswegs seinem naiven Egoismus leben, nicht die Vorurteile und Sklavenketten abstreifen, um sich Selbstzweck zu sein, sondern er soll zum Erstling einer höheren

Menschengattung werden und für ihre Neugeburt sich opfern, denn, wie wir gesehen, stellte ja für Nietzsche der Gipfel der Entwicklung den Untergang der Menschheit dar, indem diese nur der Übergang zu etwas Höherem, eine Brücke, ein Mittel ist. Je größer daher ein Mensch ist, je mehr Genie, je mehr Gipfel in einem jeden Sinne, um so mehr ist er auch ein Ende, eine Selbstvergeudung, ein Ausströmen letzter Kräfte, – »zum Vernichten bereit im Siegen!« (Also sprach Zarathustra III 91.) Er soll »etwas Vollkommenes, zu-Ende-Geratenes, Glückliches, Mächtiges, Triumphierendes«, nur werden, damit er »zu Neuem, zu noch Schwererem, Fernerem bereit sei, »wie ein Bogen, den alle Not immer nur noch straffer anzieht«, (Zur Genealogie der Moral I 12) ein Bogen, dessen Pfeil nach dem Übermenschen zielt. So wird er denn zu einem Kampfplatze widerstrebender und einander bekriegender Triebe, aus deren schmerzlicher Fülle allein alle Entwickelung hervorgeht; es zeigt sich in ihm wieder jenes Durcheinander von Herrschenwollen und Dienenmüssen, von Vergewaltigung des Einen durch den Anderen, – woraus einst alle Kultur geworden, und woraus nun eine Über-Kultur als letzte und höchste Schöpfung entstehen soll. Er ist kein Friedvoller und sich selbst Genießender, sondern ein Kämpfender und Selbst-Untergang. Er wiederholt also in sich und auf Grund seiner vollkommen individualisierten und geistesfreien Persönlichkeit genau dasselbe, was einst auf die Menschheit von außen her, durch Knechtung, als ein aufgezwungenes Erziehungsmittel wirkte. – wir finden in ihm wieder »diese heimliche Selbst-Vergewaltigung, diese Künstler-Grausamkeit, diese Lust, sich selbst als einem schweren widerstrebenden leidenden. Stoffe eine Form zu geben, einen Willen, eine Kritik, einen Widerspruch, eine Verachtung, ein Nein einzubrennen, diese unheimliche und entsetzlich-lustvolle Arbeit einer mit sich selbst willig-zwiespältigen Seele, welche sich leiden macht, aus Lust am Leidenmachen. (Zur Genealogie der Moral II 18.) Denn gerade die vollendetste und umfassendste Seele muss am klarsten und unwiderruflichsten das Grundgesetz des Lebens in sich zum Ausdruck bringen, welches heißt: »Ich bin das, was sich immer selber überwinden muss«. (Also sprach Zarathustra II 49.)

Es ist nicht zu verkennen, wie sehr Nietzsche seinen eigenen Seelenzustand diesen Theorien untergelegt, wie stark er sein eignes

Wesen in ihnen wiedergespiegelt, und wie er endlich dem tiefsten Bedürfnis desselben das Grundgesetz des Lebens selbst entnommen hat. Seine leidvolle »Seelen-Vielspältigkeit«, seine gewaltsame »Zweispaltung« in einen sich opfernden, anbetenden und in einen beherrschenden, vergöttlichten Wesensteil liegt seinem gesamten Bilde der Menschheitsentwickelung zu Grunde. Überall, wo er von Herren- und Sklaven-Naturen spricht, muss man dessen eingedenk bleiben, dass er von sich selbst spricht, getrieben von der Sehnsucht einer leidenden und unharmonischen Natur nach ihrem Wesens-Gegensatz und von dem Verlangen, zu einem solchen als zu seinem Gott aufblicken zu können. Sein eigenes Ich schildert er, wenn er vom Sklaven sagt: »sein Geist liebt Schlupfwinkel, Schleichwege und Hintertüren, alles Versteckte mutet ihn an als seine Welt, seine Sicherheit, sein Labsal«; (Zur Genealogie der Moral I 10) – und er beschreibt sein Gegenbild in der handelnden, frohen, instinktsicheren, unbekümmerten Herren-Natur, dem ursprünglichen Tatenmenschen. Aber indem er das Eine die Voraussetzung des Anderen sein lässt, indem er die Menschen-Natur als solche zu dem Schauplatz macht, auf dem sich diese beiden Gegensätze immer wieder treffen, um sich gegenseitig zu überwinden, fasst er sie als Entwickelungsstufen innerhalb desselben Wesens, die, historisch betrachtet, Gegensätze bleiben, sich aber im Einzelwesen, psychologisch betrachtet, als eine Wesensteilung innerhalb des entwicklungsfähigen Menschen erweisen. Daher ist seine Auffassung des geschichtlichen Kampfes zwischen Herren- und Sklaven-Naturen in seiner ganzen Bedeutung nichts als eine vergröberte Illustration dessen, was im höchsten Einzelmenschen vorgeht, des grausamen Seelenprozesses, durch den dieser sich in Opfergott und Opfertier spalten muss.

Erst jetzt lässt sich feststellen, was eigentlich Nietzsches »Umwertung aller Werte«, aller bisherigen Moral und Idealauffassungen bedeutet, und wie sie sich zum asketischen Ideal verhält, in dem jetzt alle religiösen und moralischen Ideale für Nietzsche zusammengefasst sind. Diese Umwertung aller Werte beginnt allerdings damit, dass sie jeglicher Askese den Krieg erklärt, beginnt mit einer Heiligsprechung des »Allzumenschlichen« im Menschen, das bisher geschmäht und unterdrückt wurde, weil das Natürliche und Sinnliche dem Übernatürlichen und Übersinnlichen im Wege stand, an das man als an eine unumstößlich gegebene Tatsache glaubte. Nietzsches Zukunftsphilosoph aber glaubt nicht länger, dass irgend ein Übermenschentum gegeben sei, es müsste denn erst geschaffen werden durch den Menschen selbst, und dazu verfügt er ja über kein anderes Material als über die elementare Lebenskraft der Natur, wie sie ist. Es gilt also nicht mehr, das Diesseits in ein höheres Jenseits möglichst restlos zu verflüchtigen, sondern die ganze Fülle eines reichen, ungeahnt herrlichen Jenseits mitten aus dem Diesseits hervorzulocken.[33]

33 Für diesen Zustand einer freien Auslebung der Individualität hat Nietzsche in seiner Zarathustra-Dichtung, die man das Hohe Lied modernen Individualismus' nennen könnte, die schönsten Worte gefunden. Als besonders charakteristisch können die nachfolgenden Aussprüche gelten :

»Wenn ihr Eines Willens Wollende seid, und diese Wende aller Not euch Notwendigkeit heißt: da ist der Ursprung eurer Tugend.

Wahrlich, ein neues Gutes und Böses ist sie! Wahrlich, ein
neues tiefes Rauschen und eines neuen Quelles Stimme! – – – –

Bleibt mir der Erde treu, meine Brüder, mit der Macht eurer Tugend! – – –

Lasst sie nicht davon fliegen vom Irdischen und mit den Flügeln gegen ewige Wände schlagen! Ach, es gab immer so viel verflogene Tugend!

Führt, gleich mir, die verflogene Tugend zur Erde zurück – ja, zurück zu Leib und Leben: dass sie der Erde ihren Sinn gebe, einen Menschen-Sinn! – – –

Tausend Pfade gibt es, die nie noch gegangen sind; tausend Gesundheiten und verborgene Eilande des Lebens. Unerschöpft und unentdeckt ist immer noch Mensch und Menschen-Erde.« (I 109 f.)

»– – Willst du den Weg zu dir selber suchen? – – – –

– – – So zeige mir dein Recht und deine Kraft dazu! – – – –

Frei nennst du dich? Deinen herrschenden Gedanken will ich hören und nicht, dass du einem Joche entronnen bist. – – – –

Frei wovon? Was schiert das Zarathustra! Hell aber soll mir dein Auge künden: frei wozu?

Kannst du dir selber dein Böses und dein Gutes geben und deinen Willen über dich auf hängen wie ein Gesetz? – – –« (I 87 f.)

»– – Dass euer Selbst in der Handlung sei, wie die Mutter im Kinde ist: das sei mir euer Wort von Tugend!« (II 21.)

»Es ist euer liebstes Selbst, eure Tugend.« (II 18.)

»– von Grund aus liebt man nur sein Kind und Werk; und wo große Liebe zu sich selber ist, da ist sie der Schwangerschaft Wahrzeichen: so fand ich's.« (III 14.)

»Mein Bruder, wenn du eine Tugend hast, und es deine Tugend ist, so hast du sie mit niemandem gemeinsam. – – – – – –

So sprich und stammle: »– – – –

Nicht will ich es als eines Gottes Gesetz, nicht will ich es als eine Menschen-Satzung und Notdurft: – – – – – –

Daher gibt er den verachteten, gefürchteten, misshandelten Trieben, den Leidenschaften des »natürlichen« noch von keiner Moral zurechtgestutzten Menschen ihr Existenzrecht wieder. Mit der Überzeugung, dass es nicht auf eine Scheidung von guten und bösen Kräften ankomme, sondern auf eine Stärkung und äußerste Steigerung der Lebenskraft überhaupt, damit das Leben aus sich selbst heraus seinen höchsten Zweck verwirklichen könne, ist es gegeben, dass dem Menschen sein Bösestes nötig ist zu seinem Besten, – dass alles Böseste seine beste Kraft ist und der härteste Stein dem höchsten Schaffenden; und dass der Mensch besser und böser werden muss«. (Also sprach Zarathustra III 97.)

Als ein Fürsprecher des Lebens soll der Mensch sich in seiner Tugend ausgeben, preisgeben, verschwenden: aber indem er sein eigenes Selbst zu seiner Tugend umtauft, soll er sie zu einer Machtfülle in sich steigern, die ihn endlich zersprengt gleich einem zu engen Gefäß: er soll sie nur besitzen, um von ihr besessen zu werden. Zu einem so kraftquellenden Übermaß anwachsend, verschlingt sie endlich ihn und seinen Einzelwillen in der Glut und Empfindung des Ganzen – wandelt sie sich ihm zur Brücke, auf welcher er dem Untergange zuschreitet: »Der Mensch ist etwas, das überwunden werden muss: und darum sollst du deine Tugenden lieben, – denn du wirst an ihnen zu Grunde gehen«, (Ebendaselbst I 47.) »Ich liebe den, dessen Seele übervoll ist, sodass er sich selber vergisst, und alle Dinge in ihm sind: so werden alle Dinge sein Untergang.« (Ebendaselbst I 14.)

So gleichbedeutend hiernach egoistische Kraftauslebung und Tugend im ersten Augenblick erscheinen mögen, so tief bleiben sie doch in Wahrheit von einander geschieden. Wohl ist der Wertunterschied zwischen den menschlichen Kräften und Eigenschaften, den

---

Aber dieser Vogel baute bei mir sich das Nest: darum liebe und herze ich ihn, – nun sitzt er bei mir auf seinen goldenen Eiern.« – –

Einst hattest du Leidenschaften und nanntest sie böse. Aber jetzt hast du nur noch deine Tugenden: die wuchsen aus deinen Leidenschaften.

Du legtest dein höchstes Ziel diesen Leidenschaften ans Herz: da wurden sie deine Tugenden und Freudenschaften.

Und ob du aus dem Geschlechte der Jähzornigen wärest oder aus dem der Wollüstigen oder der Glaubens-Wütigen oder der Rachsüchtigen:

Am Ende wurden alle deine Leidenschaften zu Tugenden und alle deine Teufel zu Engeln.« (I 45 f.)

alle Moral als einen qualitativen auffasst, im Grunde völlig ins Quantitative verlegt, aber die willige und begeisterte Hingabe an diese das Selbst zerstörende Kraftsteigerung begreift darum nicht minder einen Wertunterschied der Gesinnung in sich. Die Verwerflichkeit der Gesinnung wird betont, wenn es heißt, dass nicht das Böse der Menschengröße schlimmster Feind sei, sondern – dass sein Bösestes so gar klein ist! Ach dass sein Bestes so gar klein ist!« (Ebendaselbst III 97.) Das Übermaß ist der Weg zum Übermenschlichen, deshalb geht diesem der Ruf voran: »Wo ist doch der Blitz, der euch mit seiner Zunge lecke? Wo ist der Wahnsinn, mit dem ihr geimpft werden müsstet? – Seht, ich lehre euch den Übermenschen: der ist dieser Blitz, der ist dieser Wahnsinn! – (Ebendaselbst I 11.)

Daher darf man den Weg, den Nietzsche zur Erreichung seines Idealzieles wählt, nicht mit diesem Ziele selbst verwechseln; er betrachtet die Herrschaft der »furchtbaren Instinkte« nur als ein Mittel, dessen er für den höchsten Endzweck bedarf. Ganz mit Unrecht und in grobem Missverständnis ist ihm vorgeworfen worden, sein »Übermensch« trage statt der Züge eines Jesus die eines Cesare Borgia, oder sonst eines lasterhaften Unmenschen. In Wahrheit ist der Unmensch« dem Übermenschen nicht Vorbild, sondern nur Sockel; er stellt sozusagen den unbehauenen Granitblock dar, der gefordert wird, um auf demselben eine Götterstatue aufzurichten. Und diese Götterstatue des Übermenschen-Ideals ist in Art und Wesen nicht nur von ihm verschieden, sondern ihm geradezu entgegengesetzt. Dabei wird der Gegensatz so tief und scharf gefasst, wie es selbst in der asketischsten Moral nicht der Fall ist. Alle Moral strebt nur eine Verbesserung und Verschönerung des Menschlichen an, während Nietzsche davon ausgeht, dass eine ganz neue Spezies, eine Überart, geschaffen werden müsse. Was bisher als ein Übergang von Niederem zu Höherem galt, unter Beibehaltung des charakteristisch Menschlichen im Idealbilde, das fasst Nietzsche als einen vollständigen Bruch, als den Kampf sich befehdender Gegensätze auf; was bisher nur ein Gradesunterschied zwischen dem »natürlichen« und dem »moralischen« Menschen innerhalb des beiden gemeinsamen Menschseins war, das wird bei Nietzsche zu einem absoluten Wesensgegensatz zwischen dem Naturmenschen und dem Übermenschen. Deshalb kann man sagen: Betrachtet man den Moral-Weg, den Nietzsche einschlägt, so ist für denselben allerdings das Anti-Asketische bezeichnend, indem er nicht dem steilen und steinigen Pfade der Selbstentsagung gleicht, sondern mitten in eine tropische Wildnis unbekümmerten Selbstgenusses führt. Fasst man hingegen Nietzsches Moral-Ziel genauer ins Auge, so erweist es sich als völlig asketischer Natur, indem es den Menschen nicht nur erheben, sondern vollständig über ihn hinausgehen, ihn nicht nur läutern, sondern ihn vollständig aufheben will. Einerseits also bekämpft Nietzsche die übliche Moral wegen ihres asketischen Grundcharakters, wegen ihrer Geringachtung und Verdammung der untermenschlichen Begierden, denen er, als der Kraftquelle im Menschen, so hohen Wert zuspricht; andrerseits aber bekämpft er die herrschende Moral nicht minder heftig in dem, worin sie ihm nicht asketisch genug ist. Er wendet sich grundsätzlich gegen ihren optimistischen Glauben, als ob auf dem Wege einer bestimmten Läuterung der Mensch einem Idealziele nahegebracht werden könne: denn der Mensch ist nach Nietzsches Meinung unfähig hierzu, und daher beruht alle sogenannte Veredelung auf einer bloßen Schwächung der elementaren Lebenskraft. »Nackt hatte ich einst beide gesehen, den größten Menschen und den kleinsten Menschen: allzuähnlich einander, – allzumenschlich auch den Größten noch!« (Also sprach Zarathustra III 08.) Der Versuch aller Moral, das Menschenwesen einem Idealwesen anzuähneln, ergibt nur eine unwirkliche Nachahmung auf Kosten der wirklichen Kraft, und alle moralische Umwandlung ist deshalb nur eine Art von ästhetischer Verschleierung des geschwächten, aber sonst völlig unveränderten menschlichen Wesens. »Wie? Ein großer Mann? Ich sehe immer nur den Schauspieler seines eignen Ideals.« (Jenseits von Gut und Böse 97.) »Ich suchte nach großen Menschen, ich fand immer nur die Affen ihres Ideals.« (Götzen-Dämmerung I 39.)

Aus dieser pessimistischen Auffassung des Menschlichen entspringt der extrem-asketische Grundzug, den das Idealziel in Nietzsches Philosophie erhält; dasselbe ist nur erreichbar durch den Untergang des Menschen. Und dieser Grundzug tritt in der Folge um so extremer hervor, je prinzipieller Nietzsche alles Asketische zu verleugnen und auszumerzen bemüht ist. Je ausschließlicher am Anfang die Steigerung der egoistischen Kraft gefordert wird, desto ungeheurer erscheint am Ende der Entwickelung die Forderung, das eigene Selbst aufzugeben, damit Raum für den Übermenschen geschafft werde. Hieß es zuerst: Der Mensch ist etwas, das böse, wild und grausam werden muss, so heisst es schließlich: »Der Mensch ist etwas, das überwunden werden muss«, – alle erlangte Grausamkeit und Wildheit ist letzten Endes nur dazu da, um sich gegen den Menschen selbst zu kehren und ihn zu vernichten.

So unversöhnlich fallen die beiden Seiten von Nietzsches Ethik auseinander, die er in ein und demselben Gebot zusammenfasst, – in dem ersten und einzigen Moralgesetz, das in die neuen Werttafeln eingegraben wird: »Werdet hart!« (Also sprach Zarathustra III 90 = Götzen-Dämmerung, Schluss.) Aus dem Wort: »Werdet hart!« blickt in der Tat deutlich das Doppelantlitz der Nietzsche-Moral, mit seinen Zügen voll tyrannischer Grausamkeit und asketischer Entsagung. Denn hart werden bedeutet einmal die Widerstandskraft gegen alle weichen und wohlwollenden Regungen, die Versteinerung im egoistischen Selbstgenuss, kurz: Härte gegen Andere, guten Willen zur Ausübung herrischer Macht; das andere Mal aber bedeutet es die Härte gegen sich selbst, als den Untergehenden, der zermalmt werden muss, – es bedeutet: Euch adelt die Härte in demselben Sinne, wie sie den Stein adelt, den der Künstler zu einem hohen Kunstwerk verarbeiten will. Alles dürft ihr, nur eines nicht, nicht nachgeben, nicht zerbröckeln während seiner Arbeit, sonst ist all euer Menschliches, wie hoch es auch in den Augen der alten Moral dastehen mag, nur noch gut für den Kehrichthaufen, den man hinweg fegt; es ist Abfall und verdorbenes Material. Einer solchen Bestimmung gegenüber erscheint als das Verwerflichste die ängstliche Weichlichkeit des Gefühls, die zagende Bedenklichkeit angesichts des Furchtbaren, des Entscheidenden. Denn, so singt Zarathustra, der Zukunftsschöpfer, »– zum Menschen treibt er mich stets von Neuem, mein inbrünstiger Schaffens-Wille; so treibt's den Hammer hin zum Steine. Ach, ihr Menschen, im Steine schläft mir ein Bild, das Bild meiner Bilder! Ach, dass es im härtesten, hässlichsten Steine schlafen muss! Nun wütet mein Hammer grausam gegen sein Gefängnis. Vom Steine stäuben Stücke: was schiert mich das?« (Also sprach Zarathustra II 8.)

Hiermit stehen wir vor dem Rätsel und Geheimnis in den Lehren Nietzsches, – vor der Frage: Wie denn die Entstehung des Übermenschlichen aus dem Unmenschlichen überhaupt möglich sei, wenn beide als unversöhnliche Gegensätze zu denken sind. Die Beantwortung dieser Frage erinnert unwillkürlich an ein altes moralisches Heilrezept, welches ungefähr so lautet: »Um einen Fehler loszuwerden, gebe man ihm nach und übertreibe ihn so lange, bis er durch seine Übertreibung und sein Übermaß abschreckend wirkt. Das moralische Heilrezept, das Nietzsche für die Menschheit schrieb, weil er für sich selbst kein probateres wusste, besitzt eine gewisse Ähnlichkeit damit. Er wollte in der Tat den Menschen durch die Entfesselung aller wildesten Triebe in einen Zustand bringen, in dem der egoistische Selbstgenuss durch das Übermaß und die Übertreibung zu einem Leiden am eignen Selbst wird. Aus der Qual eines solchen Leidens heraus sollte dann eine grenzenlose übermächtige Sehnsucht nach dem eignen Gegensatz erwachsen, – die Sehnsucht des Starken, Unmäßigen, Heftigen nach dem Zarten, Maßvollen, Milden; die Sehnsucht der Hässlichkeit und dunklen Begierde nach der Schönheit und lichten Reinheit, die Sehnsucht des gequälten, von seinen wilden Trieben besessenen Menschen nach seinem Gott. Nietzsche hielt es für möglich, dass aus einem solchen Gemütszustand tatsächlich dessen Gegensatz durch die Übergewalt eines Affektes hervorbrechen könne. So erscheint ihm einmal der Großmütige »als ein Mensch des äußersten Rachedurstes, dem eine Befriedigung sich in der Nähe zeigt und der sie so reichlich, gründlich und bis zum letzten Tropfen schon in der Vorstellung austrinkt, dass ein ungeheurer schneller Ekel dieser schnellen Ausschweifung folgt, – er erhebt sich nunmehr »über sich«, wie man sagt, und verzeiht seinem Feinde, ja segnet und ehrt ihn. Mit dieser Vergewaltigung seiner selber, mit dieser Verhöhnung seines eben noch so mächtigen Rachetriebes gibt er aber nur dem neuen Triebe nach.« (Die fröhliche Wissenschaft 40.) Die Grundbedingung für eine solche Darstellung des scheinbar Übermenschlichen durch das eigene Selbst ist aber, dass dieses die wilde Kraft seines qualvollen Übermaßes bewahre, – dass es sie nicht schwäche, zügele, massige, »läutere«, um den Gegensätzen ihre schmerzliche Spannung zu nehmen. Je höher hinauf, zu den zartesten Blüten des Schönen und Göttlichen es gelangen will, desto tiefer hinab in das schwärzeste Erdreich, in sein Unmenschliches, Untermenschliches muss es die Wurzeln seiner Kraft senken. Dadurch wird freilich das

Übermenschliche, das der Mensch erzeugt, zur Darstellung eines bloßen, göttlichen Scheines, sozusagen eines Momentbildes, nicht zu der seines wirklichen, eignen Wesens, aber nur in dieser Weise ist es überhaupt realisierbar. Da keine allmähliche Entwickelung, kein Übergang die Gegensätze einander nähert, da sie sich vielmehr gerade kraft ihrer Gegensätzlichkeit bedingen und erzeugen, so bleibt ewig ein unüberbrückbarer Abgrund zwischen ihnen bestehen; auf der einen Seite die bis zum Furchtbaren gesteigerte, bis zum Chaotischen aufgewühlte Lebenswirklichkeit der menschlichen Triebe, – auf der andren Seite ein bloßes Scheinbild, eine leichte Wesenswiderspiegelung, gewissermaßen eine göttliche Maske, der gar keine selbständige Wirklichkeit innewohnt. Und somit ließe sich gegen diese Theorie Nietzsches im allerhöchsten Grade derselbe Vorwurf erheben, den er der üblichen Moralauffassung macht, nämlich, dass es genüge, den Menschen einem vorgehaltenen Idealbilde anzuähneln: der Vorwurf, dass nur eine ästhetische Verschleierung, nicht aber eine durchgreifende Umwandlung erzielt werde, dass also der Mensch zu einem bloßen »Schauspieler seines Ideals« herabsinke. Wir begegnen hier genau derselben Erscheinung, die uns an Nietzsches Stellung zum Asketischen überraschte: was Nietzsche am grundsätzlichsten zu bekämpfen scheint, das nimmt er schließlich selbst am grundsätzlichsten in seine Theorien auf, – aber nur in den äußersten Konsequenzen und im extremsten Sinn. Was er auf seinem Wege als Mittel zum Zweck am entschiedensten verwirft, das benutzt er schließlich, um es seinem Endzweck, seinem Ziele selbst einzuverleiben. Ja, man kann überall da, wo Nietzsche irgend etwas mit ganz besonderem Hasse verfolgt und erniedrigt, mit Sicherheit annehmen, dass es irgendwie tief – tief im Herzen seiner eigenen Philosophie oder seines eigenen Lebens steckt. Dies gilt sowohl von Personen wie von Theorien.

Meistens gibt Nietzsche in solchen Fällen selber zu, dass der von ihm bekämpfte Gegenstand eine Art von Wert besessen habe als Moment der Entwickelung zu seiner neuen Auffassung hin. Im vorliegenden Falle gesteht er: der Mensch habe seine Fähigkeit zur Übermenschen-Darstellung erst allmählich gewonnen durch seine Entwickelung innerhalb der herrschenden Moral, Kunst und Religion.

Erst indem diese ihn an die Möglichkeit seiner Wesensveredelung glauben ließ, lehrte sie ihn »so sehr Kunst, Oberfläche, Farbenspiel – – werden, dass man an seinem Anblicke nicht mehr leidet«; (Jenseits von Gut und Böse 59) sie hat »uns die Schätzung des Helden, der in jedem von allen diesen Alltagsmenschen verborgen ist, und die Kunst gelehrt, wie man sich selber als Held, aus der Ferne und gleichsam vereinfacht und verklärt ansehen könne, – die Kunst, sich vor sich selber »in Szene zu setzen«. So allein kommen wir über einige niedrige Details an uns hinweg!« (Die fröhliche Wissenschaft 78.) Der Unterschied zwischen dem bisherigen Menschen und dem von Nietzsche angestrebten bestände demnach darin, dass letzterer sich nicht dem Glauben hingibt, sein Wesen habe sich umgewandelt und verändert, seitdem er moralische, künstlerische und religiöse Züge in sich entwickelt: er bleibt sich dessen bewusst, dass er sozusagen nur als Dichter oder Schauspieler schafft, wenn er das Ideale zur Erscheinung bringt. Aber diese Einsicht darf ihm erst kommen, wenn er das von Nietzsche vorausgesetzte Kraftmaß erreicht hat, wenn er »stark genug, hart genug, Künstler genug geworden ist«. Sonst würde er die Wahrheit nicht ertragen, dass sein Wesen unabänderlich, sein übermenschliches Ideal nur ein geschautes Bild, sein höchstes sittliches Werk nur ein Kunstwerk ist. So ist es zu verstehen, wenn Nietzsche sagt: »man könnte die homines religiosi mit unter die Künstler rechnen, als ihren höchsten Rang.« (Jenseits von Gut und Böse 59.) Denn das künstlerische Prinzip ist es, aus dem die lebendigen höchsten ethischen und religiösen Wertunterschiede fließen, und Nietzsches »Jenseits von Gut und Böse«, wie auch sein »Jenseits von wahr und falsch«, macht Halt vor dem »Jenseits von schön und hässlich« und dringt nicht bis zu diesem durch. Der Übermensch ist nur möglich und begreiflich als das Kunstwerk des Menschen. Und wollen wir uns davon ein Bild machen, so gibt es dafür vielleicht kein besseres, als das von Nietzsche in seiner »Geburt der Tragödie aus dem Geiste der Musik« gebrauchte, wenn er vom Verhältnis des Dionysischen zum Apollinischen in der Kunstschöpfung redet. Er vergleicht dort die apollinischen Visionen, welche aus dem orgiastischen Kraftleben des Dionysischen entstanden sind, jener bekannten optischen Erscheinung, bei welcher durch das Hineinstarren ins volle Glutmeer der Sonne dunkle farbige Flecken gleichsam als Heilmittel vor unseren geblendeten Augen erzeugt werden, indem er das Phänomen in seiner Umkehrung benutzt: durch das Hinabtauchen in das schmerzvolle Dunkel entfesselten Übermaßes, sich selbst verschlingender Urkräfte ersteht vor uns in gleicher Heilwirkung ein zartes strahlendes Lichtbild des Übermenschlichen. Und wie in der griechischen Tragödie, auf die Nietzsche sein Gleichnis anwendet, die apollinischen Lichtbilder, d. h. die Heldengestalten der hellenischen Bühne, im Grunde nur Masken des Einen Gottes Dionysos waren, so verkörpert auch dieses im Leberdrang des Schöpferischen erzeugte Bild des Übermenschen im Grunde nur einen göttlichen Schein, ein Symbol im künstlerischen Sinn. Hinter ihm, abgründig tief und in »purpurner Finsternis«, ruht das dionysische Sein selber, die Elementargewalt des Lebens, deren es zu seiner Erzeugung immer wieder von neuem bedarf.

So sehen wir, dass in Nietzsches Philosophie die Ethik unmerklich in die Ästhetik überfließt, – in eine Art von religiöser Ästhetik, – und dass die Lehre vom Guten ermöglicht wird durch die Göttlichkeit des Schönen. Die feine Grenze, auf der sich der Schein dem Sein vermählen muss, um das Ideal zu gestalten, macht die Welt des Schönen und ihrer phantastischen Selbst-täuschung zum »eigentlichen Mutterschoß idealer und imaginativer Ereignisse«, zu denen der tiefste Impuls gerade dadurch gegeben wird, dass sie ewig unrealisierbar bleiben, dass die Sehnsucht ihnen keine wesenhafte Wahrheit und Wirklichkeit zu verleihen vermag. Es ist derselbe Zustand, den Nietzsche schildert, wenn er von einem Künstler sagt, er habe viel mehr »von seinem – Unvermögen, als von seiner reichen Kraft – – – – eine ungeheure Lüsternheit nach dieser Vision ist in seiner Seele zurückgeblieben. und aus ihr nimmt er seine ebenso ungeheure Beredsamkeit des Verlangens und Heißhungers.« (Die fröhliche Wissenschaft 70.) Man muss sich also die Entstehung des übermenschlichen Scheines, das Mysterium von der plötzlichen Selbstentsagung und Selbstaufhebung, diese asketische Grundvorstellung, auf welche Nietzsches Ethik hinausläuft, – als ein ästhetisches Phänomen denken, als eine so intensive Versenkung in die Qual des Übermaßes, dass aus ihr die Sehnsucht den Gegensatz als eine geschaute und nachgelebte Vision hervortreibt. »– – von niemandem will ich so als von dir gerade Schönheit, du Gewaltiger: heißt es von dem starken, mit übermächtigen Affekten geladenen Menschen, »aber gerade dem Helden ist das Schöne aller Dinge Schwerstes. Unerringbar ist das Schöne allem heftigen Willen. – – Dies nämlich ist das Geheimnis« der Seele: erst, wenn sie der Held verlassen hat, naht ihr, im Traume, – der Über-Held« (Übermensch) (Also sprach Zarathustra II 54 f.) ln seligem Traume stammelt sie dann: »– ein Schatten kam zu mir – aller Dinge Stillstes und Leichtestes kam – zu mir! Des Übermenschen Schönheit kam zu mir als Schatten.« (II 8.) Denn »Alles Göttliche läuft auf zarten Füssen!« – »Was wäre denn schön, wenn nicht erst der Widerspruch sich selbst zum Bewusstsein gekommen wäre, wenn nicht erst das Hässliche zu sich selbst gesagt hätte: ich bin hässlich?« In der Hässlichkeit jenes chaotischen Übermaßes, bis zu welchem der Mensch seine wildesten Kräfte entfesseln soll, bricht er zuletzt den Stab über sich selbst, als über den von Wesensgrund aus hässlichen. »Ein Hass springt da hervor: – – Er hasst da aus dem tiefsten Instinkte der Gattung heraus; in diesem Hass ist Schauder, Vorsicht, Tiefe, Fernblick, – es ist der tiefste Hass, den es gibt. ihn seinetwillen ist die Kunst tief...« (Götzen-Dämmerung IX 20.) Sie ist tief, weil sie durch diesen Hass dem Menschen die grenzenlose Sehnsucht nach dem Schönen lehrt und so die Erzeugung des schönen Scheines aus der entfesselten Überfülle des wirklichen Seins ermöglicht; sie ist tief, weil sie einen ungeheuren Idealisierungsdrang weckt und den Menschenwillen durch die Vision der Schönheit zur »Zeugung« reizt, sodass er in leidenschaftlicher Begeisterung sich seinem eigenen Wesensgegensatz vermählt. So wird die zügellose Kraft bis zum höchsten Übermaß nur gesteigert, um in einen Rauschzustand der Begeisterung überzuströmen, der die Bedingung zur schöpferischen Erzeugung des Schönen ist. »Das Wesentliche am Rausch ist das Gefühl der Kraftsteigerung und Fülle. Aus diesem Gefühle gibt man an die Dinge ab, man zwingt sie von uns zu nehmen, man vergewaltigt sie, – man heißt diesen Vorgang Idealisieren. (Götzen-Dämmerung IX 8.) »Man bereichert in diesem Zustande alles aus seiner eigenen Fülle: was man sieht, was man will, man sieht es geschwellt, gedrängt, stark, überladen mit Kraft. Der Mensch dieses Zustandes verwandelt die Dinge, bis sie seine Macht wiederspiegeln, –. Dies Verwandeln-müssen in's Vollkommene ist – Kunst.» (Ebendaselbst IX 9.)

Trägt Nietzsches Ethik einen vorwiegend ästhetisierenden Charakter, indem die Verwandlung ins Vollkommene nur einen schönen Schein ergibt, so nähert sich dafür seine Ästhetik sehr stark dem Religiös-Symbolischen, insofern sie aus dem Drang entsteht, die Menschen und Dinge zu vergöttlichen, sie ins Gotthafte aufzulösen, um sie zu ertragen. Über diesen psychischen Vorgang hat Nietzsche nicht bloß eine Theorie aufgestellt und in zerstreuten Aphorismen angedeutet, sondern er hat auch den Versuch gemacht, selbst das grundlegende Erstlingswerk zu schaffen, in dem jene hohe Schöpfertat des Menschen, die Erzeugung des Übermenschlichen, – zum ersten Mal vollbracht wird. Dieses Werk ist seine Dichtung »Also sprach Zarathustra«. Die Zarathustra-Gestalt, als eine Selbstverklärung Nietzsches, als eine Widerspiegelung und Verwandlung seiner Wesensfülle in einem gottartigen Lichtbilde, soll ein vollständiges Analogon bilden zu der von ihm geträumten Entstehung des Übermenschlichen aus dem Menschlichen. Zarathustra ist sozusagen der Nietzsche- Übermensch, er ist der »Über-Nietzsche«. Infolgedessen trägt das Werk einen täuschenden Doppel-Charakter: es ist einerseits eine Dichtung in rein ästhetischem Sinn und kann als solche von rein ästhetischem Standpunkt aus verstanden und beurteilt werden; andererseits aber will es nur in einem rein mystischen Sinn Dichtung sein, – im Sinn eines religiösen Schöpfungsaktes, in dem die höchste Forderung der Ethik Nietzsches zum ersten Mal ihre Erfüllung findet. Daraus erklärt es sich, dass das Zarathustra-Werk das am besten missverstandene unter allen Büchern Nietzsches geblieben ist, um so mehr, als meistens angenommen worden ist, es enthalte in dichterischer Form eine Popularisierung dessen, was die übrigen Schriften in strengerer philosophischer Form geben. In Wahrheit aber ist es das am wenigsten populär gemeinte seiner Werke; denn wenn es bei Nietzsche jemals eine »esoterische« Philosophie gab, die niemandem völlig zugänglich werden sollte, so liegt sie hier, und dem gegenüber gehört alles, was er sonst geschrieben, dem mehr exoterischen Teil seiner Lehre an. Daher erschließt sich das tiefste Verständnis des »Zarathustra« weniger auf dem Wege der Nietzsche-Philosophie, als auf dem der Nietzsche-Psychologie, indem man den verborgenen Seelenregungen nachspürt, die Nietzsches ethische und religiöse Vorstellungen bedingen und seiner seltsamen Mystik zu Grunde liegen. Dann zeigt es sich, dass die Theorien Nietzsches alle aus dem Bedürfnis der eigenen Selbsterlösung geflossen sind, – aus dem Sehnen, seiner tiefbewegten und leidvollen Innerlichkeit jenen Halt zu geben, den der Gläubige in seinem Gott besitzt. Dieses gewaltige Wünschen und Verlangen erzwang sich schließlich Befriedigung: es schuf den Gott oder doch ein gotthaftes Überwesen, in dem das Gegenbild des eigenen Wesens veräußerlicht und verklärt wurde. Die Doppelgestalt, die Nietzsche sich damit selbst gab, und in der er sich als einen »Zweiten« anschaute, ist in seinem Zarathustra verkörpert, wandelt in ihm gleichsam auf eigenen Füßen. Seltsam schimmert an einzelnen Stellen der Dichtung das heimliche Eingeständnis durch, dass Zarathustra keine eigene Wesenswahrheit habe, sondern nur ein Dichtergeschöpf sei, und selbst ein Dichter und Erdichtender: »– was sagte dir einst Zarathustra? Dass die Dichter zuviel lügen? – Aber auch Zarathustra ist ein Dichter.« (II 68.) Doch es liegt ja schon in Nietzsches Auffassung des höchsten Ideals, dass der Schein das Recht hat, sich als Sein und Wesen zu geben, – ja, dass alle höchste Wahrheit in der Scheinwirkung, im Effekt auf Andere besteht. Der Mensch, in seiner mystischen Wesenswandlung, sucht ganz und gar zu einem lockenden, sehnsuchtweckenden und erziehenden Scheinbilde zu werden, dem nichts Hochgeartetes zu widerstehen vermag. Von ihm gilt das Wort: »Wer von Grund aus Lehrer ist, nimmt alle Dinge nur in Bezug auf seine Schüler ernst, – sogar sich selbst.« (Jenseits von Gut und Böse 63.)

Damit ist in bewusster Weise eine Rechtfertigung der »heiligen Täuschung« gegeben, und nicht umsonst sagt Nietzsche wiederholt, dass es das Problem von der »pia fraus« sei, dem er am längsten und tiefsten nachgegangen. Auch die Redlichkeit, als eine verhältnismäßig späte Tugend des modernen Wahrheitsmenschen, hat der große »Unzeitgemäße«, der frei über die Tugenden aller Kulturen verfügt, in sich zu überwinden um seiner Zwecke willen, die ein weiches Gewissen nicht vertragen. In bezeichnenderweise steht schon in der »fröhlichen Wissenschaft« (159): »Wer jetzt unbeugsam ist, dem macht seine Redlichkeit oft Gewissensbisse : denn die Unbeugsamkeit ist die Tugend eines anderen Zeitalters, als die Redlichkeit.« Zu Zarathustra aber spricht der kluge Bucklichte, der ihm zuhört und ihm seine Gedanken abliest: »– warum redet Zarathustra anders zu seinen Schülern – als zu sich selber?« (II 91.) Und Zarathustra selber ruft diesen zu: »Wahrlich, ich rate euch: geht fort von mir und wehrt euch gegen Zarathustra! Und besser noch: schämt euch seiner! Vielleicht betrog er euch. – – – – Ihr verehrt mich; aber wie, wenn eure Verehrung eines Tages umfällt? Hütet euch, dass euch nicht eine Bildsäule erschlage!« (I 111.)

Je vollständiger aber nach dieser Seite hin alle Wirklichkeit und Wahrheit entschwand, je bewusster das Ideal als Scheinbild gedacht wurde, desto größer Nietzsches Verlangen, ihm religiös eine Wahrheit zuzugestehen, es zu einer mystischen Selbstvergottung zu machen. Und hier sehen wir, wie sein Gedanke einen wunderlichen Kreis um sich selbst beschreibt: um der asketischen Selbstvernichtung aller Moral zu entgehen, löst er das moralische Phänomen in ein ästhetisches auf, in dem die Grundnatur des Menschen neben seiner ästhetischen Lichtgestalt unverändert bestehen bleibt: um aber dieser Lichtgestalt eine positive Bedeutung zu verleihen, erhebt er sie ins Mystische, Religiöse und ist dann, um diesen lichten Gegensatz herauszubringen, gezwungen, die wirkliche menschliche Grundnatur möglichst dunkel und leidvoll zu malen. Damit das erlösende Überwesen glaubhaft würde, mussten die Gegensätze möglichst verschärft, musste es vom natürlich- menschlichen Wesen möglichst unterschieden werden. Jeder vermittelnde Übergang hätte die mystische Illusion zerstört und den Menschen auf sich selbst zurückgeworfen; das Überwesen wäre dann zu einer bloßen Wesensentwickelung in ihm selbst geworden. Die Schatten mussten auf der einen – der menschlichen – Seite in demselben Maße vertieft werden, als auf der anderen – der übermenschlichen – das Licht heller hervortreten und den Glauben erzwingen sollte, dass es völlig anderer Art sei. So entstand die Lehre, dass zur Erzeugung des Übermenschen der Unmensch nötig sei, und dass nur aus dem Übermaß der wildesten Begierden die sich selbst preisgebende Sehnsucht nach dem eigenen Gegensatz hervorgehe. Gegen diese mystische Gottschöpfung lässt sich derselbe Vorwurf richten, den Nietzsche der christlich–asketischen Gottschöpfung gemacht hat: es sei in ihr des Menschen Wille gewesen, »ein Ideal aufzurichten – – – –, um angesichts desselben seiner absoluten Unwürdigkeit handgreiflich gewiss zu sein.« Und dann: »Dies Alles ist interessant bis zum Übermaß, aber auch von einer schwarzen düsteren entnervenden Traurigkeit, – – – –. Hier ist Krankheit, es ist kein Zweifel, die furchtbarste Krankheit, die bis jetzt im Menschen gewütet hat: – und wer es noch zu hören vermag – – – wie in dieser Nacht von Marter und Widersinn der Schrei Liebe, der Schrei des sehnsüchtigsten Entzückens, der Erlösung in der Liebe geklungen hat, der wendet sich ab, von einem unbesieglichen Grausen erfasst .... Im Menschen ist so viel Entsetzliches! ...« (Zur Genealogie der Moral II 22.)

Dieser Zug zum Asketischen und Mystischen, der sich, inmitten des Kampfes wider das Asketische und Mystische, so stark als der geheime Grundzug der Philosophie Nietzsches ausweist, zeigt am deutlichsten die Rückwendung zu seiner ersten philosophischen Weltanschauung, der Schopenhauerisch-Wagnerischen. Aber indem er sich im Prinzip gegen alle bisherige Mystik und Askese auflehnt, gibt er in nicht geringerem Grade dem Einflüsse nach, den die Erfahrungswissenschaft und die positivistische Theorie auf ihn ausgeübt haben, – und so treten denn auch hier die beiden Hauptlinien seiner letzten Philosophie unverkennbar hervor. Die mystische und asketische Bedeutung des Ästhetischen ist in seinem System keine geringere als in dem Schopenhauers; bei beiden fällt sie zusammen mit dem tiefsten ethischen und religiösen Erleben, und nicht umsonst greift Nietzsche, um diese Bedeutung zu erläutern, auf Gedanken und Bilder seiner »Geburt der Tragödie« zurück. Aber bei Schopenhauer wird das ästhetische Schauen aufgefasst als ein mystischer Durchblick in den metaphysischen Hintergrund der Dinge, in das Wesen des »Dinges an sich«, und setzt deshalb die Beschwichtigung des gesamten Seelenlebens, gewissermaßen die Abstreifung alles Irdischen, voraus. Bei Nietzsche hingegen, wo der metaphysische Hintergrund fehlt, und wo es gilt, dafür einen Ersatz mitten aus dem Überschwang irdischer Lebenskräfte heraus zu schaffen, ist die psychische Voraussetzung die gerade entgegengesetzte: das Schöne soll das Willensleben im Tiefsten erregen, es soll alle Kräfte entfesseln, »brünstig machen und zur Zeugung reizen«, denn es handelt sich nicht um die metaphysische Offenbarung von etwas ewig Seiendem, sondern um die mystische Schöpfung von etwas nicht Vorhandenem; das »Mystische« bei Nietzsche ist daher stets so viel wie ins Ungeheure und folglich Übermenschliche gesteigerte Lebenskraft.

Genau aber so, wie bei Schopenhauer das Überirdische aus der asketischen Vernichtung des Irdischen resultiert, ist bei Nietzsche der mystische Lebensüberschwang nur möglich als eine Folge des Unterganges alles Menschlichen und Gegebenen durch das Übermaß. Und hier liegt der Haupt-Berührungspunkt beider Anschauungen: beide gehen durch das Tragische in das Selige ihrer Mystik ein. »Die Geburt der Tragödie aus dem Geiste der Musik«[34] hat sich verwandelt in eine Geburt der Tragödie aus dem Geiste des Lebens. Das Leben, als »das, was sich immer selber überwinden muss«, fordert immer wieder als Grundbedingung immer höherer Schöpfungen den Untergang. Was tragisch erscheint vom Standpunkte dessen, der zu einem solchen Untergang bestimmt ist, wird als Seligkeit unerschöpflicher Lebensfülle empfunden vom Standpunkte des Daseins selbst oder dessen, der sich mit diesem identifiziert, über sich selbst siegt, indem er es in sich bis zum Übermaß steigert, ln charakteristischer Weise zeigt sich diese veränderte Auffassung des Tragischen in der »Götzen-Dämmerung«, wo Nietzsche noch einmal sein altes Problem aus der Geburt der Tragödie«, die Bedeutung der dionysischen Mysterien und des tragischen Gefühls der Griechen, bespricht. Ursprünglich war ihm der dionysische Orgiasmus das Entladungsmittel der Affekte, wodurch die für das Schauen der apollinischen Bilder erforderliche Seelenstille hergestellt wurde, – jetzt ist er ihm der Schöpfungsakt des Lebens selbst, das der Käserei und des Schmerzes bedarf, um aus ihnen heraus das Lichte und Göttlich«; zu gestalten.[35] Ursprünglich war er ihm ein Zeugnis für die – in Schopenhauerischem Sinne – tief pessimistische Natur der Griechen, indem im Orgiasmus das Innerste des Lebens sich als Dunkel, Schmerz und Chaos enthüllte: jetzt erscheint er ihm als der lebensdurstige hellenische Instinkt, der sich nur im Übermaß genug

34 Musik nach Schopenhauer gefasst als das tönende Abbild des Dinges an sich.

35 Ein verwandter Gedanke klingt in der »fröhlichen Wissenschaft« (84) an, wenn Nietzsche die Wirkung der orgiastischen Kulte darin sieht, dass die Menschen besänftigt und von ihren Leidenschaften befreit wurden, indem »man den Taumel und die Ausgelassenheit ihrer Affekte auf's Höchste trieb, also den Rasenden toll, den Rachsüchtigen rachetrunken machte: – alle orgiastischen Kulte wollen die ferocia einer Gottheit auf einmal entladen und zur Orgie machen, damit sie hinterher sich freier und ruhiger fühle«.

tun konnte, und der auch noch in Schmerz, Tod und Chaos der triumphierenden Unerschöpflichkeit des Lebens froh ward: – – – – in den dionysischen Mysterien – – – spricht sich die Grundtatsache des hellenischen Instinkts aus – sein Wille zum Leben«, Was verbürgte sich der Hellene mit diesen Mysterien : Das ewige Leben, die ewige Wiederkehr des Lebens; die Zukunft in der Vergangenheit verheißen und geweiht; das triumphierende Ja zum Leben über Tod und Wandel hinaus; – – – – – – – – In der Mysterienlehre ist der Schmerz heiliggesprochen: die »Wehen der Gebärerin« heiligen den Schmerz überhaupt, – – – Damit es die ewige Lust des Schaffens gibt, damit der Wille zum Leben sich ewig selbst bejaht, muss es auch ewig die »Qual der Gebärerin« geben . . . Dies alles bedeutet das Wort Dionysos: – – –«. (Götzen-Dämmerung X 4.) »Dass alle Schönheit zur Zeugung reize« (IX 22), ist das Religiöse an der Kunst, denn diese lehrt das Vollkommene schaffen. Die höchste, d. h. religiöseste Kunst ist die tragische, denn in ihr zeugt der Künstler aus dem Furchtbaren das Schöne. »Was teilt der tragische Künstler von sich mit? Ist es nicht gerade der Zustand ohne Furcht vor dem Furchtbaren und Fragwürdigen, das er zeigt? – – – – Die Tapferkeit und Freiheit des Gefühls vor einem mächtigen Feinde, vor einem erhabenen Ungemach, vor einem Problem, das Grauen erweckt – dieser siegreiche Zustand ist es, den der tragische Künstler auswählt, den er verherrlicht. Vor der Tragödie feiert das Kriegerische in unserer Seele seine Saturnalien: wer Leid gewohnt ist, wer Leid aufsucht, der heroische Mensch preist mit der Tragödie sein Dasein, – ihm allein kredenzt der Tragiker den Trunk dieser süßesten Grausamkeit. –« (IX 24.)

»Die Psychologie des Orgiasmus als eines überströmenden Lebens- und Kraftgefühls, innerhalb dessen selbst der Schmerz noch als Stimulans wirkt, gab milden Schlüssel zum Begriff des tragischen Gefühls, – – – Das Jasagen zum Leben selbst noch in seinen fremdesten und härtesten Problemen; der Wille zum Leben, im Opfer seiner höchsten Typen der eignen Unerschöpflichkeit frohwerdend – das nannte ich dionysisch, das erriet ich als die Brücke zur Psychologie des tragischen Dichters. Nicht um von Schrecken und Mitleiden loszukommen, sondern um, über Schrecken und Mitleid hinaus, die ewige Lust des Werdens selbst zu sein, – jene Lust, die auch noch die Lust am Vernichten in sich schließt . . . – – – –« (X 5.)

Diese Auffassung des Tragischen und des durch dasselbe bedingten Lebensgefühls machte es möglich, dass Nietzsche gerade bei seiner Rückkehr zur Schopenhauerischen Philosophie des Pessimismus und der Askese seine lebensfreudigste Lehre schuf, – seine Lehre von der ewigen Wiederkunft aller Dinge. So sehr Nietzsches System philosophisch wie psychologisch einen asketischen Grundzug forderte, ebensosehr erforderte es dessen Gegensatz, die Apotheose des Lebens, denn in Ermanglung eines metaphysischen Glaubens gab es ja nichts anderes als das leidende und leidvolle Leben selbst, das glorifiziert und vergöttlicht werden konnte. Nietzsches Lehre von der ewigen Wiederkunft ist niemals genügend betont und gewürdigt worden, obwohl sie gewissermaßen in seinem Gedankengebäude sowohl das Fundament, als auch die Krönung bildet und diejenige Idee gewesen ist, von der er bei der Konzeption seiner Zukunftsphilosophie ausgegangen ist, und mit der er sie auch abschließt. Wenn sie erst hier ihre Stelle findet, so geschieht dies, weil sie nur im Zusammenhange des Ganzen verständlich wird, und weil in der Tat Nietzsches Logik, Ethik und Ästhetik als Bausteine für die Wiederkunftslehre gelten müssen. Den Gedanken einer möglichen Wiederkehr aller Dinge im ewigen Kreislauf des Seins hat Nietzsche schon in der »fröhlichen Wissenschaft«, im vorletzten Aphorismus des Buches »Das größte Schwergewicht«, als eine Vermutung ausgesprochen: »Wie, wenn dir eines Tages oder Nachts, ein Dämon in deine einsamste Einsamkeit nachschliche und dir sagte: »Dieses Leben, wie du es jetzt lebst und gelebt hast, wirst du noch einmal und noch unzählige Male leben müssen: und es wird nichts Neues daran sein, sondern jeder Schmerz und jede Lust und jeder Gedanke und Seufzer und alles unsäglich Kleine und Große deines Lebens muss dir wiederkommen, und alles in der selben Reihe und Folge – und ebenso diese Spinne und dieses Mondlicht zwischen den Bäumen, und ebenso dieser Augenblick und ich selber. Die ewige Sanduhr des Daseins wird immer wieder umgedreht und du mit ihr, Stäubchen vom Staube!« – Würdest du dich nicht niederwerfen und mit den Zähnen knirschen und den Dämon verfluchen, der so redete? Oder hast du einmal einen ungeheuren Augenblick erlebt, wo du ihm antworten würdest: »du bist ein Gott und nie hörte ich Göttlicheres!« Wenn jener Gedanke über dich Gewalt bekäme, er würde dich, wie du bist, verwandeln und vielleicht zermalmen ; die Frage bei allem und jedem »willst du dies noch einmal und noch unzählige Male?« würde als das größte Schwergewicht auf deinem Handeln liegen! Oder wie müsstest du dir selber und dem Leben gut werden, um nach nichts mehr zu verlangen, als nach dieser letzten ewigen Bestätigung und Besiegelung? –« Hier tritt der Grundgedanke deutlich hervor – fast deutlicher und unumwundener als irgendwann später, denn Nietzsche ertrug es nicht, ganz über das zu schweigen, was seinen Geist erfüllte und erregte. Aber es erschütterte ihn noch so sehr, von dieser neuen Erkenntnis zu sprechen, dass er seinen Wiederkunftsgedanken ganz unauffällig wie einen harmlosen Einfall zwischen andere Einfälle hineinschob, sodass wer darüber hinliest, den Zusammenhang mit der ernsten Schlussbetrachtung »Incipit tragoedia« nicht merkt, – »so heimlich, dass alle Welt es überhört, dass alle Welt uns überhört!« (Einführende Vorrede zur neuen Ausgabe der Morgenröte 5.) So steht er denn da, inmitten der übrigen Gedanken, gerade als der Verhüllteste unter den Verhüllten, und an dem feinen Maskenscherz, etwas dadurch am besten zu verstecken, dass man es offen und nackt hinstellt, hat der an Heimlichkeiten so reiche und aller Heimlichkeit so frohe Geist Nietzsches trotz aller tiefen Seelenbewegung seinen Spaß gehabt.

Tatsächlich trug er sich schon damals mit jenem Gedanken wie mit einem unentrinnbaren Verhängnis, das ihn »verwandeln und zermalmen« wollte: er rang nach dem Mut, ihn sich selbst und den Menschen als unumstößliche Wahrheit in seiner ganzen Tragweite zu gestehen. Unvergesslich sind mir die Stunden, in denen er ihn mir zuerst, als ein Geheimnis, als etwas, vor dessen Bewahrheitung und Bestätigung ihm unsagbar graue, anvertraut hat: nur mit leiser Stimme und mit allen Zeichen des tiefsten Entsetzens sprach er davon. Und er litt in der Tat so tief am Leben, dass die Gewissheit der ewigen Lebenswiederkehr für ihn etwas Grauenvolles haben musste. Die Quintessenz der Wiederkunftslehre, die strahlende Lebensapotheose, welche Nietzsche nachmals aufstellte, bildet einen so tiefen Gegensatz zu seiner eigenen qualvollen Lebensempfindung, dass sie uns anmutet wie eine unheimliche Maske.

Verkündiger einer Lehre zu werden, die nur in dem Maße erträglich ist. als die Liebe zum Leben überwiegt, die nur da erhebend zu wirken vermag, wo der Gedanke des Menschen sich bis zur

Vergötterung des Lebens aufschwingt, das musste in Wahrheit einen furchtbaren Widerspruch zu seinem innersten Empfinden bilden, – einen Widerspruch, der ihn endlich zermalmt hat. Alles, was Nietzsche seit der Entstehung seines Wiederkunfts-Gedankens gedacht, gefühlt, gelebt hat, entspringt diesem Zwiespalt in seinem Inneren, bewegt sich zwischen dem »mit knirschenden Zähnen dem Dämon der Lebensewigkeit fluchen« und der Erwartung jenes »ungeheuren Augenblicks«, der zu den Worten die Kraft gibt: »du bist ein Gott und nie hörte ich Göttlicheres!«

Je höher er sich, als Philosoph, zur vollen Exaltation der Lebensverherrlichung erhob, je tiefer litt er, als Mensch, unter seiner eigenen Lebenslehre. Dieser Seelenkampf, die wahre Quelle seiner ganzen letzten Philosophie, den seine Bücher und Worte nur unvollkommen ahnen lassen, klingt vielleicht am ergreifendsten durch in Nietzsches Musik zu meinem »Hymnus an das Leben«, die er im Sommer 1882 komponierte, während er mit mir in Thüringen, bei Dornburg, weilte. Mitten in der Arbeit an dieser Musik wurde er durch einen seiner Krankheitsanfälle unterbrochen, und immer wieder wandelte sich ihm der »Gott« in den »Dämon«, die Begeisterung für das Leben in die Qual am Leben. »Zu Bett. Heftiger Anfall. Ich verachte das Leben. *F. N.*« So lautete einer der Zettel, die er mir zuschickte, wenn er an sein Lager gefesselt war. Und dieselbe Stimmung spricht sich in einem Briefe aus, den er kurz nach Vollendung jener Komposition schrieb:

> »*Meine liebe Lou,*
>
> Alles was Sie mir melden, tut mir sehr wohl.
> Übrigens bedarf ich etwas des Wohltuenden!
> – – – – – – – – – – – – – – – –
>
> Mein Venediger Kunstrichter hat einen Brief über meine Musik zu Ihrem Gedichte geschrieben; ich lege ihn bei – Sie werden Ihre Nebengedanken dabei haben. Es kostet mich immerfort noch den größten Entschluss, das Leben zu akzeptieren. Ich habe viel vor mir, auf mir, hinter mir; – – – – – – – – – – –
> Vorwärts – – – und aufwärts! – –«

Damals war, wie gesagt, die Wiederkunfts-Idee für Nietzsche noch keine Überzeugung geworden, sondern erst eine Befürchtung. Er hatte die Absicht, ihre Verkündigung davon abhängig zu machen, ob und wie weit sie sich wissenschaftlich werde begründen lassen. Wir wechselten eine Reihe von Briefen über diesen Gegenstand, und immer ging aus Nietzsches Äußerungen die irrtümliche Meinung hervor, als sei es möglich, auf Grund physikalischer Studien und der Atomenlehre, eine wissenschaftlich unverrückbare Basis dafür zu gewinnen. Damals war es, wo er beschloss, an der Wiener oder Pariser Universität zehn Jahre ausschließlich Naturwissenschaften zu studieren. Erst nach Jahren absoluten Schweigens wollte er dann, im Fall des gefürchteten Erfolges, als der Lehrer der ewigen Wiederkunft unter die Menschen treten.

Es kam bekanntlich ganz anders. Innere und äußere Gründe machten Nietzsche die geplante Arbeit unmöglich, trieben ihn wieder nach dem Süden und in die Einsamkeit zurück. Das Jahrzehnt des Schweigens aber wurde zum beredtsten und fruchtbarsten seines ganzen Lebens. Schon ein oberflächliches Studium zeigte ihm bald, dass die wissenschaftliche Fundamentierung der Wiederkunftslehre auf Grund der atomistischen Theorie nicht durchführbar sei; er fand also seine Befürchtung, der verhängnisvolle Gedanke werde sich unwiderleglich als richtig beweisen lassen, nicht bestätigt und schien damit von der Aufgabe seiner Verkündigung, von diesem mit Grauen erwarteten Schicksal befreit zu sein. Aber nun trat etwas Eigentümliches ein: weit davon entfernt, sich durch die gewonnene Einsicht erlöst zu fühlen, verhielt sich Nietzsche gerade entgegengesetzt dazu; von dem Augenblick an, wo das gefürchtete Verhängnis von ihm zu weichen schien, nahm er es entschlossen auf sich und trug seine Lehre unter die Menschen; in dem Augenblick, wo seine bange Vermutung unbeweisbar und unhaltbar wird, erhärtet sie sich ihm, wie durch einen Zauberspruch, zu einer unwiderlegbaren Überzeugung. Was wissenschaftlich erwiesene Wahrheit werden sollte, nimmt den Charakter einer mystischen Offenbarung an, und fürderhin gibt Nietzsche seiner Philosophie überhaupt als endgültige Grundlage, anstatt der wissenschaftlichen Basis, die innere Eingebung – seine eigene persönliche Eingebung.

Was war es, das trotz des widerstrebenden Grauens auf der einen und des mangelnden Beweises auf der anderen Seite einen so umwandelnden Einfluss auf ihn ausübte? Erst die Lösung dieses Rätsels gewährt uns einen Einblick in das verborgene Geistesleben Nietzsches, in die Entstehungsursache seiner Theorien. Eine neue tiefere Bedeutsamkeit der Dinge, ein neues Suchen und Fragen nach den letzten und höchsten Problemen – dies alles, was Nietzsche als Metaphysiker gekannt, als Empiriker aber schmerzlich vermisst hatte, das war es, was ihn in die Mystik seiner Wiederkunftslehre hineintrieb. Mochte auch diese Lehre mit neuen Seelenqualen für ihn verbunden sein, mochte sie ihn sogar zermalmen, lieber nahm er das Leiden am Leben auf sich, als in der Entgötterung und Entgeistung desselben zu beharren. Außer mit diesem Leiden konnte er mit allen anderen Leiden fertig werden, – ja er ertrug sie nicht nur, sondern wusste noch seinen Geist an ihnen zu spornen und zu stacheln, indem sie ihn lehrten, nach einem Sinn, nach dem tiefsten Geheimsinn des Lebens unablässig zu suchen und zu forschen. »Hat man sein warum? des Lebens, so verträgt man sich fast mit jedem wie?« sagt Nietzsche in der »Götzen-Dämmerung« (I 12). Aber sein warum? als die Grundsehnsucht seines Lebens, verlangte nach einer ausgiebigen Beantwortung und vertrug keine Selbstbescheidung.

So begehrte der Philosoph in ihm auch hier nicht danach, von der Qual einer gefürchteten Lehre errettet, sondern nur, an ihr fruchtbar, an ihr zum Wissenden und Wahrseher zu werden, – und er begehrte dies so inbrünstig, dass, selbst mit dem Hinfälligwerden der wissenschaftlichen Beweisgründe, jener innere Grund Macht genug besaß, um eine schwankende Mutmaßung zu begeisterter Überzeugung zu steigern.

Daher wird auch der theoretische Umriss des Wiederkunfts-Gedankens eigentlich niemals mit klaren Strichen gezeichnet; er bleibt blass und undeutlich und tritt vollständig zurück hinter den praktischen Folgerungen, den ethischen und religiösen Konsequenzen, die Nietzsche scheinbar aus ihm ableitet, während sie in Wirklichkeit die innere Voraussetzung für ihn bilden.

In einem seiner frühesten Werke, in der zweiten der »Unzeitgemäßen Betrachtungen« (Vom Nutzen und Nachtheil der Historie für das Leben), erwähnt Nietzsche einmal (23), vorübergehend, der

Wiederkehrs-Philosophie der Pythagoräer, als eines geeigneten Mittels, um »jedes Faktum in seiner genau gebildeten Eigentümlichkeit und Einzigkeit« zu unverlierbarer Bedeutung zu erheben, fügt aber hinzu, dass eine solche Lehre in unserem Denken nicht eher Raum beanspruchen könne, als bis die Astronomie wieder zu Astrologie geworden sei. Gewiss sind ihm die theoretischen Schwierigkeiten einer modernen Neubelebung dieser alten Idee in späteren Jahren nicht geringer erschienen, als zur Zeit seines Glaubens an Schopenhauers Metaphysik. Aber eben diese Metaphysik deutete ihm damals die Dinge des Lebens in erhebender Weise und machte damit jede mystische Grübelei überflüssig. Das ewige Sein hinter dem ungeheuren Werdeprozess der Erscheinungswelt, das sich in einer jeden Gestaltung derselben objektiviert, gewissermaßen durch eine jede, als ihr höherer Sinn, hindurchschimmert, ließ nicht die Sehnsucht aufkommen, diesem Werdeprozess selbst, durch eine ewige Wiederholung desselben im Kreislauf des Seins, eine über das Ephemere hinausgehende Bedeutung zuzuschreiben. Erst später, als Nietzsche von einer metaphysischen Welterklärung absah und unwillkürlich nach einem Ersatz dafür verlangte, drängte sich ihm jener Gedanke wieder auf. Scheinbar freilich schwächt derselbe den Pessimismus der positivistischen Lebensauffassung um nichts ab, ja, eher verschärft er ihn noch: denn die Sinnlosigkeit einer ins Unendliche verlaufenden Werde-Linie erscheint wegen ihrer unzählbaren verhüllten Zukunftsmöglichkeiten weniger niederdrückend, als eine stete Wiederholung des Sinnlosen in sich selbst. Aber charakteristischer Weise entsprang hieraus die neue Erlösungsphilosophie Nietzsches. Gerade durch die Verschärfung des Niederdrückenden und Trostlosen, das in einer nüchternen und kalten Betrachtungsweise des Lebens liegt, gerade durch den harten Zwang, immer wieder zu einem solchen Leben zurückkehren zu müssen, sollte der Menschengeist zu seiner höchsten Tat angespornt werden: er sollte, gleichsam gepeitscht von Verdruss und Grauen, mit gewaltigem Willen dem sinnlosen Leben einen Sinn, dem zufälligen Werdeprozess des Ganzen ein Ziel geben und damit die tatsächlich nicht vorhandenen Lebenswerte aus sich heraus erschaffen.

So kann man sagen, dass Nietzsche, anstatt sich vom Pessimismus seiner »Freigeisterei« abzuwenden und zur tröstlicheren Metaphysik zurückzukehren, diesen Pessimismus bis auf das Äußerste steigert, – dass er es aber nur timt, um den äußersten Überdruss und Lebensschmerz als ein Sprungbrett zu benutzen, von dem er sich in die Tiefen seiner Mystik hinabstürzen will.

In der Tat schien der Wiederkunftsgedanke besonders dazu geeignet, eine solche Wirkung auszuüben, insofern er sich auf das wirkliche Leben eines jeden Einzelnen bezieht und sich nicht nur an das philosophierende Denken, sondern mehr noch an den schaffenden Willen richtet. Dem Lebensganzen, als einem sinnlosen und zufälligen Ganzen, denkend gegenüber zu stehen, ist etwas anderes, als es im Einzelleben immer aufs neue sinnlos wiederholen zu müssen, ohne ihm jemals entrinnen zu können; – damit gewinnt die rein abstrakte Betrachtungsweise eine Richtung auf das Persönliche, und die philosophische Theorie wird in das empfindliche lebendige Fleisch hineingedrückt, gleich einem schmerzenden Sporn, der dazu antreiben soll, um jeden Preis eine neue Hoffnung, einen neuen Lebenssinn, ein neues Lebensziel zu schaffen.

In Bezug auf diesen Optimismus ist Nietzsche's letzte Philosophie das genaue Gegenbild seiner ersten philosophischen Weltanschauung, der Schopenhauerischen Metaphysik mit ihrer Verherrlichung des buddhistischen Ideals der Askese, der Willensverneinung und Lebens-Abkehr.

Die alte indische Lehre von einer ewigen Wiedergeburt in der Seelenwanderung, als des Fluches, dem ein jeder verfällt, der nicht bis zur Selbstverneinung durchgedrungen, ist von Nietzsche geradezu umgekehrt worden. Nicht Befreiung von dem Wiederkunftszwange, sondern freudige Bekehrung zu ihm ist das Ziel des höchsten sittlichen Strebens, nicht Nirwâna, sondern Sansâra der Name für das höchste Ideal. Diese Korrektur vom Pessimistischen ins Optimistische ist der eigentliche Unterschied zwischen Nietzsches ursprünglichem und späterem Denken und stellt in der Entwickelung dieses einsamen Leidenden einen heldenmütigen Sieg der Selbstüberwindung dar. Philosophisch aber ist sie durch die dazwischen liegende positivistische Geistesperiode Nietzsches vorbereitet worden, in der dieser das Dasein allerdings erst recht pessimistisch betrachten, zugleich aber sich auf die Lebenswirklichkeit beschränken und allen metaphysischen Nebendeutungen derselben entsagen lernte. Denn sein Optimismus folgt, als philosophische Lebenslehre, aus der Betonung und Verewigung der Lebenstatsache selbst, als des obersten Prinzips; durch den gewaltsam bis ins Mystische gesteigerten Akzent, den er ihr gab, schuf er sich ihre Vergöttlichung. In den Kreislauf des Lebens unerbittlich verstrickt, auf ewig an ihn gebunden, müssen wir Ja sagen lernen zu allen seinen Gestaltungen, um sie zu ertragen; nur durch die Kraft und Freudigkeit eines solchen »Ja« versöhnen wir uns mit dem Leben, indem wir uns mit ihm identifizieren. Dann fühlen wir uns als einen schöpferischen Teil seines Wesens, ja, als dieses Wesen selbst in seiner unersättlichen überquellenden Macht und Fülle. Die auf Lebenskraft gegründete rückhaltlose Lebensliebe ist deshalb das einzige heilige Moralgesetz des neuen Gesetzgebers; die bis zum Rausch entfesselte Lebens-Exaltation nimmt die Stelle ein der religiösen Erhebung, ja, eines Gottes-Kultus.

Über diesen Umschlag von Pessimismus in Optimismus und über das neue Ideal der Weltbejahung spricht sich Nietzsche, in »Jenseits von Gut und Böse« (56), folgendermaßen aus: »Wer, gleich mir, mit irgend einer rätselhaften Begierde sich lange darum bemüht hat, den Pessimismus in die Tiefe zu denken und aus der halb christlichen, halb deutschen Enge und Einfalt zu erlösen, mit der er sich diesem Jahrhundert zuletzt dargestellt hat, nämlich in Gestalt der Schopenhauerischen Philosophie; wer wirklich einmal – – – in die weltverneinendste aller möglichen Denkweisen hinein und hinunter geblickt hat – – – –, der hat vielleicht eben damit, ohne dass er es eigentlich wollte, sich die Augen für das umgekehrte Ideal aufgemacht: für das Ideal des übermütigsten, lebendigsten und weltbejahendsten Menschen, der sich nicht nur mit dem, was war und ist, abgefunden und vertragen gelernt hat, sondern es, so wie es war und ist, wieder haben will, in alle Ewigkeit hinaus, unersättlich da capo rufend, nicht nur zu sich, sondern zum ganzen Stücke und Schauspiele, und nicht nur zu einem Schauspiele, sondern im Grunde zu dem, der gerade dies Schauspiel nötig hat – und nötig macht: weil er immer wieder sich nötig hat – und nötig macht – – Wie? Und dies wäre nicht – circulus vitiosus deus?«

In diesen Worten ist nicht nur angedeutet, wie ganz für Nietzsche der Optimismus aus der Verschärfung und Übertreibung des

Pessimismus hervorgesprungen ist, sondern auch inwiefern seiner neuen Philosophie ein Charakter religiöser Erhebung eigen ist.

Der Mensch fühlt sich einerseits zum Weltganzen, zum Lebensganzen mystisch erweitert, sodass sein eigener Untergang, sowie seine eigene Lebenstragödie gar nicht mehr für ihn vorhanden ist, – und andererseits wieder verleiht er diesem, an sich zufälligen und sinnlosen, Lebensganzen eine Verpersönlichung und Vergeistigung, durch die es zur Gottheit erhoben wird. Welt, Gott und Ich verschmelzen zu einem einzigen Begriff, aus dem sich nun für das Einzelwesen ebensogut, wie aus irgendeiner Metaphysik, Ethik oder Religion, ableiten lassen: eine Norm des Handelns und eine höchste Anbetung. Den Hintergrund der ganzen Vorstellung aber bildet der Gedanke, dass das Weltganze eine Fiktion des Menschen sei, der es schafft und, in seinem Gottsein, d. h. in seiner Wesenseinheit mit der Lebensfülle, es von sich und seinem schöpferischen und wertprägenden Willen abhängig weiß. So erklärt sich das geheimnisvolle Wort in »Jenseits von Gut und Böse« (150): »Um den Helden herum wird alles zur Tragödie« (das heißt: der Mensch als solcher ist gerade in seiner höchsten Entwicklung der Untergehende und Geopferte), »um den Halbgott herum alles zum Satyrspiel« (das heißt: in seiner vollen Hingebung an das Lebensganze lächelt er als ein Erhobener auf sein eigenes Schicksal herab); »und um Gott herum wird alles – wie? vielleicht zur »Welt«? –« (das heißt: durch die vollkommene Identifizierung des Menschen mit dem Leben wird nicht nur er selbst versöhnt in das Lebensganze aufgenommen, sondern wird auch dieses absolut in ihn hineingezogen, sodass er zum Gott wird, der die Welt aus sich entlässt und im Weltschaffen unausgesetzt sein Wesen äußert).

Und hier stoßen wir wieder auf den Grundgedanken in Nietzsches Philosophie, der die Wiederkunftslehre, wie alle seine Lehren, in ihm hat entstehen lassen: auf jene ungeheure Vergöttlichung des Schöpfer-Philosophen. In ihm ruhen Anfang und Ende dieser Philosophie, und man kann sagen, dass auch der abstrakteste Zug des Systems ein Versuch ist, seine gewaltigen Übermenschen-Züge zu zeichnen. Wir haben gesehen, dass er, sowohl innerhalb der Logik wie der Ethik, zu einem Inbegriff des Lebensganzen erhoben wurde, als das Über-Genie, das alles andere in sich trägt. Wir haben ferner gesehen, wie, in Nietzsches Ästhetik, seine Bedeutung ins Religiös-Mystische derart zugespitzt wurde, dass er sich vom Bloß-Menschlichen unterschied und als Gotteswesen das Menschenwesen mit umfasste. Aber erst auf Grund der Wiederkunftslehre wächst alles zu einer einzigen gigantischen Gestalt zusammen, denn nur der Umstand, dass der Weltverlauf kein unendlicher, sondern ein sich in seiner Begrenzung stetig wiederholender ist, macht es möglich, ein Überwesen zu konstruieren, in dem der ganze Weltverlauf ruht und sich abschließt. Nur durch ein solches gewinnt derselbe endgültig Sinn und Ziel und die Richtung auf die erlösende Schöpfung des Übermenschen, – nur so wird diese letztere zu mehr als einer Hypothese, – wird sie zu einer Tat. Daher sehen wir auch, dass Nietzsche diese seine fundamentalste und zugleich mystischste Lehre sozusagen nicht in seinem eigenen Namen vorträgt, sondern in dem seines Zarathustra: nicht der Denker und Mensch soll sie vortragen, sondern der, dem Gewalt verliehen ist, sie in beseligende Erlösung umzusetzen.[36]

---

36 Im Zusammenhänge dieser Gedanken lese man die Schilderung der ewigen Wiederkunft in Also sprach Zarathustra (III 9 ff.) »Vom Gesicht und Rätsel«.

»Siehe diesen Torweg! – – –: der hat zwei Gesichter. Zwei Wege kommen hier zusammen: die ging noch niemand zu Ende.

Diese lange Gasse zurück: die währt eine Ewigkeit. Und jene lange Gasse hinaus – das ist eine andre Ewigkeit.

Sie widersprechen sich, diese Wege; sie stoßen sich gerade vor den Kopf: – und hier, an diesem Torwege, ist es, wo sie zusammen kommen. Der Name des Torwegs steht oben geschrieben: »Augenblick.«

Aber wer einen von ihnen weiter ginge – und immer weiter und immer ferner: glaubst du, – dass diese Wege sich ewig widersprechen?« – – –

Muss nicht, was laufen kann von allen Dingen, schon einmal diese Gasse gelaufen sein? Muss nicht, was geschehen kann von allen Dingen, schon einmal geschehen, getan. vorübergelaufen sein?

Und wenn alles schon dagewesen ist: was hältst du – von diesem Augenblick? Muss auch dieser Torweg nicht schon – dagewesen sein?

Und sind nicht solchermaßen fest alle Dinge verknotet, dass dieser Augenblick alle kommenden Dinge nach sich zieht? Also – – sich selber noch?

Denn, was laufen kann von allen Dingen: auch in dieser langen Gasse hinaus – muss es einmal noch laufen! –

Und diese langsame Spinne, die im Mondscheine kriecht, und dieser Mondschein selber, und ich und du im Torwege, zusammenflüsternd, von ewigen Dingen flüsternd – müssen wir nicht alle schon dagewesen sein?

– und wiederkommen und in jener anderen Gasse laufen, hinaus, vor uns, in dieser langen schaurigen Gasse – müssen wir nicht ewig wiederkommen? –

Streift aber Nietzsche je einmal in seinen Aphorismen den Wiederkunfts-Gedanken, dann verstummt er mit einer Gebärde des Schreckens und der Ehrfurcht: – »Aber was rede ich da? Genug! Genug! An dieser Stelle geziemt mir nur eins, zu schweigen: ich vergriffe mich sonst an dem, was einem Jüngeren allein freisteht, einem »Zukünftigeren«, einem Stärkeren, als ich bin, – was allein Zarathustra freisteht, Zarathustra dem Gottlosen . . .« (Zur Genealogie der Moral II 25.)

Und die seelische Bedeutung der Zarathustra-Gestalt für Nietzsches Wesen selbst wird ebenfalls erst völlig deutlich hier, wo sie als Träger der Wiederkunftslehre auftritt. Er glaubte sie in sich enthalten wie ein mystisches Wesen, aber unterschieden von seiner natürlichen und menschlichen Existenzform als Nietzsche. In seiner zufälligen Zeiterscheinung, körperlich und geistig bedingt durch die Umstände und Wechselfälle seines vorübergehenden Lebens, betrachtete

---

Also redete ich, und immer leiser: denn ich fürchtete mich vor meinen eigenen Gedanken und Hintergedanken. – – –

Hieran schließt die Erzählung vom heulenden Hunde, der für einen Menschen um Hilfe ruft. Dem Menschen, einem jungen Hirten, ist eine Schlange in den Schlund gekrochen und hat sich dort festgebissen.

Meine Hand riss die Schlange und riss: – umsonst! sie riss die Schlange nicht aus dem Schlunde. Da schrie es aus mir: »Beiß zu! Beiß zu! Den Kopf ab! Beiß zu!« – so schrie es aus mir. mein Grauen, mein Hass, mein Ekel, mein Erbarmen, all mein Gutes und Schlimmes schrie mit einem Schrei aus mir. – – – Der Hirt aber biss, wie mein Schrei ihm riet; er biss mit gutem Bisse! Weit weg spie er den Kopf der Schlange –; und sprang empor. –

Nicht mehr Hirt, nicht mehr Mensch, – ein Verwandelter, ein Umleuchteter, welcher lachte! Niemals noch auf Erden lachte je ein Mensch, wie er lachte!

Oh meine Brüder, ich hörte ein Lachen, das keines Menschen Lachen war, – – und nun frisst ein Durst an mir, eine Sehnsucht, die nimmer stille wird.«

Die Schlange der im Kreise verlaufenden ewigen Wiederkehr ist es, von der Zarathustra den Menschen erlöst, indem er ihr den Kopf abbeißt: indem er das Sinnlose und Grauenhafte an ihr aufhebt und den Menschen zu ihrem Herrn macht – zum Verwandelten, Umleuchteten, lachenden Übermenschen:

»So ratet mir doch das Rätsel, das ich damals schaute, so deutet mir doch das Gesicht des Einsamsten!

Denn ein Gesicht war's und ein Vorhersehn: – was sah ich damals im Gleichnisse? Und wer ist, der einst noch kommen muss?«

Vgl. (III 96): »– – wie jenes Untier mir in den Schlund kroch und mich würgte! Aber ich biss ihm den Kopf ab und spie ihn weg von mir.«

Nietzsche sich als einen »Dekadenten«, gleich den Anderen, nur wert und dazu bestimmt unterzugehen.

Aber andererseits hielt Nietzsche sich für das, notwendig krankhaft disponierte, Medium, durch welches die Ewigkeit aller Zeiten sich ihrer selbst und ihres Sinnes bewusst wird, – für den fleischgewordenen Menschheitsgenius selbst, in dem die Vergangenheit der Gegenwart das Rätsel aller Zukunft löst. So glaubte er das in sich zu verkörpern, was er als höchste Bedeutung menschlicher Dekadenzform geschildert hatte: er fühlte sich krank in den Geburtswehen, die einem übermenschlichen Wesen galten, er fühlte sich als einen Untergehenden und Zerbrechenden zu Gunsten einer höchsten Neuschöpfung, welche die Welt erlösen sollte: – »Dass der Schaffende selber das Kind sei, das neu geboren werde, dazu muss er auch die Gebärerin sein wollen und der Schmerz der Gebärerin.« (Also sprach Zarathustra II 7.)

Zarathustra ist also das Kind, sowie gleichzeitig der Gott Nietzsches, sowohl die Tat oder Kunstschöpfung eines Einzelnen, als auch die Zusammenfassung dieses Einzelmenschen mit der ganzen Linie Mensch, mit dem Menschheitssinn selbst. Er ist »Geschöpf und Schöpfer«, der »Stärkere, Zukünftigere«, der die leidende menschliche Nietzsche-Erscheinung überragt, – er ist der »Über-Nietzsche«. Aus ihm spricht deshalb auch nicht das Erleben und Verstehen eines Einzelnen, sondern das Menschheitsbewusstsein selbst von seinen fernsten Ursprüngen an, daher seine Worte: »Ich gehöre nicht zu denen, welche man nach ihrem Warum fragen darf. Ist denn mein Erleben von gestern? Das ist lange her, dass ich die Gründe meiner Meinungen erlebte. Müsste ich nicht ein Fass sein von Gedächtnis, wenn ich auch meine Gründe bei mir haben wollte?« (Also sprach Zarathustra II 68.)

So entsteht ein wundersames Gedankenspiel, in dem Nietzsche und sein Zarathustra unablässig in einander überzugehen und sich wieder von einander zu lösen scheinen. Vollständig durchsichtig wird dies für den, der weiß, in wie vielen kleinen, rein persönlichen Zügen Nietzsche sich selbst in seinen Zarathustra hineingeheimnisst hat, und bis zu welch visionärer Verzückung sich ihm dieses ganze Mysterium steigerte. Hieraus erklärt sich auch das unerhörte Selbstbewusstsein, mit dem er von seinem Buche spricht, und das ihn einmal in die Worte ausbrechen lässt: »ein Buch, so tief, so fremd, dass sechs Sätze daraus verstanden, d. h. erlebt haben, in eine höhere Ordnung der Sterblichen erhebt!«

War seine Zarathustra-Dichtung für ihn das Werk, durch das aus einem Menschlichen ein Übermenschliches herausgeboren wurde, so mag er sein unveröffentlichtes, nur im ersten Teile vollendetes Hauptwerk »Der Wille zur Macht« gewissermaßen als von der Zarathustra-Gestalt geschaffen gedacht haben, – d. h. von einem Ewigen und Freien, dem allein eine »Umwertung aller Werte« gelingen kann, weil er außer jeder Zeit und jedes Einflusses dasteht, als ein schlechthin Unabhängiger, alles in sich Begreifender und Umfassender. Nur so ist Nietzsches Behauptung in der »Götzen-Dämmerung« (IX 51) zu verstehen: »Ich habe der Menschheit das tiefste Buch gegeben, das sie besitzt, meinen Zarathustra: ich gebe ihr über kurzem das unabhängigste. –« Im ersten Falle soll das Übermenschliche den Tiefen des Nietzsche-Menschentums entstiegen sein, im zweiten schwebt es bereits frei schaffend über demselben.

So mystisch-geheimnisvoll diese Zarathustra-Figur auch in ihrer Weltbedeutung gefasst ist, so streng logisch schließt sie sich doch in ihrer Gestaltung an Nietzsches Ausführungen über das Wesen des Genialen, des Willensfreien und des Atavistischen, als des Zukunftbedingenden, an. Die Betrachtung dieser Theorien hat gezeigt, dass sie alle auf die mögliche Erschaffung eines Überwesens hinzielen; und es ist interessant zu verfolgen, wie früh schon sich in Nietzsche verwandte Gedanken geregt haben, die sich später, aus seiner ersten philosophischen Periode herübergenommen, durch seine positivistische Weltanschauung hindurchgearbeitet haben, um schließlich in seiner letzten Philosophie zu neuem Leben erweckt zu werden. Das Genie der Ethik und Ästhetik umfasst bereits bei Schopenhauer Sinn und Wesensgrund der ganzen Welt und Menschheit und tut dies in einem jeden solchen Genius gleichwertig aufs neue, aber Sinn und Wesensgrund bedeuten bei diesem das hindurchleuchtende ewige Sein, das metaphysische Ding an sich, ganz losgelöst von der tatsächlichen Entwickelungsgeschichte von Welt und Menschheit. Nietzsche aber, der von diesen metaphysischen Vorstellungen absieht, braucht das Auftreten des Genius in einem einzigen, isolierten Überwesen. das eine Mehrzahl von seinesgleichen ausschließt und die tatsächlich gegebene Erscheinung von Welt und Menschheit in sich begreift. In »Menschliches, Allzumenschliches« (II 185) sagt er noch im Hinblick auf den Schopenhauerischen Gedanken, den er in positivistischem Sinne modifiziert: »Wenn Genialität, nach Schopenhauer's Beobachtung, in der zusammenhängenden und lebendigen Erinnerung an das Selbst-Erlebte besteht, so möchte im Streben nach Erkenntnis des gesamten historischen Gewordenseins – – – ein Streben nach Genialität der Menschheit im Ganzen zu erkennen sein. Die vollendet gedachte Historie wäre kosmisches Selbstbewusstsein.« Dazu stelle man auch die nachfolgenden Äußerungen in der »fröhlichen Wissenschaft«, so (34) den Aphorismus Historia abscondita: »Jeder große Mensch hat eine rückwirkende Kraft: alle Geschichte wird um seinetwillen wieder auf die Waage gestellt, und tausend Geheimnisse der Vergangenheit kriechen aus ihren Schlupfwinkeln – hinein in seine Sonne.« Ferner (337): »– – – wer die Geschichte der Menschen insgesamt als eigene Geschichte zu fühlen weiß, der empfindet in einer ungeheuren Verallgemeinerung allen jenen Gram des Kranken, der an die Gesundheit, des Greises, der an den Jugendtraum denkt, des Liebenden, der der Geliebten beraubt wird, des Märtyrers, dem sein Ideal zu Grunde geht, des Helden am Abend der Schlacht, welche Nichts entschieden hat und doch ihm Wunden und den Verlust des Freundes brachte –: aber diese ungeheure Summe von Gram aller Art tragen, tragen können und nun doch noch der Held sein, der beim Anbruch eines zweiten Schlachttages die Morgenröte und sein Glück begrüßt, als der Mensch eines Horizontes von Jahrtausenden vor sich und hinter sich, als der Erbe aller Vornehmheit, alles vergangenen Geistes und der verpflichtete Erbe, als der Adeligste aller alten Edlen und zugleich der Erstling eines neuen Adels, dessen Gleichen noch keine Zeit sah und träumte: dies alles auf seine Seele nehmen, Ältestes, Neuestes, Verluste, Hoffnungen, Eroberungen, Siege der Menschheit: dies alles endlich in einer Seele haben und in ein Gefühl zusammendrängen: – dies müsste doch ein Glück ergeben, das bisher der Mensch noch nicht kannte, – eines Gottes Glück voller Macht und Liebe, voller Tränen und voll Lachens, ein Glück, welches, wie die Sonne am Abend, fortwährend aus seinem unerschöpflichen Reichtume wegschenkt und in's Meer schüttet und, wie sie, sich erst dann am reichsten fühlt, wenn auch der ärmste Fischer noch mit goldenem Ruder rudert! Dieses göttliche Gefühl hieße dann – Menschlichkeit!

Aber die menschliche Genialität wird für Nietzsche in immer geringerem Grade durch das Erkennen oder das erworbene Nachempfinden des historisch Gewordenen ausgelöst, denn die Fülle des Gewordenen liegt im Menschen selbst bereit und kann durch tiefere Selbstversenkung hervorgeholt und zum Bewusstsein gebracht werden. Schon in »Menschliches, Allzumenschliches« (I 14) weist er auf die Eigenschaft des Affektes hin, rückwirkend Schlummerndes in uns zu wecken, das vergangenen Zuständen angehört: »Alle stärkeren Stimmungen bringen ein Miterklingen verwandter Empfindungen und Stimmungen mit sich; sie wühlen gleichsam das Gedächtnis auf.« Aber nicht nur hinsichtlich der individuellen Vergangenheit mit ihren Affekten, sondern gleichzeitig auch dessen, was sich an Gedanken und Empfindungen im Laufe der Menschheits-Entwickelung abgesetzt hat, – denn der Einzelne ist ein Erzeugnis derselben und enthält ihre verschiedenen Stufen noch fortdauernd in sich. Hierauf ist in der »fröhlichen Wissenschaft« (54) Bezug genommen, in dem Aphorismus »Das Bewusstsein vom Scheine«: »Wie wundervoll und neu und zugleich wie schauerlich und ironisch fühle ich mich mit meiner Erkenntnis zum gesamten Dasein gestellt! Ich habe für mich entdeckt, dass die alte Mensch- und Tierheit, ja die gesamte Urzeit und Vergangenheit alles empfindenden Seins in mir fortdichtet, fortliebt, forthasst, fortschließt, – ich bin plötzlich mitten in diesem Traume erwacht, aber nur zum Bewusstsein, dass ich eben träume und dass ich weiterträumen muss, um nicht zu Grunde zu gehen: wie der Nachtwandler weiterträumen muss, um nicht hinabzustürzen. Was ist mir jetzt »Schein«! Wahrlich nicht der Gegensatz irgendeines Wesens, – was weß ich von irgendwelchem Wesen auszusagen, als eben nur die Prädikate seines Scheines! Wahrlich nicht eine tote Maske, die man einem unbekannten aufsetzen und auch wohl abnehmen könnte! Schein ist für mich das Wirkende und Lebende selber, das soweit in seiner Selbstverspottung geht, mich fühlen zu lassen, dass hier Schein und Irrlicht und Geistertanz und nichts mehr ist, dass unter allen diesen Träumenden auch ich, der »Erkennende«, meinen Tanz tanze, dass der Erkennende ein Mittel ist, den irdischen Tanz in die Länge zu ziehen und insofern zu den Festordnern des

Daseins gehört, und dass die erhabene Konsequenz und Verbundenheit aller Erkenntnisse vielleicht das höchste Mittel ist und sein wird, die Allgemeinheit der Träumerei und die Allverständlichkeit aller dieser Träumenden unter einander und eben damit die Dauer des Traumes aufrecht zu erhalten.«

Hier hat Nietzsche schon die Wendung gemacht, die den Übergang zu seiner späteren Mystik bildet. In dieser ist die Welt ihm zu einer Fiktion des Erkennenden geworden, der, wenn er, wie aus nachtwandelndem Traume, zum Bewusstsein der Fiktion erwacht, sich wohl als Herr und Schöpfer fühlen kann, der den Sinn dieses Scheines, dieses Traumes gebieterisch bestimmt. Umgestaltet durch die mystische Vorstellung, dass das Erwachen aus dem Traume des Alllebens zugleich zu einer schöpferischen welterlösenden Tat wird, kehrt derselbe Gedanke später in wundervoll dichterischer Einkleidung in dem Lied der «alten Brumm-Glocke« (Also sprach Zarathustra III 110 f.) wieder, die in tiefer Mitternacht den beginnenden Tag des Erwachenden durch zwölf Schläge verkündet:

Eins!
Oh Mensch! gib Acht!
Zwei!
Was spricht die tiefe Mitternacht:
Drei!
Ich schlief, ich schlief –,
Vier!
Aus tiefem Traum bin ich erwacht: –
Fünf!
Die Welt ist tief,
Sechs!
Und tiefer als der Tag gedacht.
Sieben!
»Tief ist ihr Weh –,
Acht!
»Lust – tiefer noch als Herzeleid:
Neun!
»Weh spricht: Vergeh!
Zehn!

Doch alle Lust will Ewigkeit –,
Elf!
– will tiefe, tiefe Ewigkeit!
Zwölf!

Die schließliche Ausgestaltung dieser Vorstellungen enthält wiederum starke Anklänge an Nietzsches Schopenhauerische Periode und an die indische Philosophie, jedoch immer mit der charakteristischen Modifikation, dass das Endziel sowie der dahin führende Weg, anstatt im Lebenserlöschen, in der Lebenssteigerung zu suchen sei. Aber wie sehr sich trotzdem diese beiden Gefühlsauffassungen des Daseinsproblems einander nähern, ergibt sich nicht zum wenigsten daraus, dass, nach neuerer Auffassung, selbst die indische Lebensabkehr, dieser extremste Ausdruck der weltverneinenden Philosophie, eigentlich nicht die Befreiung vom Leben anstrebt, sondern nur die Erlösung vom Immer-wieder-sterben-müssen infolge der Seelenwanderung. Es ist schließlich nichts als eine andere Form der Todesfurcht, die in den übrigen Religionen das Motiv des Unsterblichkeitsglaubens abgegeben hat;« – es ist eine Furcht, deren Beschwichtigung ebenso wohl erreicht werden kann durch ein Aufgehobensein in die Lebensewigkeit, bei voller Identifizierung des Einzelnen mit der Kraft und Fülle des Lebensganzen, als auch durch ein Abstreifen und Verflüchtigen aller Lebenstriebe, mit denen Tod, Erlöschen, Vergehen unabtrennbar verknüpft sind.[37]

---

37 Der Zufall wollte, dass eines der vermutlich letzten wissenschaftlichen Werke, mit denen Nietzsche sich ganz eingehend beschäftigt hat, dasjenige eines Schopenhauerianers strengster Observanz über indische Philosophie war, und dieses ihn dem Ideenkreis seiner eigenen ehemaligen Weltanschauung noch einmal nahe brachte. Es ist das vortreffliche Buch vor. Paul Deussen »Das System des Vedánta nach den Brahma-Sûtra's des Bâdarâyana und dem Commentare des Çankara über dieselben.« (Leipzig. Brockhaus 1883), in dem der Verfasser seinen Gegenstand zwar objektiv darstellt und interpretiert, ihn aber zugleich von seinem eigenen Standpunkte aus beurteilt. Es ist unmöglich, in Nietzsches seit 1883 verfassten Schriften den Einfluss dieses Buches zu verkennen, besonders hinsichtlich der Vergöttlichung des Schöpfer-Philosophen und dessen Gleichsetzung mit dem höchsten, allesumfassenden Lebensprinzip, sowie hinsichtlich der Vorstellung, dass dieser das Nacheinander alles Gewordenen gewissermaßen in einem seelischen Nebeneinander in sich enthalte, in einer räumlichen anstatt einer zeitlichen Seelenwanderung. Manchmal ist man versucht, wenn man die zerstreuten Ausführungen Nietzsches

Aber der Reiz, den für Nietzsche eine mystische Auslegung von Traumzuständen und die Auffassung des Weltbewusstseins als eines Traumbewusstseins besaß, hatte noch einen persönlichen Grund. In der Tat handelte es sich dabei für ihn um mehr als nur um ein Gleichnis oder Analogon, – denn er war überzeugt, dass speziell in den Zuständen des Rausches und Traumes eine Fülle von Vergangenheit im Menschen zur Gegenwart wieder erweckt werden könne. Träume spielten stets eine große Rolle in seinem Leben und Denken, und in seinen letzten Jahren entnahm er ihnen oft, wie einer Rätsellösung, den Inhalt seiner Lehre. In dieser Weise verwendet er zum Beispiel den in »Also sprach Zarathustra« (II 80 ff.) erzählten Traum, den er im Herbst 1882 in Leipzig gehabt hatte; er wurde nicht müde, ihn deutend mit sich herumzutragen. Eine geistreiche oder dem Gefühl des Träumenden glücklich angepasste Interpretation konnte ihn dann beglücken und förmlich erlösen. So erklärt es sich, dass er schon früh sich mit diesem Gegenstände beschäftigt hat, aber indem er noch gewagte Deutungen abwies, wie er sie später bevorzugte. Er hat über ihn an verschiedenen Stellen von »Menschliches, Allzumenschliches« gesprochen. (Man vergleiche beispielsweise den Aphorimus I 12 »Traum und Kultur« und I 13 »Logik der Traumes«.) Dort meint er noch, dass die Verworrenheit und das Ungeordnete der Vorstellungen im Traume, der Mangel an Klarheit und Logik und an richtigem Kausalzusammenhang, der im Schlafe unsere Art zu urteilen und zu schließen kennzeichne, an die Zustände der frühesten Menschheit erinnern, die, ebenso wie noch heute die Wilden, auch im Wachen so verfahren habe, wie wir jetzt im Traume. In der »Morgenröte« hingegen spricht er schon nicht mehr von einer derartigen Analogie, sondern geradezu von der möglichen Reproduzierung eines Stückes Vergangenheit im Traume. Und in der »fröhlichen Wissenschaft« steigert sich ihm hier und da der Traum schon zu einem positiven Abbild des Lebens und der Weltvergangenheit im Einzelmenschen. Von hier war es nur noch ein Schritt zu einem dritten Gedanken, der die beiden vorhergehenden zusammenfasste: den einen, dass im Traume die Vergangenheit reproduziert werde, – den anderen, dass das Weltganze und die Lebensentwickelung

über einzelne Seelenzustände in ihrer halb mystischen Bedeutung zusammenhält, »Âtman« und »Brahman« zur Erklärung an den Rand zu schreiben.

philosophisch einer Traumfiktion zu vergleichen sei, – aus deren Verbindung sich dann ergab, dass der Traum, unter gewissen Umständen, die Wiederbelebung alles gewesenen Lebens sei, – das Leben hinwiederum in seinem tiefsten Wesen ein Traum, dessen Sinn und Bedeutung wir, als Erwachende, zu bestimmen haben. Das Nämliche gilt von allen dem Traume verwandten Zuständen, von allen, die tief genug hinabführen könnten in das Chaotische, Dunkle, Unergründliche des Lebens-Untergrundes, – nicht nur der gewesenen Menschheit, sondern noch unter diese hinab bis zu dem, woraus auch sie erst geworden ist. Denn der friedliche Traum reicht hierfür nicht aus; es bedarf eines viel wirklicheren und selbst furchtbareren Erlebens: das Chaos aufwühlender Leidenschaften und orgiastischer Dionysos-Zustände, – ja, der Wahnsinn selbst, als ein Zurücksinken in die Unentwirrbarkeit aller Gefühle und Vorstellungen, erschien ihm als der letzte Weg zu den in uns ruhenden Urtiefen vergangener Menschheitsschichten.

Schon früh hatte er über die Bedeutung des Wahnsinns als einer möglichen Erkenntnisquelle gegrübelt, und über den Sinn, der darin gelegen haben möge, dass die Alten ihn als ein Zeichen der Erwählung ansahen. In der »fröhlichen Wissenschaft« sagt er in Bezug darauf: »Nur wer schreckt – führt«, und in der »Morgenröte« (312) stehen die folgenden, merkwürdigen Worte, die an seine spätere Vorstellung eines die gesamte Menschheits-Vergangenheit verkörpernden Zukunftsgenius erinnern: »In den Ausbrüchen der Leidenschaft und im Phantasieren des Traumes und des Irrsinns entdeckt der Mensch seine und der Menschheit Vorgeschichte wieder: – – –; sein Gedächtnis greift einmal weit genug rückwärts, während sein zivilisierter Zustand sich aus dem Vergessen dieser Urerfahrungen, also aus dem Nachlassen jenes Gedächtnisses entwickelt. Wer als ein Vergesslicher höchster Gattung allem diesen immerdar sehr fern geblieben ist, versteht die Menschen nicht.« Damals wünschte jedoch Nietzsche, selbst ein solcher »Vergesslicher« zu sein, da er die menschliche Größe noch im »affektlosen Erkennenden« suchte und in dem, was »von der Vernunft geboren« ist. Damals nannte er es noch eine grausige Verwirrung ehemaliger Zeiten, dass ihnen von neuen großen Erkenntnissen der Wahnsinn so oft unabtrennbar erschienen sei: »– – wenn – trotzdem neue und abweichende

Gedanken, Wertschätzungen, Triebe immer wieder herausbrachen, so geschah dies unter einer schauderhaften Geleitschaft: fast überall ist es der Wahnsinn, welcher dem neuen Gedanken den Weg bahnt, welcher den Bann eines verehrten Brauches und Aberglaubens bricht. Begreift ihr es, weshalb es der Wahnsinn sein musste: Etwas in Stimme und Gebärde so Grausenhaftes und Unberechenbares – – –? Etwas, das so sichtbar das Zeichen völliger Unfreiwilligkeit trug, – – –, das den Wahnsinnigen dergestalt als Maske und Schallrohr einer Gottheit zu kennzeichnen schien? – – – Gehen wir noch einen Schritt weiter: allen jenen überlegenen Menschen, welche es unwiderstehlich dahin zog, das Joch irgend einer Sittlichkeit zu brechen und neue Gesetze zu geben, blieb, wenn sie nicht wirklich wahnsinnig waren, nichts übrig, als sich wahnsinnig zu machen oder zu stellen – – – »Wie macht man sich wahnsinnig, wenn man es nicht ist – – –?« diesem entsetzlichen Gedankengange haben fast alle bedeutenden Menschen der älteren Zivilisation nachgehangen; – – – Wer wagt es, einen Blick in die Wildnis bitterster und überflüssigster Seelennöte zu tun, in welchen wahrscheinlich gerade die fruchtbarsten Menschen aller Zeiten geschmachtet haben! Jene Seufzer der Einsamen und Verstörten zu hören: »Ach, so gebt doch Wahnsinn, ihr Himmlischen! Wahnsinn, dass ich endlich an mich selber glaube! Gebt Delirien und Zuckungen, plötzliche Lichter und Finsternisse, schreckt mich mit Frost und Glut, wie sie kein Sterblicher noch empfand, mit Getöse und umgehenden Gestalten, lasst mich heulen und winseln und wie ein Tier kriechen: nur dass ich bei mir selber Glauben finde! Der Zweifel frisst mich auf, ich habe das Gesetz getötet, das Gesetz ängstigt mich wie ein Leichnam einen Lebendigen; wenn ich nicht mehr bin als das Gesetz, so bin ich der Verworfenste von allen. – – – –.« (Morgenröte 14.)

Wie in der »Morgenröte« so oft gerade Gedanken, die schon heimlich auf Nietzsche zu wirken begonnen hatten, erklärt oder widerlegt werden, so zeigt auch diese Schilderung, in welcher Weise ihm später Rauschzustände als Beweise besonderer Erwählung galten. Er ging aus von der Trostlosigkeit und dem Grauenhaften alles Bestehenden, von einem Zerrbilde der Wirklichkeit, das aus einer Karikierung des Positivismus in ihm entstanden war, und wollte an dessen Stelle ein Neues und Herrliches schaffen. Aber da dieses

Geschaffene ganz ausschließlich auf ihm beruhte, so stand und fiel es mit seiner eigenen Zuversicht, – an sich war es ja gar nicht vorhanden. Tausendfältig müssen daher die Zweifel, die ihn quälten, gewesen sein, sobald die Stimmung auch nur auf einen Augenblick sank; unerbittlich das Verlangen, in dieser schwankenden, zweifelnden Menschlichkeit sich selbst von einem selbstsicheren, ewiggewissen Wesen, Nietzsche zu unterscheiden von Zarathustra. Mochte dann jenem auch das Schauerlichste als Los im zeitlich gegebenen Selbstuntergang zufallen, – für diesen blieb es ein Zeichen der Erwählung und Erhöhung; mochte jener im Zustande des Schauerlich-Chaotischen selbst bis zu seiner Tierwerdung hinabsteigen müssen, – für diesen war es nur der Ausdruck des Allumfassens, das auch das Niederste und Tiefste in sich aufnimmt. In diesem Sinne heißt es in der »Götzen-Dämmerung« (I 3) vom Philosophen höchsten Ranges, dass er eine Art Verbindung von Tier und Gott sei, und ein verwandter Gedanke liegt auch in dem Ausspruch über den Erkennenden als Schöpfer-Philosophen (Jenseits von Gut und Böse 101): »Heute möchte sich ein Erkennender leicht als Tierwerdung Gottes fühlen.« Ja, diese Maske des Niedersten könnte vor den Menschen die passendste Darstellungsform des Höchsten sein, denn in ihr beschämt er sie nicht und verbirgt auf wirksame Weise seinen Glanz: »Sollte nicht erst der Gegensatz die rechte Verkleidung sein, in der die Scham eines Gottes einherginge?« (Jenseits von Gut und Böse 40). Hierin tritt uns der letzte Versuch des Sich-Verbergens bei Nietzsche entgegen, ein letztes Mal sein Verlangen nach der Maske. Scheinbar soll sie den Gott in ein allzumenschliches Gewand hüllen, während ihr in Wahrheit das erschütternde Bedürfnis zu Grunde liegt, das furchtbare Schicksal, das Nietzsches Menschengeist drohte, ins Göttliche umzudeuten, um es zu ertragen. In dem Aphorismus »Hier ist die Aussicht frei« (Götzen-Dämmerung IX 45) gibt er eine Andeutung, dass es Größe der Seele sein könne, »dem Unwürdigsten« ohne Furcht entgegenzugehen: »Ein Weib, das liebt, opfert seine Ehre; ein Erkennender, welcher »liebt«, opfert vielleicht seine Menschlichkeit; ein Gott, welcher liebte, ward Jude ...«

So sehen wir die Selbstopferung und Selbstvergewaltigung, die gewollte Qual der Zwiespältigkeit nicht nur gesteigert bis hinauf in das Geistigste, sondern auch hineingetragen bis in das Persönlichste.

Immer deutlicher spitzt sich der ganze Gedankengang zu in einer selbstvernichtenden Tat, durch welche, in persönlichem Handeln und Erdulden, die Erlösung vollendet wird. Ließ es sich deutlich verfolgen, wie Nietzsches Innenleben sich in seiner Zukunftslehre in philosophischen Formen ausspricht, so sind wir hier an den Punkt gelangt, wo seine Philosophie sich in ein allerpersönlichstes Erleben zurückverwandelt, – entsprechend dem Wort: »ich trinke die Flammen in mich zurück, die aus mir brechen« (Also sprach Zarathustra II 35). Und waren die Grundzüge seines Denkens nur Linien, die sich, anstatt zu einem abstrakten System, zu den ungeheuren Umrissen einer Gottes-Gestalt, einer mystischen Selbst-Apotheose, zusammenschlossen, so schlägt jetzt die Beseligung der Selbstvergöttlichung um in die rein menschliche Lebenstragödie. Zarathustras erlösende Welttat ist zugleich Nietzsches Untergang, Zarathustras göttliches Recht der Lebensdeutung und der Umwertung aller Werte wird nur um den Preis erlangt, einzugehen in jenen Urgrund des Lebens, der sich in Nietzsches Menschendasein darstellt als die dunkle Tiefe des Wahnsinns. »Wer aber meiner Art ist«, sagt Zarathustra (III 2), »der entgeht einer solchen Stunde nicht: der Stunde, die zu ihm redet: »Jetzt erst gehst du deinen Weg der Größe! Gipfel und Abgrund – das ist jetzt in Eins beschlossen!« Das Grauen Zarathustras vor diesem unergründlichen Versinken, vor diesem »Abgrunds-Gedanken«, ist daher zugleich Nietzsches Grauen vor seinem persönlichen Schicksal; ununterscheidbar verschmilzt beides in der Dichtung, die ja nichts ist als die Schilderung des verklärten Nietzsche-Lebens, des Über-Nietzschetums.

Also rief mir alles in Zeichen zu: »es ist Zeit! Aber ich – hörte nicht: bis endlich mein Abgrund sich rührte und mein Gedanke mich biss. Ach, abgründlicher Gedanke, der du mein Gedanke bist! Wann finde ich die Stärke, dich graben zu hören und nicht mehr zu zittern? Bis zur Kehle hinauf klopft mir das Herz, wenn ich dich graben höre! Dein Schweigen noch will mich würgen, du abgründlich Schweigender! Noch wagte ich niemals, dich herauf zu rufen: genug schon, dass ich dich mit mir – trug!« (Also sprach Zarathustra III 16). Dieser erschütternden Worte muss man eingedenk sein, wenn man in Nietzsches Dichtung die Beschreibung der »stillsten Stunde« liest, in der ihm das Leben selbst befiehlt, seinen Gedanken zu erleben und zu verkünden, – das lachende selbstselige Leben, welches über das Leid des Einzelnen hinweglacht, weil es in seiner eigenen Fülle Seligkeit ist:

»Bis in die Zehen hinein erschrickt er, darob, dass ihm der Boden weicht und der Traum beginnt. Dieses sage ich euch zum Gleichnis. Gestern, zur stillsten Stunde, wich mir der Boden: der Traum begann. Der Zeiger rückte, die Uhr meines Lebens holte Atem –, nie hörte ich solche Stille um mich: also dass mein Herz erschrak. Dann sprach es ohne Stimme zu mir: »Du weißt es, Zarathustra?« – Und ich schrie vor Schrecken bei diesem Flüstern, und das Blut wich aus meinem Gesichte: – – – – – – – – – – – – – – – – – – – Da geschah ein Lachen um mich. Wehe, wie dies Lachen mir die Eingeweide zerriss und das Herz aufschlitzte! – – – – – – Und wieder lachte es und floh: dann wurde es stille um mich wie mit einer zwiefachen Stille. Ich aber lag am Boden, und der Schweiß floß mir von den Gliedern. – – – –« (Also sprach Zarathustra II 97 ff.)

Hieran schließt sich (III 92 ff.) das Kapitel »Der Genesende«:

»Eines Morgens, – – –, sprang Zarathustra von seinem Lager auf wie ein Toller, schrie mit furchtbarer Stimme und gebärdete sich, als ob noch einer[38] auf dem Lager läge, der nicht davon aufstehn wolle: – – – – – – Zarathustra aber redete diese Worte:

Herauf, abgründlicher Gedanke, aus meiner Tiefe! Ich bin dein Hahn und Morgen-Grauen, verschlafener Wurm: auf! auf! Meine Stimme soll dich schon wach krähen!

Knüpfe die Fessel deiner Ohren los: horche! Denn ich will dich hören! Auf! Auf! Hier ist Donners genug, dass auch Gräber horchen lernen![39]

Und wische den Schlaf und alles Blöde, Blinde aus deinen Augen! Höre mich auch mit deinen Augen: meine Stimme ist ein Heilmittel noch für Blindgeborene.

Und bist du erst wach, sollst du mir ewig wach bleiben. Nicht ist das meine Art, Urgroßmütter aus dem Schlafe wecken, dass ich sie heiße – weiterschlafen![40]

---

38 Nietzsche – Zarathustra.

39 Die Gräber des Vergangenen, alles Gewesenen.

40 Im Gegensatz zum bloßen Erforschen und gedanklichen Erkennen des Vergangenen durch die Wissenschaft, die nichts zu erlösen vermag.

Du regst dich, dehnst dich, röchelst? Auf! Auf! Nicht röcheln – reden sollst du mir! Zarathustra ruft dich, der Gottlose!

Ich, Zarathustra, der Fürsprecher des Lebens, der Fürsprecher des Leidens, der Fürsprecher des Kreises – dich rufe ich, meinen abgründlichsten Gedanken!

Heil mir! Du kommst ich höre dich! Mein Abgrund redet, meine letzte Tiefe habe ich ans Licht gestülpt!

Heil mir! Heran! Gib die Hand – – ha! lass! Haha! – – Ekel, Ekel, Ekel – – – wehe mir!«

Das Bild des Wahnsinns steht am Ende der Philosophie Nietzsches als eine grelle und furchtbare Illustration zu den erkenntnistheoretischen Ausführungen, von denen er in seiner Zukunftsphilosophie ausgeht. Denn den Ausgangspunkt bildete die Auflösung alles Intellektuellen durch die Herrschaft des Chaotisch-Triebartigen, das jenem Grundlage und Sinn ist, – die Folgerung aber der Erkenntnistheorie Nietzsches läuft hinaus auf den Untergang des Erkennenden zum Behufe der Erfassung einer höchsten Lebensoffenbarung, auf das mit Wahnsinn sollst du geimpft werden, alles Verstandeserkennens. In ergreifender Weise mischen sich die Ahnung des ihm bevorstehenden persönlichen Schicksals und die mystische Auffassung des Geisteslebens und seiner Bedeutung überhaupt in den Worten Zarathustras (II 33): »Geist ist das Leben, das selber ins Leben schneidet: an der eignen Qual mehrt es sich das eigne Wissen, – wusstet ihr das schon? Und des Geistes Glück ist dies: gesalbt zu sein und durch Tränen geweiht zum Opfertier, – wusstet ihr das schon? Und die Blindheit des Blinden und sein Suchen und Tappen soll noch von der Macht der Sonne zeugen, in die er schaute, – wusstet ihr das schon?«

So sollte der Wahnsinn noch zeugen von der Macht der Lebenswahrheit, an deren Glanz der Menschengeist erblindet. Denn kein Verstand führt in die Tiefe der Lebensfülle selbst hinein, – nicht hineinklettern lässt es sich in diese Fülle, Stufe um Stufe, Gedanke um Gedanke: »Und wenn dir nunmehr alle Leitern fehlen, so musst du verstehen, noch auf deinen eigenen Kopf zu steigen: wie wolltest du anders aufwärts steigen? – – – – – Du aber, oh Zarathustra, wolltest aller Dinge Grund schauen und Hintergrund: so musst du schon über dich selber steigen, – hinan, hinauf, bis du auch deine Sterne noch unter dir hast!« (Also sprach Zarathustra III 2 f.)

Hiermit scheint ein Ende erreicht und die Entwicklung des Ganzen notwendig abgeschlossen zu sein: der unersättliche leidenschaftliche Drang, der diesen Geist trieb und steigerte, hat ihn zuletzt aufgezehrt und in sich zurückverschlungen. Für uns, die Draußenstehenden, umnachtet ihn von jetzt an völliges Dunkel, tritt er ein in eine Welt allerindividuellsten inneren Erlebens, vor der die Gedanken, die ihn begleiteten, Halt machen müssen: ein tief erschütterndes Schweigen breitet sich für uns darüber aus. Aber nicht nur können wir seinem Geiste in die letzte Verwandlung hinein nicht mehr folgen, welche er mit Darangabe seiner selbst erreicht, wir sollen ihm auch nicht folgen: darin eben ruht ihm der Beweis seiner Wahrheit, die völlig eins geworden ist mit allen Geheimnissen und Verborgenheiten seiner Innerlichkeit. In seine letzte Einsamkeit hat er sich vor uns zurückgezogen und die Pforte hinter sich geschlossen. An ihrem Eingang aber leuchten uns die Worte entgegen: »– – – nun ist deine letzte Zuflucht worden, was bisher deine letzte Gefahr hieß! – – das muss nun dein bester Mut sein, dass es hinter dir keinen Weg mehr gibt! – – hier soll dir keiner nachschleichen! Dein Fuß selber löschte hinter dir den Weg aus, und über ihm steht geschrieben: Unmöglichkeit.« (Also sprach Zarathustra III 2.)

Und als einzige Kunde, dass auch noch hinter dieser Pforte eine uns unzugängliche Welt der Geisteswandlungen liegt, verhallt von innen her leise die Klage: »Ach, meinen härtesten Weg muss ich hinan! Ach, ich begann meine einsamste Wanderung! – – – Eben begann meine letzte Einsamkeit. Ach, diese schwarze traurige See unter mir! Ach, diese schwangere nächtliche Verdrossenheit! Ach, Schicksal und See! Zu euch muss ich nun hinab steigen! – – – tiefer hinab in den Schmerz als ich jemals stieg, bis hinein in seine schwärzeste Flut! So will es mein Schicksal: Wohlan! ich bin bereit.

Woher kommen die höchsten Berge? so fragte ich einst. Da lernte ich, dass sie aus dem Meere kommen. Dies Zeugnis ist in ihr Gestein geschrieben und in die Wände ihrer Gipfel. Aus dem Tiefsten muss das Höchste zu seiner Höhe kommen. –« (III 2 ff.)

So sind Tiefe und Höhe, Abgrund des Wahnsinns und Gipfel des Wahrheitssinns ineinander verschlungen: »Vor meinem höchsten

Berge stehe ich – – –: darum muss ich erst tiefer hinab als ich jemals stieg« (III 3). Und so feiert die höchste Selbstvergöttlichung erst ihren vollen mystischen Sieg in der tiefsten Vernichtung, im Erliegen und Untergang des Erkennenden. Von den beiden symbolischen Tieren, die um Zarathustra sind, der Schlange der Erkenntnis und Klugheit und dem Adler des aufstrebenden königlichen Stolzes, bleibt nur dieser ihm treu: »Möchte ich klüger sein! Möchte ich klug von Grund aus sein, gleich meiner Schlange! Aber Unmögliches bitte ich da: so bitte ich denn meinen Stolz, dass er immer mit meiner Klugheit gehe! Und wenn mich einst meine Klugheit verlässt: – – möge mein Stolz dann noch mit meiner Torheit fliegen!

– Also begann Zarathustra's Untergang.« (I 26.)

So entschwindet uns Nietzsches Geist in einem Geheimnis von Untergang und Erhebung: in einer von Adlern umflogenen Dunkelheit.

Es liegt hierin etwas Rührendes und Ergreifendes, wie in der Rückkehr eines müden Kindes in seine ursprüngliche Glaubensheimat, in der es noch keines Verstandes bedurfte, um der höchsten Segnungen und Offenbarungen teilhaftig zu werden. Nachdem der Geist alle Kreise durchlaufen und alle Möglichkeiten erschöpft hat, ohne Genüge zu finden, erkauft er sie sich endlich mit dem höchsten Opfer, der Opferung seiner selbst. Wir werden an jenes im zweiten Abschnitt (S. 49) erwähnte Wort Nietzsches erinnert: »wenn alles durchlaufen ist, – wohin läuft man alsdann? wie? müsste man nicht wieder beim Glauben anlangen? Vielleicht bei einem katholischen Glauben? In jedem Fall könnte der Kreis wahrscheinlicher sein, als der Stillstand.« In der Tat beschreibt er in seiner Selbstwiederholung einen Kreis. Und es ist interessant, dass, in dem Maße als er sich seinem ursprünglichen Ausgangspunkt nähert, und der Verstand als solcher bedeutungslos erscheint gegenüber einem mystischen glaubenheischenden Überwesen. seine Philosophie immer absolutere und reaktionärere Züge annimmt, indem er dem eigenen ehemaligen Individualismus die Wiederherstellung einer absolut geltenden Tradition entgegensetzt und die Selbstvergottung in religiösen Absolutismus ausmünden lässt. Es ist deshalb so interessant, weil dieser Verlauf, trotz seiner pathologischen Voraussetzungen, psychologisch etwas geradezu Typisches hat: Wenn der religiöse Trieb, vom freien

Denken genötigt, sich streng individuell auszuleben, sich zuletzt, wie bei Nietzsche, aus dem eigenen Selbst etwas Göttliches erschafft, dann erzwingt er sich damit sofort wieder die absolutesten und reaktionärsten Machtbefugnisse, die je einem objektiv gedachten Gotte zustanden, – bis er den Verstand selbst, dessen Erkenntnisdrang ihm ursprünglich die Richtung gab, absetzt und ihm jeden ferneren Einspruch abschneidet. Aus dem Menschen soll der Gott erstehen, auch wenn der Mensch dies erst durch eine Rückkehr zu Kindheit und Unmündigkeit ermöglichen müsste. Erst in dieser Zweitheilung, die er um jeden Preis in sich vollzieht, feiert er seine Erlösung und mystische Selbstvereinigung im Glauben:

»– – – – – – – – – – – – – – –
Um Mittag war's, da wurde Eins zu Zwei .....
Nun feiern wir, vereinten Siegs gewiss,
Das Fest der Feste:
Freund Zarathustra kam, der Gast der Gäste!
Nun lacht die Welt, der grause Vorhang riss,
Die Hochzeit kam für Licht und Finsternis .....«

wie es, am Schlusse von »Jenseits von Gut und Böse«, in dem wundervollen Nachgesang »Aus hohen Bergen« heißt.

Das persönliche Schicksal Nietzsches fügt sich, als Schlussstein, diesem ganzen Gedankengebäude derartig ein, dass man nicht an dem Einflusse zweifeln kann, den seine trüben Vorahnungen auf die Gestaltung seiner Zukunftsphilosophie gehabt haben. Mit gewaltiger Hand hat er das, was ihn erwartete, hereingezwungen in den Plan des Ganzen und dienstbar gemacht dem letzten Geheimsinn seiner Philosophie. Von hier aus hat er, rückwärts blickend, zum ersten Mal sein Leben und Denken in dem Wechsel seiner Wandlungen als Ganzes überschaut und dem Werdegang seines Selbst nachträglich einen einheitlichen Sinn von mystischer Bedeutung untergelegt, – gerade so wie der Schöpfer-Philosoph dies in Bezug auf das Lebensganze der Menschheit tut. So ward er sich selbst zum deutenden Gott, der, wenn auch ein wenig gewaltsam, alle vergangenen Dinge zum Besten, d. h. zum höchsten Endziel, wendet. »Das Vergangene zukunftdeutend« zu machen, ist jetzt sein Wahlspruch, also das gerade

Gegenteil dessen, was er vordem, inmitten seiner Wandlungen, angestrebt hatte, nämlich: das Vergangene immer wieder rasch abzustoßen, um es möglichst vollkommen von einer immer neuen Zukunft zu trennen.

Hierin ist auch schon der starke Einfluss seiner früheren Standpunkte auf die Gedanken seiner Zukunftsphilosophie begründet. Ehemals sah er den Beweis geistiger Unabhängigkeit in der Fähigkeit, sich stets wieder von den ergriffenen Wahrheiten loslösen zu können, und es erschien ihm daher unwesentlich, ob er im Ergreifen derselben sich an Andere angelehnt hatte. Jetzt fordert seine allumfassende Unabhängigkeit, dass in allen vergangenen und widerlegten Gedanken sein eigenes Selbst und dessen Sinn festgehalten werde, – aber deshalb dürfen sie nunmehr auch nur von diesem Selbst allein, nicht von Anderen, angeregt worden sein. Daher hat man Nietzsches letzten Werken gegenüber, in denen er anscheinend am unabhängigsten ein eigenes System errichtet, so häufig die Empfindung, als stehe er mit rückwärts gewendetem Blick und Antlitz da, als nähere er sich wieder den verlassenen Stätten seiner alten Wandlungen, während er sich doch in der Selbständigkeit seiner ganz individuell gewonnenen Hypothesen am weitesten von ihnen entfernt. Die Lösung dieses Widerspruches liegt darin, dass er seinen früheren Überzeugungen nur dasjenige entnimmt, worin sein individuelles Wesen, sein verborgenes Wollen zum Ausdruck kommt, dasjenige, was diesem leidenschaftlichen Geiste in allen, anderen Denkern entnommenen Theorien im Grunde nur als unbewusster Vorwand, als unwillkürliche Gelegenheitsursache für seine innere Entwickelung hatte dienen müssen. Am Ende der Entwickelung angelangt, fasst er sich in der Einheitlichkeit seines ganzen Innenlebens zusammen, durchschaut und überschaut er dasselbe und betont nun die allen Wandlungen zu Grunde liegende Einheitlichkeit ebenso nachdrücklich, wie er ehemals ausschließlich seine Wandlungsfähigkeit betont hatte. Wie jemand, der im Begriff steht, eine Reise anzutreten. von der es eine Wiederkehr nicht mehr gibt, wie jemand, der Abschied nehmen will und dazu alles um sich sammelt, was einst sein Eigen war, so sehen wir Nietzsche jetzt das Seine zurücksammeln aus den verschiedenen Geistesphasen, die er durchlaufen hat. Er unternimmt ein »Abschätzen des Erreichten und Gewollten, eine Summierung des Lebens«

(Götzen-Dämmerung IX 36), mit dem Bewusstsein: »Es kehrt nur zurück, es kommt mir endlich heim – mein eigen Selbst, und was von ihm lange in der Fremde war und zerstreut unter alle Dinge und Zufälle.« (Also sprach Zarathustra III 1.)

Dies machte ihn ungerecht gegen seine ehemaligen Genossen und deren Überzeugungen: er wollte vergessen. wie oft sie die Richtung seines Denkens bestimmt hatten: Man soll die Gerüste wegnehmen, wenn das Haus gebaut ist« (Der Wanderer und sein Schatten 385). Das ist die »Moral für Häuserbauer«, so dachte er und ignorierte, dass es für seinen Bau je der Gerüste bedurft hatte. Diese Ungerechtigkeit ist also jener früheren gerade entgegengesetzt, die dem leidenschaftlichen Wechsel der Gedanken entsprang, der Energie, mit der er jedesmal die abgelöste Gedankenhaut vernichtete. Jetzt will er nicht mehr daran glauben, dass eine ihm fremde Haut ihm je habe fest anwachsen können. Dem Positivismus gegenüber spricht sich diese Ungerechtigkeit ganz besonders in der Vorrede seines Buches »Zur Genealogie der Moral« sowie an vereinzelten Stellen der übrigen Werke aus, – Wagner gegenüber in der kleinen Schrift »Der Fall Wagner«. Die letztere fordert zu einem interessanten Vergleich auf zwischen der Art, wie Wagner in ihr, und wie er in »Menschliches, Allzumenschliches« bekämpft wird, zwischen dem Hass, mit dem er damals das Wagnertum von sich schleuderte, und dem Hass, mit dem er jetzt sich ihm wieder nähert, um daraus sein geistiges Eigentum herauszuholen, ohne seine Selbständigkeit preiszugeben.

Zuletzt führte ihn sein Verlangen, schon von Anfang an als selbständig und einheitlich zu gelten, so weit, dass er, in der Vorrede (vom September 1886) zu dem zweiten Bande der zweiten Auflage von »Menschliches, Allzumenschliches« (1), erklärte, alle seine früheren Schriften seien »zurückzudatieren«, sie redeten nur von dem, was er zur Zeit ihrer Entstehung bereits überwunden, was bereits hinter ihm gelegen; der Autor, der überlegen über ihnen gestanden, habe sich in einer absichtlichen Verkleidung gezeigt. So soll die vierte Unzeitgemäße Betrachtung »Richard Wagner in Bayreuth« in ihrer Verherrlichung Wagners nur »eine Huldigung und Dankbarkeit gegen ein Stück Vergangenheit« gewesen sein, und auch die positivistischen Schriften sollen in ihrem Eingehen auf Rées Anschauungen nur die nachträgliche Darstellung eines bereits Überlebten geben. Auf diesen Versuch Nietzsches, den Sinn seiner Werke umzuprägen, sie gleichsam mit einer neuen Jahreszahl zu überprägen, lässt sich sein eigenes Wort anwenden (Vorrede, vom Frühling 1886, zum ersten Bande der zweiten Auflage von »Menschliches, Allzumenschliches« 1): »Vielleicht, dass man mir in diesem Betrachte mancherlei »Kunst , mancherlei feinere Falschmünzerei vorrücken könnte«. Es gehörte auch dies mit zu den vielen Maskierungen dieses Einsiedlers, dass er sich endlich eine Maske zuschrieb, die er nie getragen; aber begreiflich ist es und verzeihlich, meinte er doch auch hier in seinem Herzen mit jener Maske nur sich selbst, d. h. den Menschen Nietzsche, im Gegensätze zu Zarathustra, als dem mystischen Über-Nietzsche. Der menschliche Nietzsche konnte ja dann freilich bei seiner jedesmaligen Wandlung nichts von seinem eigenen Maskencharakter wissen, – das vermochte nur der Über-Nietzsche, den Nietzsche hinterher von Anbeginn in sich geahnt und empfunden haben wollte. Somit wäre der Über-Nietzsche nichts als eine mystische Interpretierung des innersten Wesens und Verlangens Nietzsches, jenes verborgenen »Grundwillens«, der, wie wir sahen, ihm selbst völlig unbewusst, die Theorien Anderer zurechtschnitt, um sich in ihnen schließlich mit voller Kraft selber durchzusetzen.

Im Herbst 1888, nach Vollendung des ersten Buches der »Umwertung aller Werte« (»des Willens zur Macht«), das noch nicht veröffentlicht worden ist, glaubte Nietzsche sein Werk, wenigstens vorläufig, abgeschlossen zu haben. Denn die »Götzen-Dämmerung«, deren Vorrede vom 30. September 1888 datiert ist, ist augenscheinlich aus einer Stimmung des Fertiggewordenseins und des Wartens auf das Letzte heraus geschrieben worden. In bezeichnenderweise lautete ihr erster Titel »Müßiggang eines Psychologen«, und in dem Vorwort nennt er sie geradezu »eine Erholung«. Sie ist indessen ein überaus interessanter Müßiggang, weil sie eines von denjenigen Büchern Nietzsches ist, in denen er sich am öftesten selber verrät und aus dem Geheimen seiner Seele plaudert. In dieser Beziehung ähnelt sie, obschon stofflich viel unbedeutender, dem »Menschlichen, Allzumenschlichen« und der » Morgenröte«. Legt Nietzsche in dem ersten dieser beiden Werke etwas von seinem Innenleben bloß durch die Art, wie er sich mit einer plötzlichen, aber endgültig vollzogenen Wandlung seelisch abfindet, – und lässt er uns in dem zweiten dadurch einen Blick in sein Inneres tun, dass er neu auftauchende Wünsche und Gedanken analysiert und bekämpft, bevor er sich von ihnen in seine neue Philosophie fortreißen lässt, so wird in der »Götzen-Dämmerung« ein völlig verschiedener Gemütszustand zum Verräter an ihm: der nachzitternde Affekt eines ungeheuren Vollbringens, eine Erschöpfung, in die sich die Erwartung des Kommenden mischt.[41] In dieser Erschütterung sehen wir ihn aus der

---

41 Unverhüllter noch spiegelt sich dieser Gemütszustand in den um dieselbe Zeit (Herbst 1888) entstandenen und hinter dem vierten Teile von »Also sprach Zarathustra« gedruckten »Dionysos-Dithyramben«. Besonders bezeichnend sind u. a. die nachfolgenden Verse (5 ff.):

> Jetzt –
> einsam mit dir,
> zwiesam im eigenen Wissen
> zwischen hundert Spiegeln
> vor dir selber falsch,
> zwischen hundert Erinnerungen
> ungewiss,
> an jeder Wunde müd,
> an jedem Froste kalt,
> in eignen Stricken gewürgt,
> Selbstkenner!
> Selbsthenker!
>
> Ein Kranker nun,
> der an Schlangengift krank ist;
> ein Gefangener nun,
> der das härteste Los zog:
> im eigenen Schachte
> gebückt arbeitend,
> in dich selber eingehöhlt,
> dich selber angrabend,
> unbehülflich,
> steif,
> ein Leichnam –,
> – – – – – – – – – – – –
> – – – – – – – – – – – –
> Lauernd,
> kauernd,
> Einer, der schon nicht mehr aufrecht steht!
> Du verwächst mir noch mit deinem Grabe, verwachsener Geist! …

»Götzen-Dämmerung« gleichsam in die eigene Geistesdämmerung hinübergleiten.

Dieselbe Stimmung kennzeichnet auch den bereits im Jahre 1885 entstandenen vierten und letzten Teil der Zarathustra-Dichtung, der aber erst 1891 allgemein zugänglich gemacht worden ist. Aus seinen Seiten klingt das Lachen des Übermenschen, doch hier und da schon schrill und in unheimlichen Dissonanzen. Diese letzten Reden Zarathustras sind, rein persönlich betrachtet, vielleicht das Ergreifendste, das Nietzsche geschrieben, weil sie ihn als den Untergehenden zeigen, der seinen Untergang hinter einem Lachen verbirgt. Durch diesen Ausgang erst wird uns in seiner ganzen Großartigkeit der unversöhnliche Widerspruch klar, der darin lag, dass Nietzsche seine Zukunftsphilosophie mit einer »fröhlichen Wissenschaft« einleitete, dass er sie eine frohe Botschaft nannte, dazu bestimmt, das Leben in seiner ganzen Kraft, Fülle und Ewigkeit für immer zu rechtfertigen, – und dass er als ihren höchsten Gedanken die ewige Wiederkunft des Lebens aufstellte. Erst jetzt erkennen wir völlig den sieghaften Optimismus, der über seinen letzten Werken ruht, wie das rührende Lächeln eines Kindes, der aber als Kehrseite das Antlitz eines Helden zeigt, der seine von Grauen entstellten Züge verhüllt. »Ist alles Weinen nicht ein Klagen? Und alles Klagen nicht ein Anklagen? Also redest du zu dir selber, und darum willst du, oh meine Seele, lieber lächeln, als dein Leid ausschütten«, singt Zarathustra (Also sprach Zarathustra III 104), und daher geht er einher als »der scharlachene Prinz jedes Übermuts« (Dionysos-Dithyramben 7). »Diese Krone des Lachenden, diese Rosenkranz-Krone: ich selber setzte mir diese Krone auf, ich selber sprach heilig mein Gelächter.« (Also sprach Zarathustra IV 87.)

Das Große ist: er wusste, dass er unterging, und doch schied er – lachenden Mundes, »rosenumkränzt« – das Leben entschuldigend, rechtfertigend, verklärend –. In dionysischen Dithyramben klang sein Geistesleben aus, und was sie in ihrem Jubel übertönen sollten, war ein Schmerzensschrei. Sie sind die letzte Vergewaltigung Nietzsches durch Zarathustra.

Nietzsche hat einmal das paradoxe Wort ausgesprochen: »Lachen heißt: schadenfroh sein, aber mit gutem Gewissen« (Fröhliche Wissenschaft 200). Eine solche überlegene Schadenfreude, die des eigenen Schadens froh zu werden, ja, ihn sich selbst zuzufügen imstande ist, geht als ein heroischer Selbstwiderspruch und ein heroisches Lachen durch Nietzsches ganzes Leben und Leiden. In der gewaltigen Seelenkraft aber, durch die er sich so hoch über sich selbst zu stellen vermochte, lag, psychologisch betrachtet, für ihn eine innere Berechtigung, sich als mystisches Doppelwesen anzusehen, und liegt für uns der tiefste Sinn und Wert seiner Werke.

Denn auch uns tönt ein erschütternder Doppelklang aus seinem Lachen entgegen: das Gelächter eines Irrenden – und das Lächeln des Überwinders.